Biographie langagière
et
apprentissage plurilingue

Rédactrice en chef
FRANÇOISE PLOQUIN
Ministère de l'Éducation nationale – FIPF

Rédacteur en chef adjoint
JEAN-CLAUDE DEMARI
Ministère de l'Éducation nationale – FIPF

Présentation graphique
JPM SA

Conception graphique
Jehanne-Marie Husson

Directrice de la publication
Martine Defontaine – FIPF

LE FRANÇAIS DANS LE MONDE est la revue de
la Fédération internationale des professeurs
de français (FIPF), au CIEP
1, av. Léon-Journault 92311 Sèvres
Tél. : 33 (0) 1 46 26 53 16
Fax : 33 (0) 1 46 26 81 69
Mél : secretariat@fipf.org
http://www.fipf.com

SOUS LE PATRONAGE
du ministère des Affaires étrangères, du ministère
de l'Éducation nationale, de la Direction générale de
la coopération internationale et du développement,
de l'Agence intergouvernementale de la francophonie, du
Centre international d'études pédagogiques de Sèvres,
de l'Institut national de la recherche pédagogique,
de l'Alliance française, de la Mission laïque française,
de l'Alliance israélite universelle, du Comité catholique
des amitiés françaises dans le monde, du Comité
protestant des amitiés françaises à l'étranger, du
Centre de recherche et d'étude pour la diffusion du
français, des Cours de civilisation française à la
Sorbonne, de la Fédération internationale des professeurs de français, de la Fédération des professeurs
de français résidant à l'étranger, du Secrétariat général
de la commission française à l'U.N.E.S.C.O., de
l'ADACEF, de l'ASDIFLE et de l'ANEFLE.

LE FRANÇAIS DANS LE MONDE
27, rue de la Glacière 75013 Paris
Rédaction : (33) (0) 1 45 87 43 26
Télécopie : (33) (0) 1 45 87 43 18
Mél : fdlm@fdlm.org
http://www.fdlm.org

© **Clé International 2005**
Commission paritaire 0407T81661
La reproduction même partielle des articles
parus dans ce numéro est strictement interdite, sauf accord préalable.

Le français dans le monde étant adhérent de
l'Association pour l'information et la recherche
sur les orthographes et le système d'écriture
(AFIRSE), ce numéro suit les règles de l'ortho-
graphe nouvelle.

Recherches et applications

NUMÉRO SPÉCIAL
JANVIER 2006
PRIX DU NUMÉRO : 14,50 €

Biographie langagière et apprentissage plurilingue

Coordonné par
MURIEL MOLINIÉ

Biographie langagière et apprentissage plurilingue

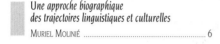

Dire et écrire son plurilinguisme

Après avoir relevé quelques exemples de flottement terminologique autour de la question de l'auteur dans les autobiographies langagières, l'article ouvre une réflexion sur la question du *sujet*. Car pour qu'il y ait autobiographie langagière, il faut qu'il y ait un sujet de l'énonciation confronté d'une part à une réflexion sur sa pratique actuelle et son passé langagier mais aussi et surtout, invité à entrer dans un processus de créativité. Parce que la didactique de la biographie langagière n'instaure pas de partage entre ce qui est littéraire et ce qui ne l'est pas, elle s'interroge sur les pratiques de classe qui favorisent l'activité de cet apprenant qui parvient à « subjectiver » le langage jusqu'à en devenir sujet.

Cet article présente une expérience littéraire et linguistique menée durant plusieurs années dans le Val d'Oise auprès d'un public âgé de huit à douze ans. Cet atelier d'écriture s'est déroulé autour de la présence d'une CLasse d'INitiation implantée dans une école élémentaire d'une cité de la banlieue parisienne. Les élèves concernés, pour la majorité d'entre eux, sont issus de familles allophones, souvent plurilingues. L'expérience s'appuie sur cette spécificité biographique pour jeter des ponts vers les langues d'origine.

Dans son autobiographie langagière, Marta, future institutrice suisse en fin de formation initiale, cherche à comprendre comment se sont construits les malentendus qui l'ont amenée à ne pas aimer lire en français, sa seconde langue et langue scolaire en Suisse. Elle finira par mettre en évidence l'importance des chocs socioculturels dus à la migration, et surtout, l'incidence qu'a le moment d'entrée dans le bilinguisme sur le rapport à la lecture. L'écrit autobiographique est ici le lieu d'une prise de conscience de l'itinéraire linguistique du sujet et le lieu de compréhension de son processus acquisitionnel.

Comment une écrivaine « franco-canadienne », anglophone d'origine, devient-elle écrivaine francophone volontairement alors que rien ne l'obligeait à choisir le français « contre » l'anglais ? Depuis les *Lettres parisiennes* échangées avec Leïla Sebbar en 1986 où elle raconte son parcours d'apprentissage et ses motivations jusqu'à *Nord perdu* qui, quinze ans plus tard, revient sur ces questions, Nancy Huston se positionne comme cette expatriée plurilingue qui, jouant avec le matériau linguistique, décuple ses potentialités en utilisant deux langues. Son travail autobiographique éclaire bien les processus d'écriture bilingue en francophonie littéraire.

L'acte d'apprendre : un objet de réflexion et de discours

Le portfolio européen des langues pour le collège vise le développement et la valorisation de répertoires et de compétences plurilingues et leur prise de conscience par les apprenants. La confrontation aux ressources diversifiées de son répertoire, l'appui sur celles-ci et le développement d'usages réflexifs d'appropriation ancrés dans la pluralité sont les moyens mis en œuvre pour atteindre cet objectif. L'article revient sur la « compétence plurilingue » et sur les dimensions qui, dans le portfolio, contribuent à sa construction en articulant différents éléments relevant des biographies langagières, des biographies d'apprentissage et de la construction de stratégies d'appropriation

Pour le futur enseignant de langue étrangère, la rédaction d'écrits biographiques sur son apprentissage et sur sa pratique professionnelle est une étape essentielle. La « réflexion apprenante » qui prend forme avec le journal d'apprentissage permet à l'étudiant de se situer par rapport aux modèles d'enseignement et d'apprentissage connus, de les comparer avec les connaissances théoriques dispensées dans ses cours de didactique, de les relativiser et de se préparer à l'acquisition de nouveaux modèles. La « réflexion enseignante » qui se met ainsi en place doit permettre d'expérimenter ensuite, sur le terrain, ces modèles et de développer un répertoire didactique chez l'enseignant novice.

Le journal de bord des apprentissages de langue est d'abord perçu par les futurs enseignants de FLE comme un outil d'appropriation langagière. Et cette perception est confortée par le témoignage d'enseignants qui relèvent que les étudiants en auto-observation sont parmi les meilleurs étudiants de langue de leur groupe. On se demandera dans cet article dans quelle mesure les tâches réflexives sont prises en compte ou minorées par les étudiants. On s'interrogera également sur l'outil que constitue ce type de journal de bord, pour l'enseignant de didactique, en contexte institutionnel.

L'article analyse un dispositif d'enseignement-apprentissage destiné à de futurs enseignants non-francophones de français langue étrangère. Ce dispositif s'intègre dans un séminaire centré sur la culture belge et vise à favoriser une quadruple acculturation : à la culture belge (apprentissage de contenus culturels), à une culture didactique (apprentissage de démarches didactiques), à une culture anthropologique (apprentissage d'une posture de recherche) et à une culture discursive (apprentissages langagiers). La classe se mue en communauté d'anthropologues, chargés d'enquêter à propos de la culture belge et de rendre compte de leurs découvertes dans un journal de recherche.

Le plurilinguisme : en hériter, l'interpréter, le transmettre

Cet article établit l'histoire contrastée de deux formes de plurilinguisme : celle de l'auteur de l'article et celle d'une de ses sœurs, dans un contexte familial et social multilingue, celui d'une famille africaine du Burkina Faso, pays multilingue avec ses soixante langues dont le français comme langue officielle.

L'Afrique plurilingue (et plus spécifiquement la République Démocratique du Congo) est un lieu de contacts entre langues locales et langues étrangères. La conscience plurilingue des locuteurs favorise-t-elle l'apprentissage et la maitrise des langues étrangères dans cet espace ? Face à ce questionnement, les biographies langagières ouvrent des voies d'exploration.

Relater pour relier

Dans les situations d'enseignement du et en français, l'échec massif à l'école de base peut être attribué à une difficulté pour l'élève à comprendre la discontinuité entre sa culture familiale et la culture de l'école. C'est pour cette raison que l'on tente depuis de nombreuses années de recréer un lien entre la culture de l'enfant et l'école. C'est aussi le souci pédagogique des enseignants en France avec les primo-arrivants, ou dans les classes à effectif multi-culturel. Il s'agit d'inciter l'élève à aller à la recherche de sa propre identité collective en l'interrogeant.

Comment les enseignants peuvent-ils aider les élèves à prendre leur place de sujets à l'école ? En les aidant à se mettre en relation entre eux c'est-à-dire à se *relier* par le *récit*. À partir de situations d'échange à distance, il s'agit de conduire les élèves à développer des espaces d'écriture entre soi et l'autre, à développer leur réflexion sur leurs parcours langagiers, leurs trajectoires culturelles, leur rapport au monde et à la connaissance. La correspondance entre sujets apprenants devient, par ce travail coopératif, un tissage de textes qui permet alors de faire connaissance, de produire et de s'approprier de la connaissance.

Le théâtre-récit met en relation différentes dimensions du travail biographique. C'est ce que montre l'analyse d'un atelier pour étudiants mené à l'institut des langues et littératures romanes de l'université Goethe à Francfort-sur-le-Main. Cet atelier invite les étudiants de français (maitrise et enseignement) à réfléchir activement sur leurs itinéraires respectifs à travers différents modes d'expression orale, écrite et le recours à la mise en scène croisée de leurs récits de vie.

Bilan et perspectives

ISBN : 2-09-037110-2

Introduction

Une approche biographique des trajectoires linguistiques et culturelles

MURIEL MOLINIÉ,
UNIVERSITÉ DE CERGY-PONTOISE,
CRTH (CENTRE DE RECHERCHE TEXTE/HISTOIRE)
ET DILTEC (DIDACTIQUE DES LANGUES, DES TEXTES
ET DES CULTURES)

Produire, faire produire ou encore recueillir une biographie langagière, c'est sans doute partager un tant soit peu, avec Edgar Morin, la conviction selon laquelle : « Avoir *vécu une expérience* ne suffit pas pour que cette expérience *devienne de l'expérience*. Il faut sans cesse la régénérer et la re-méditer. Si nous transformons l'expérience en conscience, nous sommes prêts pour un nouveau commencement[1] ».

Les biographies langagières deviennent l'un des outils novateurs mis en œuvre dans le cadre des démarches préconisées en didactique des langues (dans le sillage du Cadre commun européen de référence pour l'enseignement des langues) et qui contribuent à la construction de cette «Europe des connaissances» qu'appellent de leurs vœux les 29 ministres européens de l'Éducation ayant signé le 19 juin 1999 la déclaration de Bologne[2].

Quelle relation y a-t-il entre l'expérience (dont parle Edgar Morin), les connaissances (dont il est question dans la déclaration de Bologne) et l'acquisition des langues ?

La biographie langagière repose sur la capacité de l'individu à relater les éléments constitutifs de son expérience dans les domaines linguistique et culturel. L'hypothèse qui traverse ce numéro est que ce travail biographique permet de développer chez l'apprenant de langues la conscience selon laquelle ses apprentissages linguistiques gagnent à être mis en relation les uns avec les autres. Parce qu'elles permettent de penser les langues comme les éléments inter-reliés dans l'histoire, le répertoire culturel et le bouquet plurilingue du sujet, les biographies langagières contribuent à nourrir la réflexion menée actuellement en didactique, sur le plurilinguisme.

1. Edgar Morin, *Autocritique*, Points Essais, 1959, préface de 1991, p. 10.
2. Il s'agissait de : l'Allemagne, l'Autriche, la Belgique, la Bulgarie, le Danemark, l'Estonie, l'Espagne, la Finlande, la France, la Grèce, la Hongrie, l'Irlande, l'Islande, l'Italie, la Lettonie, la Lituanie, le Luxembourg, Malte, la Norvège, les Pays-Bas, la Pologne, le Portugal, le Royaume-Uni, la République tchèque, la Roumanie, la Slovaquie, la Slovénie, la Suède et la Suisse.

V*aloriser son plurilinguisme*

Nous avons conçu ce numéro spécial de la revue *Le Français dans le Monde/Recherches & Applications* dans le prolongement de la journée de recherche intitulée «Approche biographique et apprentissage des langues» qui s'est tenue, à notre initiative le 14 mai 2004 à l'université de Cergy-Pontoise. Cette journée rassemblait des praticiens et des chercheurs[3] autour des questions suivantes :

– que disent les apprenants à propos de leur apprentissage des langues? à qui, à quoi sert ce dire? en quoi ce récit est-il utile au sujet de l'apprentissage?

– pourquoi produire des connaissances sur ce sujet? la mobilité internationale et la mobilité éducative rendent-elles ces questions plus actuelles?

– la production d'un récit est-elle réductible à une simple «production de données»? comment produire (et faire produire) des connaissances sur l'apprentissage des langues?

Mais en intitulant ce numéro spécial : «Biographie langagière et apprentissage plurilingue» nous avons souhaité rendre plus lisible encore le terme «biographie langagière» qui englobe aujourd'hui diverses démarches visant à faire valoriser par l'apprenant de langue lui-même son répertoire linguistique dans les contextes plurilingue et multiculturel où ce répertoire s'est construit et évolue. Dans ce but (et dans l'esprit du Cadre commun européen de référence pour l'enseignement des langues), le *Portfolio européen des langues*, notamment, lui propose d'établir, seul ou dans un groupe de pairs, sa biographie langagière, c'est-à-dire de mettre en valeur ce qui, dans les différents contextes de sa vie, a contribué à son apprentissage des langues (*cf. infra* Véronique Castellotti, Danielle Moore). Dès lors, l'approche biographique effectuée à partir des *Portfolio* œuvre d'une part à la valorisation des apprentissages plurilingues déjà effectués par les apprenants et contribue, d'autre part, au développement de compétences leur permettant d'auto-évaluer ce plurilinguisme.

Le deuxième objectif visé par ce volume est de montrer comment les deux termes (biographie langagière ; apprentissage plurilingue) sont mis en relation sur les différents terrains (enseignement, formation) qui enrichissent la réflexion en didactique des langues.

Ce volume se fait donc l'écho de différentes recherches menées en didactique des langues, en sociolinguistique et en littérature. Elles montrent que, pour que le contact entre langues et cultures (inhérent à nos sociétés) devienne une opportunité pour l'apprenant de valoriser son identité plurielle et de s'ouvrir à l'altérité, il faut que celui-ci puisse configurer le sens que ces contacts ont eu pour lui, en les resituant dans la dynamique de son histoire présente, passée et à venir et en les reliant

3. Deux d'entre eux (Christiane Perregaux, Muriel Molinié) avaient déjà contribué au numéro 76, intitulé *Biographies langagières /Sprachbiografien* du Bulletin suisse de linguistique appliquée, Institut de linguistique de l'université de Neuchâtel, 2002.

à l'histoire des autres. Vue sous cet angle, l'activité biographique dans la classe de langue développe la capacité du sujet du langage à construire du sens à partir des composantes disparates de sa propre identité linguistique et culturelle, en interaction avec d'autres. Outil privilégié d'une didactique du plurilinguisme, la biographie langagière désigne désormais toute production langagière de l'apprenant lui permettant d'une part de valoriser les apprentissages qu'il a réalisés dans le domaine des langues et cultures au contact des autres et d'autre part de développer son répertoire plurilingue, pluriculturel.

U n sujet de langage en devenir

S'intéresser aux dynamiques existentielles dans lesquelles se compose et se recompose l'apprentissage des langues c'est inviter l'apprenant à se considérer comme un sujet de langage en devenir, développant sa créativité **ordinaire** (Daniel Delas) au contact des systèmes linguistiques et culturels qu'il s'approprie à différents moments de sa vie, grâce à son activité langagière : orale, scripturale ou encore vidéographique (Micheline Maurice). Pour que cette appropriation ait lieu (en français langue seconde comme en FLE), les auteurs de ce volume insistent pour articuler le socio-historique et le biographique. La préoccupation centrale est ici de relier les modalités scolaires et non scolaires d'acquisition et de transmissions linguistiques et culturelles (Marion De Dominicis, Dominique Rolland).

Pour conduire les jeunes enseignants vers des démarches singulières d'innovation dans ce domaine sont mis en œuvre des dispositifs originaux de formation (stage, «atelier-projet», cours d'ARLI[4], etc.) dans lesquels l'enseignant novice réflexif doit réfléchir à son implication dans sa propre formation. Rien d'étonnant à ce que le support biographique privilégié pour conduire cette activité réflexive soit le «Journal» : cet espace scriptural intermédiaire dans lequel vont se négocier les divers constituants d'une identité psycho-socio-professionnelle qui, elle aussi, est en devenir. Le «journal de bord d'apprentissage» (Catherine Carlo, Mariella Causa, Lucile Cadet, Muriel Molinié), le journal de recherche (Caroline Scheepers) mais également le journal de formation (Daniel Feldhendler) développent chez le jeune praticien, non seulement la conscientisation des processus cognitifs sollicités par l'apprentissage d'une langue nouvelle mais aussi la compréhension des enjeux personnels, sociaux, professionnels associés au plurilinguisme, à la mobilité culturelle, à l'ouverture à l'altérité.

4. Apprentissage réflexif d'une langue inconnue, cours dispensé aux étudiants en spécialité FLE/S de Licence de Lettres, sciences du langage et langues.

U ne anthropologie réflexive

Produire, faire produire ou encore recueillir des biographies langagières, c'est faire une place de choix à la capacité qu'a l'acteur social de comprendre les manières dont l'histoire sociale interagit avec sa formation personnelle (Christiane Perregaux). C'est considérer le sujet du langage non seulement comme le lieu d'intersection d'un ensemble de contradictions auxquelles il est confronté dans son existence, mais surtout comme le seul locuteur compétent pour co-énoncer le *sens* de celles-ci (Marion De Dominicis, Daniel Feldhendler, Dominique Rolland).

C'est s'intéresser à la capacité qu'a l'acteur social d'inventer ses modes d'adaptation à la diversité des contacts sociaux et culturels, que ceux-ci soient liés à son déplacement dans l'espace, à sa mobilité sociale et/ou à sa vie dans une société multiculturelle (Pascal Somé, Julien Kilanga-Musinde). C'est donc placer la réflexivité au cœur du travail biographique considéré comme un processus conduisant le sujet à développer sa capacité à penser l'altérité comme constitutive de ses apprentissages. Qu'elles proviennent de classes de langue, de formations d'enseignants, d'entretiens de recherche ou encore de chercheurs eux-mêmes, les fragments biographiques et autobiographiques publiés dans ce numéro spécial reposent donc sur : «une conception de la recherche engagée, où les chercheurs sont impliqués conjointement avec (les) sujets dans le mouvement de la production de connaissances dont l'émergence constitue en soi un acte, participant aux processus qu'il s'agit d'étudier[5]».

R ôle du « langagier » dans l'élaboration d'une « biographie » d'apprentissage

On peut, pour finir, interroger la pertinence de la division suggérée par l'adjectif «langagière». En effet, l'acquisition des langues fait partie d'un parcours éducatif, formel et informel. Ainsi, entre le curriculum officiel et le «curriculum expérientiel» se tissent de multiples façons d'apprendre. Certes. Mais le langage ne joue-t-il pas un rôle particulier dans ce «tissage»? Les contributions rassemblées ici montrent que l'apprenant est une personne globale dont le parcours d'apprentissage se construit précisément par sa capacité à intégrer et à relier différentes influences : sociale, culturelle, esthétique, linguistique, éducative.

Pour éclairer la relation entre les deux termes : biographie langagière et apprentissage plurilingue, ce volume rassemble des contributions dans lesquelles est analysée la manière dont des individus concrets

5. André Lévy, «Introduction», *Récits de vie et histoire sociale, Quelle historicité?* ESKA, 2000, p. 3.

s'approprient la proposition «biographique» qui leur est faite dans différents cadres : en classe de langue, au cours d'un entretien de recherche, au fil d'un parcours en littérature (Christiane Chaulet-Achour), ou encore en formation. Ces contributions montrent quel rôle a pu jouer cette proposition de travail dans différents contextes d'apprentissage et de formation.

Ceci nous conduira à valider, en conclusion de ce volume (Muriel Molinié), la proposition selon laquelle l'activité biographique contribuerait au développement du sujet plurilingue/pluriculturel dont la compétence a été définie dès 1997 par Coste, Moore, Zarate[6] comme : «compétence à communiquer d'acteurs sociaux en mesure d'opérer dans des langues et des cultures différentes, de jouer des rôles d'intermédiaires, de médiateurs linguistiques et culturels, à même aussi de gérer et de remodeler cette compétence plurielle au cours de leur trajectoire personnelle».

Si, à travers l'activité biographique sont chaque fois remis en mots quelques fragments d'une identité plurilingue, singulière et inachevée, alors l'hypothèse est que cette activité contribue à développer chez le locuteur la conscience d'être un sujet historique en devenir par les langues, par le langage.

À partir de ces acquis méthodologiques, il reste alors à rechercher et à développer les dispositifs de formation propres à transmettre aux enseignants-novices les outils, méthodes et référents théoriques nécessaires à la mise en œuvre d'activités biographiques, dans le cadre d'une didactique des langues et du plurilinguisme. Les premiers résultats d'une recherche-action seront présentés en fin de volume afin d'ouvrir quelques perspectives de formation dans ce domaine.

6.Coste, D., Moore, D., Zarate G., (1997), *Plurilingual and Pluricultural Competence*, Strasbourg, Council of Europe publishing, ISBN 92-871, 3260-7.

Dire et écrire son plurilinguisme

Daniel Delas

Marion De Dominicis

Christiane Perregaux

Christiane Chaulet-Achour

Instances du sujet et travail en biographie langagière

DANIEL DELAS
PROFESSEUR ÉMÉRITE, UNIVERSITÉ DE CERGY-PONTOISE

Le développement de la pratique des biographies langagières en didactique des langues date d'il y a une dizaine d'années et s'inscrit dans un plus vaste et plus ancien mouvement de «retour du sujet» associé à l'apparition de genres nouveaux, ou en tout cas appelés à connaitre une vogue sans précédent, le récit de vie et le témoignage, l'un et l'autre d'ailleurs associés à une oralité. «À la défiance totale vis-à-vis du langage recouvrant de mots trompeurs la "réalité" des êtres et des choses, commente Jean-Louis Chiss[1], ou soupçonné d'impuissance quant à sa capacité de dire "l'indicible", a succédé la confiance absolue dans le pouvoir des mots, dans les éclats de la parole vive : si, de l'écrit, s'échappent la vérité et la vie, alors l'oral prend la relève à un moment où les dispositifs médiatiques ajoutent l'image au magnétophone et "mettent en scène" l'entretien, l'interview des "gens ordinaires", apportant la parole sur un plateau... de télévision.» Signe des temps sans doute que cette remontée parallèle du sujet et de l'oral qu'on peut, qu'on doit, dénoncer dans ses dérives les plus choquantes[2] mais qu'il est légitime de tenter de mobiliser pour améliorer les apprentissages scolaires, tant dans le domaine littéraire que dans le domaine linguistique, d'ailleurs étroitement associés dans cette perspective. Le «biographique» figure désormais comme objet d'étude dans les programmes de la classe de 1re et a donné lieu à des publications pédagogiques concernant le français langue maternelle : citons le n° 130 du *Français aujourd'hui* (juin 2000) consacré à «la vie de l'auteur» ou l'ouvrage de F. Simon : *Le biographique. Séquences pour un objet d'étude littéraire* (Bertrand-Lacoste). Le secteur a par ailleurs été fortement investi par les chercheurs en FLE et les didacticiens qui travaillent sur le bi- ou le plurilinguisme et ses réalités, diverses et complexes, dans une perspective psycho-sociolinguistique. Le numéro du *Bulletin suisse de linguistique appliquée* (n° 76, hiver 2002) fait un point intéressant et servira de point de départ et même de corpus d'analyse pour

1. «Littérature de témoignage et devoir de mémoire» in *Chercher les passages avec Daniel Delas*, textes réunis par Serge Martin, L'Harmattan, 2003, p. 173-179.
2. Voir par exemple le refus de l'écrivaine allemande Ruth Klüger de se transformer en «document vivant» dans «La mémoire dévoyée : Kitsch et Camps» à la fin du volume *Refus de Témoigner Une jeunesse*, Viviane Hamy, 1997 (réed. 2003) et mon commentaire, Daniel Delas, «Comment/ Pourquoi refuser de témoigner? À partir de Ruth Klüger, *Refus de témoigner*» in *Formes discursives du témoignage*, sous la direction de François-Charles Gaudard et Modesta Suarez, Éditions Universitaires du Sud, 2003, 175-184.

13

*Instances du sujet
et travail en biographie
langagière*

ma modeste réflexion. Celle-ci se cantonnera au plan épistémologique en partant de la question de la dénomination de celui qui est au centre du processus et qui est souvent désigné, du terme technique le plus neutre possible, comme l'«apprenant» ou caractérisé d'un point de vue institutionnel comme un «étudiant» ou un «élève».

Dans les cinq articles en français que j'ai regardés de près, ceux de Christine Deprez, de Christiane Perregaux, de Muriel Molinié, de Nicolas Pépin et d'Anne-Rosine Delbart, on trouve une grande diversité de désignatifs.

Christine Deprez n'utilise pas le terme «sujet» mais parle de «personnes» ou, comme elle se centre sur des récits de migrants, emploie le terme de «narrateur» ou celui de «héros» qu'elle reprend explicitement à Propp avec d'autres bien connus comme «adjuvants», «opposants» mais ni «sujet» ni «objet» qui sont pourtant des termes centraux de la terminologie proppienne.

Christiane Perregaux utilise une fois le terme «personne» et une fois le terme «sujet», mais dans ce dernier cas, c'est rendant compte des propositions d'un autre auteur, Christine Deprez en l'occurrence; par contre elle emploie massivement le terme «biographé» pour désigner cet étudiant qu'on engage dans la voie de l'auto(biographie) langagière. Terme intéressant qui lui est propre et qu'on ne retrouve pas ailleurs; convient-il bien pour désigner des étudiants à qui on propose «de réaliser leur autobiographie langagière et de recueillir la biographie langagière d'une tierce personne» (p. 81)? Le même débat que celui qui existe en psychanalyse pour désigner celui qui vient consulter un analyste ne manquera pas de se poser : est-il un «analysé» ou un «analysant»? L'usage psychanalytique a tranché pour la seconde solution. Donc, dans le cas de l'autobiographie comme de la biographie, on devrait plutôt parler, me semble-t-il, du «biographant» avec un participe présent actif plutôt que du «biographé», avec un participe passé passif. Si l'on répugne à jargonner, on pourra revenir aux termes de l'usage courant «biographe» et «autobiographe» qui datent du XVIIIe siècle pour le premier et du XIXe pour le second. Mais il est vrai qu'ils ont en général été appliqués à des écrivains et que cela pourra paraître gênant ou ambigu dans des travaux qui s'affichent comme didactiques, voire en contradiction avec l'emploi du terme «apprenant». Nous retrouvons là le vieux débat sur le jargon disciplinaire qu'il n'est pas possible de trancher : le choix dépend de la position choisie par rapport à une disciplinarité scientifique assumée ou non assumée.

Anne-Rosine Delbart pour sa part assume le caractère littéraire (et non didactique) de son approche qui porte sur des écrivains en parlant d'«auteur» ou de «créateur».

Les deux derniers contributeurs considérés, Muriel Molinié et Nicolas Pépin, utilisent eux le terme «sujet». Nicolas Pépin l'emploie deux fois au début de son article pour passer ensuite, étant donné qu'il se situe dans une perspective conversationniste, à «locuteur» ou «interlocuteur» ou, plus techniquement, de «questionneur» et «répondant», voire de «Lo» et «L1». Mais il maintient dans sa conclusion le terme de «subjectivité» en l'associant de manière significative à celui d'«identité» (deux fois), de «vision du monde» et de «prise en charge énonciative». Muriel Molinié est la seule à utiliser massivement le terme «sujet» associé à celui d'«apprenant», allant jusqu'à parler de la «subjectivité du sujet», ce qui est une manière de mettre fortement les points sur les i.

La méfiance des uns vis-à-vis du terme «sujet» contraste donc nettement avec la confiance des autres. Plutôt que de m'autoriser à dire : «Untel a raison, Untel a tort», ce dont je me garderai, je voudrais poursuivre une courte réflexion à partir de ce constat, certes simplement lexical mais en réalité de type épistémologique. Car peut-être que dans un cas comme dans l'autre, une question reste à clarifier : de quel sujet s'agit-il ?

Henri Meschonnic fait de la confusion entre «sujet» et «individu» l'obstacle principal d'une poétique conséquente. Il dénonce

> L'association entre individu et sujet, tous deux si fondus l'un dans l'autre (plutôt au profit de l'individu) que certains ne voient même pas combien cette indistinction rend impossible de savoir ce qu'on dit quand on parle en ces termes. Non qu'il n'y ait entre eux des rapports. Justement ne faire des deux qu'un et le même empêche de concevoir et leurs rapports et eux-mêmes[3].

Pour lui, la poétique doit considérer le «sujet du poème», ce dernier terme ne désignant pas les œuvres de poésie et encore moins les œuvres en vers, mais toute œuvre à laquelle un sujet donne un rythme propre. Ce sujet du poème ne se situe pas plus dans la psychologie de la conscience ou de l'inconscience que dans le signe ou le sens; il ne faut donc pas confondre le sujet du poème avec le sujet conscient de la psychologie ou inconscient de la psychanalyse (lequel est à vrai dire plutôt un non-sujet) d'une part ni avec le sujet de la langue (selon Saussure) ni avec le sujet sémiotique. Meschonnic utilise le terme «poème» parce que c'est dans l'œuvre littéraire que s'opère la «subjectivation maximale du langage» (p. 190).

Ce sujet du poème n'est pas non plus assimilable au «sujet de l'énonciation» car ce dernier n'est autre que le sujet du discours selon Benveniste; or tout un chacun est à chaque instant ce sujet, dès qu'il emploie le «je». Un texte où abonde le mot «je» est certes «subjectif» mais un texte où s'entend du rythme, où s'entend du récitatif, est aussi subjectif car alors «c'est la subjectivation du langage qui est le sujet» (p. 191).

Que faire dans ces conditions de l'individu concret? Il n'y a évidemment pas de sujet sans individu, la notion d'individu est nécessaire logiquement et socialement. Mais l'individu est marqué d'une historicité si radicale qu'il s'atomise et se pluralise indéfiniment tandis que le sujet du poème est rattaché au sujet de l'énonciation qui passant de «je» en

3. *Politique du rythme, politique du sujet*, Verdier, 1995, p. 188.

15

*Instances du sujet
et travail en biographie
langagière*

«je» reste néanmoins «je», ne cesse de renaitre dans chaque page. C'est pour avoir négligé cela que Sartre n'a jamais pu achever sa quête de l'homme Flaubert : il a cherché dans la vie de l'auteur ce qui s'enracinait dans la vie du poème. N'est-ce pas ce que le poète russe Marina Tsvetaieva disait en affirmant : «ma spécialité à moi, c'est la vie». Plutôt que de confondre individu et sujet, laissons l'histoire de l'individu aux historiens.

Qu'est-ce que ces considérations peuvent apporter dans le domaine qui nous intéresse ?

Comme l'examen du même numéro du *Bulletin suisse de linguistique appliquée* le montre, la didactique de la biographie langagière n'instaure pas de partage entre littéraire et non-littéraire. À telle enseigne que les contributions scientifiques sont systématiquement entrelardées d'extraits en trois langues d'écrivains autobiographes : Nancy Huston, Luigi Meneghello, Norbert Ndong, Irena Brezna, Driss Chraïbi, Ursicin Derungs, Amadou Hampâté Bâ, Elias Canetti, Amélie Plume, Peter Bichsel et Ulla Hahn. Ce qui a en quelque sorte une fonction sémiotique manifestaire forte pour dire clairement : le travail sur les biographies langagières veut ignorer la stérile question de la littérarité, débat formaliste qui n'a plus de raison d'être dès lors qu'on met le vivant au premier plan et non plus la forme.

Dans la logique de cette option, on évitera en tant que formateur de se laisser entrainer dans un débat sur la qualité littéraire ou non-littéraire de telle ou telle production d'apprenant. Du moment que c'est du vivant, c'est satisfaisant. Du vivant et non du vécu car utiliser le terme au passé, «vécu», n'est pas souhaitable, si l'on veut éviter ce dont on a parlé à la suite de Ruth Klüger, la documentarisation de celui qui écrit (sujet ou témoin), je veux dire la transformation du témoin en document vivant.

Pour autant tous les apprenants sont-ils des sujets au même titre ? Et quels sujets ? Ou, pour formuler les choses en termes institutionnels, les jeunes élèves de l'école primaire, les adolescents du collège et du lycée, les étudiants, les adultes en formation et les écrivains professionnels sont-ils les mêmes sujets ? Christiane Perregaux aborde ce point dans sa contribution ; elle dénie la pertinence de la question en disant que «ce qui nous intéresse en fait, c'est le biographique comme processus d'actualisation de faits, d'évènements, de connaissances, de sentiments mis en mémoire, de retours en arrière pour comprendre son présent langagier, de construction de soi autour de la thématique des langues. Le biographique permet un rappel personnel de l'histoire de ses contacts avec les langues et les personnes qui les parlent, une mise en mots de connaissances ou d'expériences passées influençant la construction présente ou à venir de nouveaux savoirs». Elle met ainsi en perspective la pratique de la biographie langagière comme s'inscrivant dans une continuité qui justifie de poursuivre toute entreprise biographique de manière suivie par le journal de bord ou le portfolio.

Lesquels témoigneront d'une suite de présents langagiers et méta-langagiers. D'un présent sans cesse continué et recommencé.

On peut toutefois apporter ici deux compléments.

Le premier concerne la compétence linguistique des jeunes apprenants. Les enfants malgaches du primaire que j'ai observés récemment, victimes d'un apprentissage répétitif, n'ont pas conscience de leur statut d'énonciateurs, pas plus dans leur langue maternelle que dans la langue seconde. Ils ne sont donc pas encore des «sujets d'énonciation», ce qui les empêche de devenir des «sujets du poème». Ce n'est pas un problème de niveau de connaissances linguistiques ou de compétence linguistique *stricto sensu* ni même de compétence de communication mais de compétence énonciative, laquelle ne peut se développer que dans une pratique de classe (ou de famille d'ailleurs) **interactive**. Seule l'interaction langagière permet de construire la compétence énonciative de base. Dans un enseignement bilingue, celle-ci doit être menée le plus tôt possible, dans la langue maternelle aussi bien que dans la langue seconde.

Second complément qui concerne le sujet du poème en tant que tel : la notion de réécriture. Quand on dit que «le biographique est un processus d'actualisation de faits, etc.», il faut ne pas oublier qu'il s'agit d'un processus d'écriture : c'est un récit écrit qui raconte des aventures généralement orales. Ce fait est important dans la mesure où l'écriture est toujours réécriture, **brouillonnement**, travail de reprise, travail du texte. C'est évidemment là que le sujet de l'énonciation, confronté à la réflexion sur sa pratique vivante, se mue nécessairement en sujet du poème et entre dans un processus de créativité, mais, attention, une créativité qu'on pourrait appeler «ordinaire[4]». Se rejoignent ici didactique FLM et didactique FLS/FLE car on ne peut pas éternellement cantonner l'apprenant dans le méta- en oubliant qu'il est aussi dans la créativité. C'est là peut-être le lieu de combler (en partie) le vide existant entre les pratiques d'actualisation du passé langagier dans le présent des apprenants et celles de ces écrivains si souvent utilisés.

Telles sont les quelques réflexions qu'a suscitées la lecture attentive du numéro 76 du *BSLA* pris comme une sorte de corpus. Réflexions un peu décousues certes et éloignées de l'étude de cas précis mais qui ont cherché d'une part à apporter quelque clarté sur une notion centrale comme celle de sujet et à montrer la richesse du choix du vivant dans l'apprentissage des langues, de la langue de l'autre comme de la sienne propre. Si l'expression «français langue seconde a un sens», c'est là et pas ailleurs.

4. Voir les travaux de l'équipe Didaxis (Montpellier-Perpignan) dont le n° 127 du *Français aujourd'hui*: «Écritures créatives» (septembre 1999) donnera une idée précise.

17

*Instances du sujet
et travail en biographie
langagière*

Bibliographie

CHISS, J.-L., (2003), « Littérature de témoignage et devoir de mémoire » in *Chercher les passages avec Daniel Delas*, L'Harmattan.

DELAS, D., (2003), « Comment/Pourquoi refuser de témoigner ? À partir de Ruth Klüger, *Refus de témoigner* » in *Formes discursives du témoignage*, sous la direction de François-Charles Gaudard et Modesta Suarez, Éditions Universitaires du Sud.

KLUGER, R., (1997, 2003), « La mémoire dévoyée : *Kitsch* et Camps » in *Refus de Témoigner Une jeunesse*, Viviane Hamy.

Voyage au pays des mots dans une cité francilienne

Atelier d'écriture à visée littéraire et de traduction

MARION DE DOMINICIS
CLIN, VAL D'OISE

> « L'écrivain est un fou qui a réussi », Michel Butor
> « L'écriture est comme un fil qui parle », Alex L.G., 12 ans, Cap Vert
> « L'écriture est le tracé de l'existence.
> Quand on écrit dans le silence les mots jaillissent de nulle part pour atterrir sur la feuille », Hadja K., 10 ans, Afriquantilles

Je me souviens encore, bien des années plus tard, de ma première séance de formation officielle à l'enseignement du français langue étrangère. Un jeune étudiant géographe nous dispensait un cours portant sur les massifs montagneux de l'Atlas. Le cours a duré deux heures, en arabe. À la sortie, malgré mon état d'épuisement, j'avais ressenti quelque chose de si spécifique et de si essentiel que ma perception des élèves allophones en immersion totale et de leurs réactions ne s'est plus jamais départie de ce dont je m'étais saisie ce jour-là et où les montagnes de l'Atlas avaient une part tout à fait mineure, eu égard à leur réelle superficie. C'est ainsi que les nombreuses citations empruntées aux textes des élèves qui figurent dans cet article ont entre autres pour objet de placer le lecteur dans cet état de tremblement de l'être – sorte de youyou intérieur – où la transmission s'opère de sujet à sujet autant que par l'exposé d'une méthode didactique. Il existe une dimension sensible de la langue sans accès à laquelle toute connaissance en resterait à jamais mécanique et laisserait potentiellement l'apprenant de cette langue – fût-elle le FLE – avec les sentiments d'un éléphant dans un magasin de porcelaine. Un éléphant lucide de surcroît. La clé du « Voyage-au-pays-des-mots » est de faire une partie du chemin. D'accepter de se déplacer, de quitter ses zones d'habitude. D'accepter – à l'instar des élèves « apprentis-écrivains » qui ont participé à cet atelier – d'être dérouté. Entrons…

Du contexte au projet : « Peut-être que nos mots sont la seule terre où l'on peut s'établir¹ »

L'école se situe dans une cité HLM comptant 2 000 enfants répartis à partir de l'âge scolarisable dans deux groupes scolaires maternelle/élémentaire, un collège, une S.E.G.P.A.², un lycée général, un lycée professionnel. Le contexte familial plurilingue est fréquent, sans doute majoritaire, même si nous ne savons pas précisément quelle sont les langues que les parents et grands-parents ont choisi (ou sont en mesure) de parler ou d'omettre de parler à leurs enfants et petits-enfants. Ce que nous savons c'est que la plupart des familles rencontrent des difficultés socio-économiques importantes. L'école concernée serait classée «zone d'éducation prioritaire» si le collège voisin n'y avait opposé son refus par crainte de «fuite» des élèves «moteurs». L'atelier entre dans le cadre du «décloisonnement» qui lui-même fait partie d'un projet d'école basé sur les rythmes biologiques de l'enfant : d'après les travaux du professeur Montagner, la tranche horaire qui suit le repas serait défavorable aux apprentissages et plus propice à des activités sportives, ludiques ou artistiques. Mais l'atelier s'appuie surtout sur la présence de personnes-ressources (aides-éducateurs et enseignants à profil spécifique de CLIS/Classe d'Intégration Scolaire ou de CLIN/Classe d'Initiation), qui ont des effectifs réduits. Ceci a permis de répartir les élèves dans des groupes moins chargés qu'une classe ordinaire (notons que ces trois catégories de personnes-ressources ont aujourd'hui disparu ou que leurs postes sont devenus itinérants). C'est ainsi qu'entre 2000 et 2003 une expérience a été menée par l'ensemble de l'équipe dans ce créneau horaire quotidien (de 13 h 40 à 15 h 00), proposant au choix des élèves : sports collectifs, lecture en maternelle, roller, danse, théâtre, chorale, arts plastiques, journal scolaire, rap, art martial et atelier d'écriture en ce qui nous concerne. Les élèves se sont inscrits dans ce dernier sur la base très succincte de son intitulé : «Voyage-au-pays-des-mots» et du bouche à oreille ; ils savaient qu'on allait y écrire et ils ont pu avoir l'impression que cela pourrait être en lien avec leurs origines. En effet, sur la porte de la salle figuraient des écrits dans différents alphabets. Ils savaient aussi que la personne qui animait l'atelier était également responsable de leurs camarades migrants, en dehors du décloisonnement.

Ainsi, le projet de l'atelier d'écriture «Voyage-au-pays-des-mots» prend-il sa source dans la richesse de ce que l'écriture peut déverrouiller et ouvrir comme horizons³. Il est né sous le signe du métissage offert par le contexte d'une cité francilienne. Il a réuni pendant trois années, chaque semaine, durant une heure vingt des groupes stables d'une douzaine d'élèves de huit à douze ans, issus de diverses classes

1. Jean-Louis Giovannoni.
2. Section d'enseignement général professionnel adapté : il s'agit de sections intégrées dans des collèges d'enseignement général, allant de la 6e à la 3e, destinées à des élèves n'ayant pas le niveau requis à l'entrée dans le secondaire.
3. Nous avons indiqué, en annexe, le déroulement type d'une séance. Isabelle Rossignol dresse dans son ouvrage (*cf.* bibliographie) un panorama très précis des sept grands courants français ayant élaboré une réflexion et une méthodologie autour de l'animation des ateliers d'écriture.

de cycle III (dont une CLIN et une CLIS), volontaires et engagés pour la moitié de l'année scolaire. Brassage des âges et des langues d'origine, brassage des vagues migratoires représentées : certains enfants migrants étaient arrivés très récemment, d'autres étaient nés en France et leurs parents avaient pu vivre leur migration tout en restant non-francophones, d'autres élèves encore avaient migré eux-mêmes à un âge plus précoce et avaient, entre-temps, acquis le français. Cet atelier, certes proposé à l'école, était séparé des lieux, des enseignants et des camarades habituels. Allait s'y s'instaurer un va-et-vient d'une langue à l'autre et, dans ce va-et-vient, allaient se décliner toutes les nuances entre honte et fierté, tension et complexité, multiplicité des réactions suscitées. Citons celle de cet élève haïtien de dix ans, essayant d'attraper – comme on attrape un criquet – sa voix créole à l'épreuve du magnétophone.

L e cadre, les objectifs

Chaque séance d'atelier d'écriture comportait quatre phases : le déclenchement de l'écriture, l'accompagnement de l'écriture, la guidance des récritures, les lectures orales avec écoute bienveillante des destinataires.

L'atelier était sous-tendu par quatre objectifs essentiels : réconcilier, faire découvrir, donner accès, donner envie. Réconcilier avec l'écriture est une condition première dans le contexte d'un public captif plus à l'aise avec les cris qu'avec l'écrit. Réconcilier avec les mots qu'on écrit, les pensées, souvenirs, sensations qu'on met en mots et en page, ces mots que l'on dit, lit ou donne en partage au premier cercle de lecteurs constitué par le groupe de l'atelier : «Mais pourquoi mais comment écrire? L'écriture fait tout pour vivre avec nous», écrit Vanessa R., (9 ans1/2, France); «Écrire? Mais on l'a déjà fait ce matin!» écrit un autre élève.

C'est souvent par des textes lus à voix haute par l'animatrice, que les enfants ont d'abord approché l'écriture. Cette lecture suscitait en eux divers échos : associations d'idées, émotions mais aussi désacralisation des textes d'auteur, familiarisation avec l'image de l'écrivain. Parfois dialogues. Cette ouverture leur a permis de produire un premier texte. En effet, à partir d'une même proposition de départ, s'ouvre une multitude de pistes d'écriture. Il ne s'agit pas d'écriture collective, d'où l'importance d'un effectif restreint, mais de restaurer la relation à l'écrit et de réconcilier l'élève avec sa (ses) propre(s) langue(s), quelle(s) qu'elle(s) soi(en)t : «Un stylo peut écrire avec ta main!» s'exclamera Mirela S. (12 ans, Roumanie). «Écrire ça me fait rêver la mémoire» songe en écho, Sambou C. (9 ans, Comores).

Il s'agit d'aider l'élève à retrouver le lien vital avec les mots et par conséquent la lecture, l'écriture et les savoirs qu'ils véhiculent : «L'écriture me dit que j'aime la lecture», confie Mealedey I. (9 ans, Cambodge) après avoir effectué des lectures croisées de Butor, Giovannoni, Guillevic, Bobin et travaillé à partir de la consigne d'écriture suivante : «Et vous, d'où ça vous vient? Quelle est votre histoire avec les mots?»

On conduit l'élève vers la découverte de sa propre singularité par les éléments qui se répètent, insistent dans ses textes. On repère avec lui sa voix propre, par exemple, en travaillant à partir d'un jeu de «portrait chinois» axé sur les sentiments :

> la colère comme des éclairs qui crient
> la colère comme une avalanche de pétards
> comme un orage de citron
> la colère de crocodile
> de sang
> sa tête était rouge la colère
> comme une cascade de feu
> la colère comme
> un dragon d'eau brûlante un lion de gas-oil
> la colère
> Demba C., (9 ans, Mauritanie).

Ils vont ainsi découvrir les quatre pôles ou horizons du travail selon Georges Perec : le monde qui les entoure, leur propre histoire, le langage, la fiction.

Pour cela, après les avoir confrontés à leurs propres mots, l'animatrice leur fait écouter un mot inconnu sonner pour la première fois et les invite à se laisser porter par le «bruit» qu'il fait. Ceci, grâce à des lectures-détonateurs extraites du «Jabberwoqueux» de Lewis Carroll, d'«Interdits» de Paul Eluard, ou de «Langage-tangage» de Michel Leiris et Hardellet. Cela a donné naissance au dictionnaire imaginaire intitulé «les mots sont fous!» dont voici un extrait :

> absinthe : c'est voir l'absente habiller les enceintes, (Fadila I.)
> cinabre : au cinéma on n'a vu qu'un arbre, (Sambou C.)
> coercitif : correction inexacte d'un pacifiste, (Hadja K.)
> conscrit : film qu'on risque d'écrire, (Celia L.)
> équivoque : équipe qui vote et se moque de ma voie, (Joanna V.)
> houspiller : piler et plier les housses de pistaches, (Demba C.)
> liturgie : magie de Turquie qui lit dans le futur, (Demba C.)
> nimbes : nombre de nains qui timbrent des marins, (Fadila I.)
> nomenclature : signature qui cherche et trouve une nature, (Mirela S.)
> parfilage : le carrelage file sur le village, (Celia L.)
> perpétrer : pénétrer dans l'été, (Mealedey I.)
> philologue : pilote avec une langue toute rouge, (Sambou C.)
> plumitif : plumage à l'infinitif qui imite les allumettes, (Sambou C.)
> prohibitoire : histoire qui nous emporte du territoire, (Mealedey I.)
> satirique : sortie d'un cirque qui scintille au pique-nique, (Vanessa R.)
> soupente : soupe de pente hantée qui pousse, (Fadila I.)
> soupirail : gare du raï, la sorcière danse le rap, (Demba C.)
> spleen : sauterelle splendide qui speede, (Celia L.)
> zizanie : zoo de zèbres rempli de nids de zizis, (Mathias M.)

La découverte d'autres types de textes (fragments, poésie, carnet de bord, récit...), à partir d'une première confrontation avec l'autobiographie, en compagnie de Georges Perec et de son ami Joe

Brainard en quête de souvenirs conduira Mathias à cette évocation de lui-même :

> Je me souviens que j'avais beaucoup d'humour
> Je me souviens que j'étais un géant
> Je me souviens que j'étais à la guerre de Cent Ans
> Je me souviens que j'étais un fan de Vercingétorix
> Je me souviens que j'étais grand inventeur
> Mathias M., (10 ans, France)

Peut être ouverte, dans la dynamique issue de leur questionnement et de leur repérage, la notion de genre littéraire en ayant soin de faire descendre les écrivains de leurs piédestals afin de «garder les vaches» avec eux. Dans le feu de l'action, si un enfant vient à soulever le couvercle de cette marmite, on commence doucement à réhabiliter la répétition dont la plupart des élèves – et des traducteurs – croit qu'elle est interdite.

R écrire pour socialiser son texte

On donne également envie de récrire, de «nettoyer» les textes en laissant mesurer l'effet produit par leur publication sous toutes ses formes : oralisation, affichages, expositions dans les bibliothèques municipales, lectures publiques, journal de l'établissement, etc. On donne ainsi accès à une appréhension non jugée de l'erreur orthographique qui, pour Marina Yaguello, est «compétence improprement utilisée et non incompétence». Il s'agit de reconnaitre aux fautes leur part de «créativité prouvant que le fautif a acquis les principaux mécanismes du langage (et de) reconstituer la logique de l'erreur avant la moindre suggestion pour modifier l'écrit». Ce faisant, on lutte contre la censure de l'institution orthographique pour publier et rendre leurs lettres de noblesse à Assita K., (9 ans 1/2, Togo) qui écrit : «l'eau-de-là est un esprit que seuls les sorcières et les sorciers peuvent connaitre et à cette parole tu sauras que l'eau-de-là n'est pas un jouet mais une tentative de rêve de la mort» ou à Linda M., (12 ans, France) qui déclare «j'aime le laid !».

Le but (avec Césaire, Guillevic, Cendrars) est de donner accès à une autre appréhension des questions de syntaxe, de temps, de ponctuation qui deviennent des enjeux importants du rythme et de la lisibilité. Le but est également de donner envie d'un code «visant à rendre conscientes, donc doublement opératoires, les ressources du langage qui est la plus haute, la plus puissante de nos facultés», précise Pierre Bergounioux. Une expérience de la réussite dans le groupe protégé qu'est l'atelier se fait jour par la confrontation des textes au regard d'autrui :

Sur ses longs cheveux l'eau qui coule à grand bruit.
Je sens le parfum de l'eau bleue comme un récit exotique et j'entends le monde qui prononce la mer, l'océan - je me dis que si j'étais une mer, je ferais tout pour que la terre se jette à mes pieds.
Je vois les arbres dire et redire : le cœur de l'eau bat et bat si fort.

Assita K., (9 ans 1/2, Togo)

Lors de la récriture de son texte dans un but de socialisation, l'écrivant s'aperçoit qu'il doit prendre de la distance, devenir un lecteur efficace, exigeant et constructif. Il se fait lecteur de son propre texte d'abord pour lui-même, puis vis-à-vis du groupe. Il perçoit alors l'intérêt que l'on porte à sa production. En écoutant la lecture des autres participants, il prend conscience de la richesse de l'imaginaire de chacun. Il se rend compte que l'écriture est un trajet personnel. Le texte central n'est plus celui de l'auteur. C'est le sien, lu, affiché, offert à la lecture. Tel est l'un des cheminements vers l'accès à ce patrimoine sans prix : « don que nous font les morts pour nous aider à vivre », dont Danièle Sallenave dit encore ceci :

> Si la culture est un bien, il faut alors qu'il soit accessible au plus grand nombre… Si elle n'est que l'apanage des élites, ou l'autre nom du loisir distingué, et non pas le lieu de l'arrachement à soi et de l'ouverture au monde, de quoi souffrent-ils ceux qui en sont privés ? Mais la pratique des livres n'est pas dans notre vie, la part du rêve, un luxe gratuit. Et les intellectuels se trompent gravement lorsqu'ils s'emploient à en dénoncer l'élitisme au lieu de faire que s'ouvre au plus grand nombre le règne émancipateur de la pensée dans les livres…
> Danièle Sallenave, *Le don des morts*

Pourquoi ce « Voyage au pays des mots » ?

> Parce que l'enjeu du travail littéraire, c'est de faire du lecteur, non plus un consommateur, mais un producteur du texte. Notre littérature est marquée par le divorce impitoyable que l'institution littéraire maintient entre le fabricant et l'usager du texte, … son auteur et son lecteur. Ce lecteur est alors plongé dans une sorte d'oisiveté… il ne lui reste plus en partage que la pauvre liberté de recevoir ou de rejeter le texte : la lecture n'est plus qu'un referendum. En face du texte scriptible s'établit donc sa contre-valeur, sa valeur négative, réactive : ce qui peut être lu mais non écrit : le lisible. Nous appelons classique tout texte lisible.
> Roland Barthes, *Roland BARTHES par Roland Barthes*

C'est ce qu'écrit Barthès (*sic*), re-né footballeur célèbre dans la bouche de Karim Z., (9 ans), qui vient de déguster les « anamnèses » et les « mots-couleurs » et de rendre à l'auteur de « Roland BARTHES par Roland Barthes » l'hommage admiratif d'un accent grave excédentaire. En effet quel diktat ou quelle frontière étrange empêcherait de partager Barthes, Rilke ou Tsvetaïeva avec des enfants ? Qu'est-ce qui contre-indiquerait à un élève de trois, six ou douze ans – et quelle importance que son âge ? – d'écouter de la poésie dans une langue inconnue ? La littérature est lasse mais pas seulement d'être une cerise. Et les élèves non-francophones ou ex-non-francophones ou encore fils et filles de non-francophones ou d'ex-non-francophones sont las eux aussi d'être définis par ce qu'ils ne sont pas ou ce qu'ils ne sont plus car avant d'être non-francophones et à moins d'avoir fait l'impasse sur un stade essentiel du développement de l'enfant, ils sont avant tout kurdophones, turcophones, pendjabophones, sangophones, lingalophones, berbérophones, soninkophones etc., la plupart du temps ils sont surtout plurilingues. Ainsi, sur les traces de Gianni Rodari et de sa «Grammaire de l'imagination», la rencontre de mots qui n'ont pas l'habitude de se côtoyer (par des procédés de découpages dans des magazines et de collages) afin de jouer de leurs réactions inattendues, conduit Mirela (12 ans, Roumanie) à écrire ceci :

* istoria lui Angel
in càlàtorie
de azur
limbà stràinà
a pàstra
lume in discompuner
Eternity

** Histoire d'Angel
au voyage
d'azur
langue étrangère
à protéger
monde en éclats
Eternity

Mirela S., 12 ans, Roumanie

Traduire : une passerelle entre la famille et l'école

Ce «Voyage au pays des mots» avait également pour but de ne pas ajouter au poids de leur exil ou de celui de leurs parents l'injustice d'un autre exil, d'être une manière de contre-feu à ce territoire sans mots pour se dire, souvent situé dans l'absence de ponts, quelque part entre l'univers intime de la famille, (majoritairement allophone) et celui du dehors, de l'école, de la langue française officielle, cet étalon de la communication hexagonale. Ainsi, Sophienne et Sambou, en suivant Max Ernst et ses «frottages» pour fabriquer des «machines à rêver» et y découvrir «les mondes invisibles qui nous côtoient» écrivent :

> je suis un pantalon volant avec des pierres rouges dans les poches et du sable mouillé et même une terre à moi tout seul et moi seul marche dessus et personne pour me déranger même pas loiseaux ni les chiens et les avions même pas
> Sophienne B., (10 ans, Algérie).

> affaires de
> famille
> je vous veux mourir en source
> Sambou C., (9 ans, Comores)

Il s'agit donc de tenter de construire les fondations nécessaires pour endiguer la déchirure infligée par des pertes successives : perte de l'univers connu, perte des témoins du passé, perte du soleil, perte du nom souvent rendu méconnaissable par la translittération et la prononciation indigènes, perte parfois de l'amour des parents qui se reconnaissent mal dans ce petit étranger en devenir, perte de confiance de la communauté d'origine. Au sein de la diaspora comorienne par exemple, les membres de la communauté qui s'installent définitivement et investissent dans l'immobilier hors des Comores sont dénommés «les désespérés».

L'apprentissage de la lecture chez le jeune enfant est lui aussi un seuil initiatique lié à une redoutable perte (celle de l'insouciance et d'une certaine virginité), parfois cumulée à l'apprentissage d'une langue nouvelle : le français.

> Je feuillette mon journal, écrit Aharon Appelfeld après la guerre, ... une mosaïque de mots allemands, yiddish, roumains et même ruthènes. Je dis «mots» et non «phrases», car cette année-là je n'étais pas encore capable de relier les mots en phrases. Les mots étaient les cris étouffés d'un adolescent..., une sorte d'aphasique qui avait perdu toutes les langues qu'il savait parler...
> Sans langue, tout n'est que chaos, confusion et peurs infondées...
> Sans langue maternelle, l'homme est infirme...

Il arrive que tel soit le prix de l'exil : un passage où l'enfant entre dans un processus de perte de ses langues d'origine avant de maitriser le français. En 1946 Aharon Appelfeld arrive à l'âge de quatorze ans en Israël :

> Dans ces années-là, écrit-il, l'approche de la langue était par principe mécanique... Elle exigeait de s'arracher à son monde pour se transporter dans un monde sur lequel on n'avait guère prise, mais à quel prix : celui de l'anéantissement de la mémoire et de l'aplatissement de l'âme...

De fait, certains élèves réagissent à l'expérience migratoire par le mutisme ou le bégaiement. A *contrario*, certains élèves commentent leur rapport à l'écriture :

> l'écriture est le fruit de la parlote
> la parlote n'est pas un arbre comme les autres
> il bouge de sens, il bouge d'allure
> au moment où tous ces mots que

j'ai appris dans mon enfance et que j'apprends encore
me sautent à la vue comme du jus de fruit perçant…
parfois je peux même dormir en écrivant

Hadja K., (10 ans, Afriquantilles)

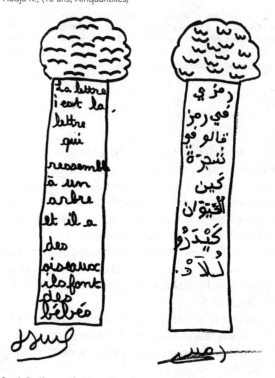

Sarah B., (9 ans, Algérie et Maroc)

Pour les élèves scolarisés avant la migration dans une langue officielle qui n'est pas celle de leur enfance préscolaire, le seul support écrit antérieur aux apprentissages du FLE est une langue « étrangère » elle aussi, parfois honnie par leur famille ou juste vide d'affects. Faïza D. traduira spontanément le texte reproduit ci-dessous vers l'arabe et en affichera les deux versions dans l'école malgré l'aversion déclarée de son père pour cette langue. Elle refusera d'ailleurs d'emporter son travail à son domicile à l'issue de l'atelier.

> Je me souviens quand je suis arrivée en France c'était trop bien
> Je me souviens quand je suis entrée à l'école en Algérie j'étais très triste
> Je me souviens quand ma grand-mère a appelé au téléphone je lui ai dit je t'aime
> Je me souviens quand j'ai commencé à apprendre et à écrire le français
> Je me souviens quand j'avais six ans je suis entrée à l'école d'Algérie et mon père il n'était pas là
> Je me souviens quand mon père il est parti en France j'étais encore petite j'ai pleuré parce que j'ai pas envie qu'il parte
> Je me souviens quand j'avais une robe de mariage
> Je me souviens que je suis tombée sur un arbre et ma dent elle est cassée
> Je me souviens quand j'avais peur des avions
>
> Faïza D., (10 ans, Kabylie)

Ainsi l'enjeu de ce voyage métis est-il multiple. Spontanément il nous confronte au sens étymologique de la traduction et le recentre sur son mouvement de traversée comme rite de passage d'un monde à un autre. La langue est-elle le véhicule de la pensée ou au contraire le milieu qui la conditionne? La traduction est-elle une «ébauche de reproduction tout juste tolérable frisant la contrefaçon» comme l'affirme G. Steiner? Nous avons choisi de ne pas mettre l'accent sur l'aporie intrinsèque entre texte-source et texte-cible mais plutôt sur le mouvement qui les relie et qui dans son sillage a permis de mobiliser les énergies créatrices de ces jeunes apprentis-artisans du langage :

> des voyages inventés
> sortent de ma pensée
> des émerveillements inadaptés
> qui frappent sur le cœur, j' ai
> appris même des choses que
> je ne connaissais pas
>
> Hadja K., (10 ans, Afriquantilles)

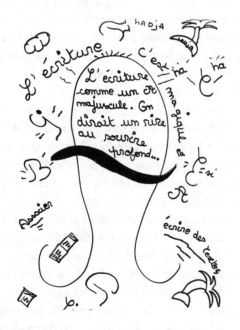

> l'écriture chante et se transforme, mes phrases
> aussi se transforment...
> parce que quand j'écris
> tout change dans mon
> cœur
>
> Clarisse G., (10 ans, Antilles)

Si «la traduction est cette activité qui permet mieux qu'aucune autre, puisque son lieu n'est pas un terme mais la relation elle-même, de reconnaitre une altérité dans une identité» comme l'affirme Henri Meschonnic, rien de très surprenant à ce que dans le creuset de cet atelier, elle se soit trouvée activement à l'œuvre.

Déploiement d'un questionnement plurilingue

Le déploiement d'une conscience plurilingue, sans être le but immédiat de ce « voyage-au-pays-des-mots », s'est d'emblée manifesté dans des situations affectivement implicantes et des cas de conscience inter-culturels ont émaillé ces rencontres hebdomadaires : la surprise collective des élèves par exemple, découvrant que le mot désignant l'olive faisait linguistiquement le tour de la Méditerranée presque intact de la Turquie à l'Espagne en passant par le Maghreb.

Ou l'émotion de Fouity C., 9 ans, (Mauritanie), saisie d'un fou rire inextinguible en feuilletant dans la classe un album trilingue français-bambara-soninké (publié chez L'Harmattan) où elle découvre ses langues « transcrites » pour la première fois. Cette interculturalité vivante a donné lieu à une quête de positionnement.

Comment traduire si j'ai oublié ma langue ou que je ne connais pas encore le français ? Comment écrire quand la langue dans laquelle j'ai vécu ce souvenir n'a pas de support écrit ou n'est pas celle que j'ai apprise à l'école ? Comment traduire alors que je ne maitrise pas la langue que me parlent mes parents ? Pour qui traduire si mes parents sont restés « là-bas » ou qu'ils ne sont pas allés à l'école ? Comment oser traduire alors qu'on m'a dit d'oublier ? À quoi bon traduire si les vœux de bonne année que nous avions peints au Blanc d'Espagne sur les vitres en arabe et en turc ont été effacés en deux jours ? Oserons-nous traduire alors que la grande sœur de Rachida a été menacée de convocation chez le principal de son collège si elle récrivait son nom en arabe en haut de sa copie ? Transcriras-tu ton texte en comorien, Sambou C., alors que ta tante auprès de qui tu as hier cherché de l'aide t'a répété que cette langue ne devait pas franchir le seuil de la maison ?

Et toi Erdinç, né en France et qui n'as jamais appris à écrire le turc, ta langue maternelle pourtant, auras-tu le courage de demander à Betül – une fille ! et plus jeune que toi en plus ! – une brillante élève arrivée le mois dernier d'Anatolie, de te servir de scribe ? Prendras-tu le risque, Mealedey I., de solliciter ton père, qui n'a jamais mentionné le Cambodge de sa jeunesse, afin qu'il traduise et transcrive de sa main pour l'exposition à la bibliothèque, ton texte sur la colère dans ces caractères khmers dont tu ignorais jusqu'à l'existence ?

« J' ai envie de courir vite !
J'ai envie d'être grand... »

La dynamique langagière joue dans l'écart vital de cet entre-deux, espace mouvant s'il en est, où exil (de « ex-silire », « action de sauter hors de »), traduction (« action de conduire à travers ») et création (« action d'établir une chose pour la première fois ») évoluent ensemble. Leurs étymologies croisées tissent la commune incertitude d'un espace multilingue, au sens où l'entend le philosophe martiniquais Edouard Glissant, celui d'une mise en réseau, d'une prescience de l'existence des autres langues de la terre qui nous habitent à notre insu et bousculent notre langage. Ce drôle de couple identité/altérité concocte une alchimie du même cru que celle qui a sauvé Moïse – l'homme à la langue lourde – du bégaiement et Antonin Artaud de l'asile psychiatrique. Ce dernier mit un terme à six ans d'internement en traduisant « entre » l'anglais et le français *The-Looking-Glass* de Lewis Carroll (*De l'autre côté du miroir*), un moyen de transport métaphorique au sens propre, c'est-à-dire grec du terme. Une alchimie qui nous invite à un dépassement, une ouverture, un dialogue dans lesquels l'être « se défait de cette coïncidence de soi avec soi où... il étouffe comme sous un éteignoir » (E. Levinas, 1974).

> Le mou-pin
> Je suis un lapin.
> Mais pourquoi je cours pas vite?
> Et moi qui suis aussi un mouton pourquoi je suis petit?
> J'ai envie de courir vite ! J'ai envie d'être grand...
> Erdinç K., (10 ans, Turquie)

Bibliographie

APPELFELD, A. (2004), *Histoire d'une vie*, Éd. de l'Olivier.
BARTHES, R. (1975), *roland BARTHES par roland barthes*, Seuil.
BARTHES, R. (1970), *S/Z*, Seuil.
BERGOUNIOUX, P. (2002), *Aimer la grammaire*, Nathan.
BOBIN, C. (1989), *La part manquante*, Gallimard.
BRAINARD, J. (1997), *I remember*, Actes Sud.
BUTOR, M. (1982), « *D'où ça vous vient?* », in *Répertoire V*, Minuit.
CARROLL, L. (1872), *Through the looking glass*, plusieurs traductions dont celle d'H. Parisot.
CÉSAIRE, A. (1946), *Les armes miraculeuses*, Gallimard.
CENDRARS, B. (1945), *L'homme foudroyé*, Denoël.
GIOVANNONI, J.L., (1992), *Pas japonais*, Unes.
GUILLEVIC, E. (1975), *Art poétique*, Gallimard.
KUNDERA, M. (1986), *L'art du roman*, Gallimard.
LEIRIS, M. (1985), *Langage Tangage ou ce que les mots me disent*, Gallimard.
LEVINAS, E., (1974), *Autrement qu'être ou au-delà de l'essence*, La Haye, Nijhoff.
NOUSS, A. (2001), « Traduction », in *Métissages*, Pauvert.
OUAKNIN, M.A. (1994), *Bibliothérapie*, Seuil.

Perec, G. (1978), *Je me souviens*, P.O.L.

Perec, G., (1985), *Penser/Classer*, Hachette.

Rodari, G., (1979), *Grammaire de l'imagination*, Messidor.

Rossignol, I., (1996), *L'invention des ateliers d'écriture en France*, L'Harmattan.

Sallenave, D., (1991), *Le don des morts*, Gallimard.

Steiner, G. (1978), *Après Babel*, Albin Michel.

Yaguello, M. (1988), *Catalogue des idées reçues sur la langue*, Seuil.

Le déroulement d'une séance

Conditions générales :

– accord actif des enseignants concernés

– élèves volontaires – ou tout au moins «consentants»

– priorité au Cycle III

– groupe d'élèves stable d'un bout à l'autre de l'atelier

– effectif : autour de 12 élèves

– salle stable avec possibilités d'affichage

Durée, fréquence :

– fréquence hebdomadaire

– durée d'une séance : 1 h 30

– nombre de séances consécutives avec un groupe : 1 semestre au minimum

Conditions spécifiques :

– renoncement à une évaluation chiffrée, à une évaluation autre que celle de l'intérêt et du plaisir généré par les textes

– socialisation des productions y compris hors de l'atelier ou hors de l'école, les partenariats (avec des lieux extérieurs : bibliothèques, centres culturels, etc.) étant des moteurs puissants pour le fonctionnement d'un tel atelier

Moyens, matériel :

– fréquentes photocopies

– traitements de texte et imprimantes

– aide à la saisie par des personnes-ressources

– dictionnaires variés à disposition : de la langue, des synonymes, des «idées par les mots», de langues étrangères, étymologiques, etc.

– papier-affiche, ramettes, papier-brouillon, etc.

– marqueurs, feutres, crayons gras, stylos

– papeterie : scotch, gommes, punaises, trombones, chemises cartonnées, etc.

– panneaux d'affichage

Autobiographies croisées : la décentration libératrice d'une lectrice bilingue

CHRISTIANE PERREGAUX

UNIVERSITÉ DE GENÈVE

> Je lisais. J'allais à la bibliothèque, je prenais des livres que je ramenais à la maison. [...]. J'avais lu un livre. Il était gros. Hyper gros. J'avais réussi à le lire du début à la fin et je l'avais adoré. Et quand je l'avais proposé au prof pour faire un exposé, il m'a dit : « oui d'accord, mais c'est un livre facile »... Et pour moi, j'avais été impressionnée d'avoir réussi à le lire et alors qu'il me dise ça !... Je me suis sentie rabaissée par rapport aux autres... « C'est bien parce que c'est toi parce que tu viens de classe d'accueil que je t'accepte avec ce livre mais il est facile »... Alors c'était l'étiquette... ça m'a fait quelque chose, ça m'a rabaissée parce que j'étais justement fière de venir lui dire « je veux lire ce livre pour mon exposé, je l'ai déjà lu, je veux bien le relire » et il m'a sorti comme ça « il est facile mais tu peux le lire quand même ». (Marta[1])

La biographie langagière est encore un genre nouveau bien que les travaux la concernant soient de plus en plus nombreux en sociolinguistique (notamment Molinié, 2002 ; Deprez, 1994, 2002 ; Billiez, (2003) ; Billiez & Lambert (à paraitre) ; Leconte, 1998 ; Franceschini, 2001, 2004 ; Brohy, 2002). La spécificité de l'(auto)biographie langagière est d'opter pour une perspective mettant en évidence le rapport à la langue ou aux langues des autobiographes et biographés. La recherche autour du récit (auto)biographique peut s'engager dans de multiples allées, toutes s'articulant autour du rapport aux langues, considérant l'environnement sociohistorique du biographe tant dans ses dimensions diachroniques que synchroniques. De toute évidence, la construction du récit de vie se charpente autour des multiples interactions signifiantes vécues par le biographe. En sociolinguistique, l'(auto)biographique élargit l'horizon des chercheurs qui essaient de se donner les moyens de comprendre, à partir d'un récit langagier singulier, comment et pourquoi se développe et se modifie le rapport aux langues au cours d'une vie, de l'enfance à l'adolescence et à la vie adulte.

1. Avec mes vifs remerciements à Marta Lago pour sa confiance et son travail d'investigation autobiographique, source de ce texte.

Rappelons, cependant, que dans le domaine de la formation des adultes, le récit de vie est un invité de longue date (Bertaux, 1996 ; Dominicé, 1992) qui s'inscrit aujourd'hui également dans la formation des enseignants (Belkaid, 2002). La démarche autobiographique est considérée comme un processus favorisant la réflexion sur soi, sur le vécu comme expériences significatives des apprentissages, « de leur évolution dans des itinéraires socioculturels et en fin de compte des représentations qu'ils (les individus en formation) ont construites d'eux-mêmes et de leur environnement humain et naturel » (Josso, 1991, p. 192). La narration biographique étant une pratique sociodiscursive, le rapport au langage y est souvent analysé.

Au cours de ces dernières années, plusieurs facteurs ont accru la curiosité des chercheurs pour les (auto)biographies langagières : citons l'intérêt porté aux individus en tant que traces de l'expérience collective à la fois sociolinguistique et historique et de l'expérientiel, dans ce qu'il a de plus singulier chez chacun. La mobilité actuelle des populations, les migrations aux causes les plus diverses et les (re)compositions situationnelles et familiales ont donné à ce champ une extension manifeste. La recherche s'intéresse à cette population toujours plus nombreuse qui se trouve, tout au cours de son existence, à réélaborer son répertoire linguistique entrainant souvent par là même des reformulations de son répertoire culturel et identitaire.

L'autobiographie langagière qui nous intéresse ici est celle d'une future enseignante ayant migré à onze ans de l'Espagne vers la Suisse. Elle est en fin d'études et choisit de travailler pour son mémoire de licence sur son rapport à la lecture[2]. Prenant conscience, dans les cours de didactique du français qu'elle suit à l'université, que le rapport à la lecture entretenu par l'enseignant(e) peut influencer l'apprentissage même des élèves, elle s'interroge sur le fait qu'elle-même n'aime pas lire. Son « j'aime pas lire » s'est imposé à elle lors de ses études post-obligatoires dans le pays d'immigration : « Je n'aime pas lire. Cette litanie me hante, j'en recherche les causes. Il fut un temps où je lisais régulièrement et de manière passionnée. Je veux chercher les raisons de ce changement » (p. 11).

Ce rejet du lire serait la conséquence, écrit Marta, de son bilinguisme successif et tardif : elle a appris à lire en espagnol dans son pays natal et s'est trouvée onze ans plus tard à poursuivre sa scolarité en français dans une ville de Suisse romande. Nous allons la suivre dans sa démarche autobiographique originale. Son hypothèse de départ, élaborée à partir de l'analyse de sa propre expérience, postule que tous les jeunes préadolescents ayant migré, après avoir été alphabétisés dans leur première langue, n'aimeraient pas lire. Pour vérifier son postulat, elle va monter un dispositif méthodologique approprié : d'abord raconter sa biographie en s'arrêtant particulièrement sur tout ce qui touche à la langue et à la lecture (ou comme elle le dit, à « l'acte de lire[3] »), la retranscrire et l'analyser puis la confronter à celles de quatre

2. Lago, M. (2001). *La lecture en français, langue seconde. Réflexions à partir du vécu expérientiel de jeunes migrants à Genève*. Mémoire de licence. Bibliothèque de la FPSE. Université de Genève.
3. L'auteure situe son problème dans l'acte de lire proprement dit « me retrouver face à un ouvrage et le lire. Bien que le contenu me soit intéressant, je n'arrive pas à me l'approprier avec plaisir. [...] Je situe le problème dans l'acte de lire lui-même et dans l'apprentissage de la lecture dans une seconde langue » (p. 12).

jeunes qui, comme elle, sont migrants, bilingues, de langue maternelle romane (trois hispanophones et une italophone). Ce dispositif va demander à Marta une grande implication, l'acceptation de se confronter non seulement à elle-même mais également à d'autres, en cherchant à se comprendre à travers leurs biographies. Il renvoie au rôle que joue l'altérité dans la décentration et à la place laissée à l'autre dans le récit de vie (Baudoin, 2001). Marta y répond en abandonnant une *forme narrative fermée* qui se présente comme une *attestation* de l'*existence de l'auteur* plutôt que comme un questionnement[4] pour affirmer le besoin, la nécessité des Autres dans son propre examen. Ce jeu de miroirs en prismes décalés va la faire entrer dans un processus de déconstruction de son hypothèse radicale et stéréotypée.

L'analyse des autobiographies et la méthodologie de recherche mettent ici en évidence, parmi de nombreux autres éléments, trois formes de décentration enchâssées. Elles prennent sens au cours du déroulement du dispositif : décentration narrative, sociodécentration et décentration libératrice. Le biographique aura, dès lors, deux raisons de nous intéresser, la démarche et l'analyse de contenu.

Comme nous l'avons dit plus haut, l'autobiographie que nous avons privilégiée ici nous conduira à suivre l'itinéraire de Marta, future institutrice en fin de formation initiale, qui cherche à comprendre comment se sont construits les malentendus qui l'ont amenée à ne pas aimer lire en français, sa seconde langue et langue scolaire en Suisse. Elle se lance dans son autobiographie (qu'elle reprendra à plusieurs reprises pendant ses études) pour, d'une certaine manière, régler ses comptes avec la lecture où ce qu'elle appelle elle-même la lecture de romans. Tous les autres genres textuels sont déqualifiés et seul le roman reste pour elle la norme du « savoir lire ». Son rapport à l'écrit est conflictuel, conflit qu'elle identifie comme étant dû à sa double culture et à son bilinguisme. Consciente de l'importance de l'écrit dans la vie scolaire et du rôle majeur de l'enseignant pour entrainer les élèves les plus résistants dans cet apprentissage, Marta veut comprendre son propre malaise, son propre refus. L'engagement dans la sinuosité de cet itinéraire devrait l'aider à donner du sens à la rupture qui s'est opéré entre la lecture en espagnol qu'elle aimait et la lecture en français qu'elle s'est prise à fuir. C'est pour elle le prix à payer pour pouvoir remplir son contrat d'enseignante.

L e contexte

Son transfert scolaire s'est opéré alors qu'elle avait onze ans, lors d'un regroupement familial où elle rejoignait ses parents, migrants en Suisse[5]. Jusque-là elle avait habité en Espagne, avec ses grands-parents. Son parcours migratoire est un classique des migrations éco-

4. Baudoin (2002, p. 105-106) s'interroge sur la forme narrative ouverte ou fermée du récit de vie.
5. La législation suisse sur le séjour et l'établissement des étrangers interdisait aux travailleuses et travailleurs étrangers ayant le statut de saisonnier (neuf mois de travail par an et trois mois sans salaire dans le pays d'origine) tout regroupement familial au moins pendant quatre ans. Ce statut a été supprimé pour la signature des accords bilatéraux que la Suisse a passés récemment avec l'Union européenne.

nomiques de l'après-guerre jusque vers la fin du siècle[6] et correspond assez bien à ce que Deprez (2002) évoque en citant le niveau de «saturation» auquel elle est parvenue après avoir analysé «des dizaines d'entretiens sur les langues réalisées avec des migrants» (p. 41). Derrière ces récits très divers, se donnait à voir, écrit Deprez, un certain nombre de «séquences d'actions (certaines obligatoires, d'autres facultatives, certaines détaillées, d'autres elliptiques) dont l'enchainement est guidé par la chronologie des événements vécus» (p. 42). Deprez prend une référence intéressante hors du champ sociolinguistique et se réfère à Propp ayant fonctionné de la même manière pour décrire la structure du conte (1928/1969) et à Oesch-Serra (1994) qui propose pour la compréhension du parcours migratoire une structuration thématique en trois points :

– le marquage temporel ou la date d'arrivée
– les motivations de la migration
– les modalités de l'arrivée.

Deprez (2003, p. 43) reprend cette structure qu'elle modifie légèrement pour en faire une *trame narrative* (voir figure 1 ci-dessous), ce qui nous intéresse particulièrement dans le cadre de la décentration narrative.

Figure 1 : Trame narrative (Deprez, 2003)

Avant :

Motivations de la migration (+/-raisons invoquées, causes tues, connivences ou connaissances partagées avec l'auditeur) décision (+/- : hésitations, conseils, exemples)

L'événement :

départ effectif (+/- : préparatifs, émotions)
le voyage (+/- : détails)
(+/- : l'arrivée : premières impressions)

Après :

Apparition des premières difficultés

---

6. Chez Marta, la conjonction de deux situations économiques et politiques a façonné son enfance et est aux racines de son bilinguisme : premièrement, la situation politique puis économique de son pays pousse les Espagnols à l'émigration depuis la guerre civile jusqu'à l'entrée de l'Espagne dans l'Union européenne et, deuxièmement, le départ des parents de Marta pour la Suisse dont la politique migratoire favorisait l'arrivée de travailleurs et travailleuses du sud de l'Europe.

Nous avons déjà mentionné brièvement «l'avant» et «l'événement» dans le processus migratoire de Marta. Ce qui va nous occuper dès à présent, c'est la description de l'«après» et le rapport entre l'«avant» et l'«après» dans le «j'aime pas lire». Dans l'autobiographie de Marta, l'«avant» s'articule à l'«après» et inversement. L'«avant» lui revient en mémoire lorsqu'elle compare sa situation d'écolière en Espagne et en Suisse et son rapport à la lecture, à la bibliothèque :

> La bibliothèque de C. je ne sais même pas de quoi a l'air sa tête. Je ne sais pas exactement où elle se trouve. Je ne suis jamais rentrée mais je savais qu'elle existait. Pour moi, imaginer quelqu'un rentrer dedans, c'était quelqu'un d'important, ce n'était pas pour moi. [...] Personne ne lisait à la maison, ni chez mes amis et pas de bibliothèque chez personne dans le village (p. 4, annexe 2).

Elle est très pressée de rejoindre sa famille après des années de séparation. Dès son arrivée en Suisse, Marta est boulimique d'intégration, « moi, j'étais vraiment, vraiment motivée pour réussir, p. 7. [...] C'était vraiment une autre enfance pour moi, elle était vraiment différente », (p. 8). Elle suit les cours de français organisés dans l'école pour les élèves nouvellement arrivés, elle prend des cours d'espagnol en dehors de l'horaire scolaire. Elle fréquente une classe d'accueil puis à la fin de l'école obligatoire qu'elle réussit bien, elle poursuit ses études. Sa « non-francophonie », comme elle l'appelle (p. 12), apparait alors à des enseignants qui décèlent des lacunes dans les travaux écrits et, comme le note Deprez (2003), les difficultés commencent dans l'« après », il faudrait préciser ici dans un double « après » : après l'arrivée de Marta dans le pays d'immigration et après la scolarité obligatoire.

 ## J e n'aime pas lire

La lecture de la biographie de Marta met en évidence la construction complexe de son « j'aime pas lire » qui éclate après plusieurs remarques d'enseignants et avec la prise de conscience de sa lenteur dans l'acte de lire alors qu'elle est à l'école de commerce, une formation post-obligatoire menant à la maturité[7] et pouvant ouvrir sur des études universitaires. Jusque-là, elle sentait une certaine différenciation de la part des enseignants qui tenaient compte du fait qu'elle n'était en Suisse que depuis deux ou trois ans :

> C'est là que ça a commencé à changer. La lecture c'était encore un plaisir... en fait là où c'est devenu un fardeau, c'est à l'école de commerce... parce que j'ai le souvenir avec B. de me dire pour telle date vous lisez de telle à telle page c'était un grand nombre pour moi. [...] Je calculais combien de pages je lisais en tant de minutes et après j'allais comparer avec mes camarades de classe et puis j'étais tellement en retard ! J'étais là, « mais c'est pas possible ! » (p. 11, annexe 2)

> J'avais lu un livre, c'était le parfum. On avait fait une épreuve sur ce livre et j'étais sûre que j'avais assuré comme une malade, que j'avais tout compris et je reçois l'épreuve, 3[8], et l'enseignante me dit : Il faut lire pour faire des progrès. C'était fini. Comme si je ne lisais pas assez ! Pour moi ce n'était plus aller à la bibliothèque choisir un petit bouquin que je lis le soir. C'était fini. Je ne lisais même plus en espagnol. (p. 85)

Dès ce moment-là, Marta s'est forgé une représentation abusivement généralisante de son malaise face à la lecture en langue française, représentation qui s'est consolidée lors d'une brève rencontre avec un jeune migrant qui, comme elle, n'aimait pas lire. Dès lors, pour elle, tous les jeunes migrants arrivés en Suisse lors de leur adolescence n'aiment pas lire. Certes, elle connait d'autres jeunes qui ne rencontrent pas les mêmes difficultés mais, écrit-elle, ils n'ont pas migré à la même période de leur existence. Sa propre difficulté doit provenir :

> d'avoir appris à lire en français en utilisant le dictionnaire, en relisant des passages que je ne comprenais pas, en comprenant « des

7. Nom donné au baccalauréat en Suisse.
8. Sur six.

choses» absentes de l'histoire, en interprétant maladroitement ou faussement différents passages, en tournant de très nombreuses pages très lentement…, parce que j'apprenais une seconde langue à un certain moment de ma vie, celui de la fin de l'école primaire et du début du cycle d'orientation. Comment considérer la lecture en français comme du plaisir après avoir vécu une telle expérience? (p. 11).

Ce qui surprend, dans l'histoire de Marta, c'est à la fois l'obstacle qui s'installe, qui s'enracine au sujet de la lecture, ou plutôt de l'acte de lire et les conséquences qu'il entraine comme la représentation négative d'elle-même. Elle perd confiance en elle. Lire est un travail et jamais un plaisir même si, à plusieurs reprises, elle s'est intéressée au contenu des ouvrages et aimait les analyses de textes :

J'aime les livres mais je n'aime pas lire; lire c'était travailler; j'aime le travail, mais quel travail? Pas celui qu'engendre la lecture : beaucoup [trop] de concentration pour pouvoir retenir les informations. (p. 10)

Les relectures de son autobiographie et le va-et-vient qu'elle entreprend avec celles des quatre jeunes migrantes lui donnent l'occasion de nommer les obstacles auxquels elles se heurtent. Nous en relevons quelques-uns :

– le *statut d'émigrante* qui sous-tend la nécessité d'une acculturation et, lorsqu'on est à l'école, d'une acculturation rapide tant du point de vue linguistique que culturel («Je suis émigrante et pas seulement la fille d'émigrants, émigrante et immigrante» p. 90);

– la *submersion*; Marta passe d'un monde (son village en Espagne et sa famille) où le livre est rare et peu valorisé à un contexte suisse où les livres sont très nombreux et valorisés (bibliothèque de classe, d'école, de quartier) et autour desquels s'organise une grande partie de la vie scolaire;

– le *bilinguisme* («Les bilingues ne peuvent pas aimer lire parce qu'ils ont travaillé la lecture de manière «lourde», p. 22); le rapport à la lecture ne peut avoir qu'une connotation de travail forcé, de corvée et le plaisir qui peut s'en dégager semble impossible («J'ai rencontré une nouvelle culture, donc une nouvelle langue; aujourd'hui je n'aime pas lire parce que quand j'ai appris à lire en français, j'ai dû fournir un grand investissement intellectuel» p. 12, 13); elle ajoute ailleurs : «Un immigré de 11 ans […] doit apprendre à lire bien qu'il sache déjà le faire mais il devra aussi s'approprier ce savoir-faire et atteindre un certain niveau qui est celui de ses camarades qui savent le français depuis des années « (p. 23).

– l'*abandon de l'espagnol*; elle ne suit plus les cours donnés par le consulat espagnol pour se consacrer complètement au français («Il n'était pas question que je lise en espagnol, je ne voulais pas nuire à mon français. Il fallait que je fasse des progrès. D'ailleurs c'est pour ça que je n'allais pas au cours d'espagnol. Alors l'espagnol, c'était seulement le parler à la maison. Et puis c'était la règle, on parle espagnol» p. 130). Marta dresse une frontière étanche entre les deux langues mais reconnait au cours de sa narration que «le fait d'avoir négligé volontairement une partie de mes origines pour faire place à ma nouvelle culture et nouvelle langue a aussi pu contribuer à la création de mon problème avec la lecture en français» (p. 23).

– le rapport oral/écrit («Je devais lire en français, alors je devais tout traduire. Tous les mots que tu ne connais pas, il faut les chercher et moi lire le français c'était donc un devoir... Pour le plaisir, je n'achète pas un livre pour le lire en français. J'achète toujours en espagnol, p. 94 ; «Des fois, ça c'est bien passé, d'autres fois mal, parce que tu ne comprends pas tout, enfin. Chaque année, c'est plus difficile, les livres sont plus compliqués... p. 95 ; « Des fois, à cause d'un mot, je ne comprends pas ce que veut dire tout à fait la phrase...ou je la comprends mal – et le travail enlève le plaisir que tu aurais si tu maitrisais le français» p. 99).

– les références, l'implicite («Je veux dire, nous on est né en Espagne, toutes les expressions tout ça quand tu dis des trucs ici tu lis peut-être qu'il y a des sous-entendus derrière que tu n'arrives pas à comprendre» p. 101).

 A *utobiographie et décentration*

Dans l'autobiographie langagière de Marta, c'est avant tout autour du processus de décentration que la réflexion va se mener. Il en était déjà question dans un article concernant l'Éducation et l'Ouverture aux Langues à l'École (EOLE), (Perregaux, 1999) où j'avais montré comment les approches didactiques EOLE cherchaient à modifier l'égocentrisme des élèves, vu comme l'impossibilité d'adopter un autre point de vue que le leur, le sociocentrisme propre à la centration sur la communauté d'appartenance et le linguocentrisme découlant d'une perspective monolingue du rapport aux langues. Avec le travail de Marta, articulé autour de son récit de vie et de sa confrontation à d'autres biographies langagières, la discussion se poursuit et je propose ici une réflexion exploratoire sur trois formes de décentration enchâssées : 1) décentration narrative, 2) sociodécentration et 3) décentration libératrice. Toutes les trois vont participer au déplacement du biographe qui va passer d'un face à face cristallisé, avec ses représentations de l'acte de lire, à la saisie d'une nouvelle compréhension de sa propre histoire sociale, culturelle et langagière. L'autobiographie est ici à la fois méthode et contenu réflexif. Elle propose une situation heuristique particulièrement puissante. Ce sont ces trois formes de décentration notamment, qui entrainent un réel changement chez Marta par rapport à la lecture. Il ne va pas être question de l'analyse linguistique des textes de Marta et des autres jeunes bilingues mais du rapport socioculturel et langagier à l'espagnol et au français, dans leur modalité de compréhension écrite. Les langues sont ici représentantes d'appartenances et de sociocultures différentes, dont celle de la lecture.

LA DÉCENTRATION NARRATIVE

Marta est d'abord tout entière immergée dans son histoire et l'engagement dans le narratif va l'aider à trouver les interstices où pourra se glisser une nouvelle façon de penser son rapport à l'acte de lire en l'aidant à rompre avec sa représentation totalisante. Le moment déclencheur est celui de la prise de risque biographique, le passage à l'écrit de sa propre vie telle qu'elle l'aborde aujourd'hui. La décentration narrative est de cet ordre-là, le passage par le «dépôt» du récit autobiographique à partir duquel le travail réflexif s'est opéré. Un «tri réflexif» s'actualise lors de l'écriture et lors des entretiens biographiques que Marta mène avec ses pairs, migrants comme elle. Or, l'action narrative est déjà décentration, dans la mesure où elle propose une forme discursive distanciée qui permet à Marta de (dé)poser ce qu'elle veut donner à voir de son rapport à l'écrit. Un rapport qui va transhumer par le récit de rencontres, d'interactions privilégiées, de comparaison entre l'Espagne et la Suisse, entre l'école de là-bas et celle d'ici. Un rapport qui va surtout se trouver questionné par le dispositif même choisi par Marta, soit le va-et-vient entre son texte et ceux des autres biographés.

LA SOCIODÉCENTRATION

Travailler sur sa seule autobiographie n'est pas suffisant à Marta pour vérifier son hypothèse et rompre avec ses représentations. La comparaison avec d'autres récits semble s'imposer. Nous nous trouvons alors face à une forme de sociodécentration lorsque Marta confronte son récit expérientiel à ceux d'autres jeunes au même parcours migratoire et linguistique. Elle passe ainsi d'une autoréflexion sur sa seule trame biographique à une multiréflexion. Une socialisation nouvelle émerge où se répondent, s'interrogent, se questionnent, s'opposent, se rejoignent les cinq biographies. Ces dernières fonctionnent comme une altérité plurielle, ce qui augmente le décentrement de Marta qui assiste peu à peu à sa propre remise en question. On pourrait parler d'une interculturalité active où Marta va peu à peu déconstruire ses certitudes pour donner un sens nouveau à l'acte de lire. Elle cite notamment les points suivants :
– la distinction nécessaire entre l'acte de lire en L1 et en L2 qui se révèle dans la comparaison entre biographies ; certains jeunes différencient leur rapport entre L1 et L2 et mettent en évidence leur préférence actuelle pour la lecture en L1 ;
– la diversité des genres textuels à considérer dans l'acte de lire ; pour Marta, aimer lire concerne exclusivement le roman (elle cite également «les histoires vraies») qu'elle situe au sommet de la hiérarchie des textes écrits ; sa réflexion la conduit à remettre en question cette représentation qu'elle trouve pourtant bien ancrée chez ses pairs qui lisent d'autres genres textuels (B.D, récits historiques, journaux, magazines) ;

– le bilinguisme en tant que tel n'est pas l'obstacle à la lecture mais il s'agit du rapport entre l'oral et l'écrit et de la connaissance implicite du monde de l'écrivain qui n'est pas partagée par le lecteur ou la lectrice ;
– des pratiques littéraciques très différentes apparaissent dans les familles de même milieu social, pratiques dans la langue familiale qui restent vives dans le souvenir des autobiographes comme des balises auxquels ils se réfèrent.

LA DÉCENTRATION LIBÉRATRICE

La décentration libératrice est le résultat, pourrait-on dire, de la décentration narrative et de la sociodécentration. Elle libère Marta de ses représentations totalisantes. Elle commence au moment même où le biographe prend la décision d'endosser à la fois les rôles du narrateur et du questionneur réflexif pour comprendre une situation (que Marta juge ici handicapante pour la profession qu'elle choisit). Marta montre à travers son texte que même physiquement elle change de personnage : elle s'exprime par le «Je» en parlant de ses expériences en lecture notamment et elle est Marta, (Elle) lorsqu'elle analyse sa narration en tant que chercheuse : «J'ai senti le besoin de me décentrer moi-même en utilisant mon prénom comme si j'étais quelqu'un d'autre, notamment un parmi les sujets que j'ai interviewés pour le recueil de mon matériel d'analyse» (p. 13). Ce jeu du «double moi» crée un espace où penser autrement devient possible, une distance qui va entrainer une certaine déstabilisation des certitudes de Marta. L'aspect libérateur de la décentration se poursuit tout au cours de l'écriture, de la réflexion qu'elle entraine et de la confrontation avec les autres biographies. On assiste à une sorte de crescendo libérateur entre le moment où Marta se met à l'écriture (décentration narrative) et celui où elle recense les changements qui se sont opérés dans ses représentations avec l'aide des biographies des autres jeunes migrants (sociodécentration). Dans le dispositif mis en place par Marta, il n'est pas inutile de rappeler la force de l'analyse comparative qui rompt avec l'évidence généralisatrice pour réinstaller chaque histoire dans sa singularité (tout en décelant des traits communs). À la fin de son travail de recherche, Marta finit par nuancer son hypothèse de départ, mettant en évidence l'importance des chocs culturels et sociaux dus à la migration (voir figure 1), du moment d'entrée dans le bilinguisme pour des jeunes migrants, moment qui influence le rapport à l'écrit en fonction des expériences passées et nouvelles (p. 144).

Si Marta s'est trouvée «libérée» de certaines représentations-prisons, sa réflexion est une aide plus générale à la compréhension des obstacles qui peuvent se dresser devant certains jeunes ayant migré lors de leur adolescence. La réflexion est à poursuivre concernant aussi bien l'insécurité linguistique qui s'installe pour certains en L2, l'estime de soi mutilée par les échecs en français, les remarques des enseignants et le manque de reconnaissance des ressources développées en L1, la sur-charge cognitive et socio-affective que demande le travail de lecture en L2 lorsque le déchiffrage n'est pas encore automatisé et que les ajustements, les nouvelles compétences référentielles, culturelles, linguistiques et discursives sont en voie d'acquisition (Banon.Schirman & Makardidjian, 2005, p. 201), le choix des textes de lecture en fonction de la connaissance de l'oral, la prise de conscience des enseignants de l'acculturation nécessaire à la compréhension de certains textes et de l'intérêt à considérer la biographie de leurs élèves dans son aspect diachronique (Perregaux, 2003) pour les encourager à mobiliser les ressources de l'«avant» (savoirs formels et informels acquis dans le pays de départ) avec celles de l'«après» (scolarité dans le pays d'accueil).

Bibliographie

BANON-SHIRMAN, P. & MAKARDIDJIAN, C. (2005). «Les ateliers d'écriture et de lecture» in A.Gohard-Radenkovic (Éd.), *Plurilinguisme, interculturalité et didactique des langues étrangères dans un contexte bilingue*, 197-206. Berne : Lang.

BAUDOIN, J.-M. (2001). «Si *JE* n'est plus un autre – reconnaissance identitaire et impuissance de l'action» in P. Alheit & al., *Regards pluriels sur l'approche biographique : entre discipline et indiscipline*. Cahiers de la section des sciences de l'éducation, 95. Université de Genève.

BELKAID, M. (2002). «La diversité culturelle : pour une formation des enseignants en altérité» in P. Dasen & C. Perregaux (Eds.). *Pourquoi des approches interculturelles en sciences de l'éducation*, 205-220. Bruxelles : De Boeck.

BERTAUX, D. (1997). *Les récits de vie, perspective ethnosociologique*. Paris : Nathan.

BILLIEZ, J. (2003). *Contacts de langues. Modèles, typologies, interventions*. Paris : L'Harmattan.

BILLIEZ, J. et LAMBERT, P. (à paraître). «Mobilités spatiales : dynamiques des répertoires linguistiques et des fonctions dévolues aux langues» in *Pratiques et représentations des contacts de langues dans des contextes de mobilité : actes du colloque ENS-LSH* (Lyon, 20-21 mars 2003).

BROHY, C. (2002). «Raconte-moi tes langues… les biographies langagières en tant qu'outils d'enseignement et de recherche» *VALS-ASLA*, 76, 183-193.

DEPREZ, C. (1994). *Les enfants bilingues : langues et familles*. Paris : Didier.

DEPREZ, C. (2002). «La langue comme "épreuve" dans les récits de migration» *VALS-ASLA*, 76,39-52.

DOMINICÉ, P. (1992). *L'histoire de vie comme processus de formation*. Paris : L'Harmattan.

FRANCESCHINI, R. (2001). «Sprachbiographien randständiger Sprecher». In R. Franceschini (Ed.), *Biographie und Interkulturalität : Diskurs und Lebenspraxis-eingeleitet durch ein Interview mit Jacques Le Goff*, pp. 111-125. Tüblingen : Stauffenburg.

FRANCESCHINI, R. & MIECZNIKOWSKI, J. (Eds.) (2004). *Lehren mit mehreren Sprachen – Vivre avec plusieurs langues*. Berne : Lang.

JOSSO, M.-Ch. (1991). *Cheminer vers soi*. Lausanne : L'âge d'homme.

LAGO, M. (2001). *La lecture en français, langue seconde. Réflexions à partir du vécu expérientiel de jeunes migrants à Genève*. Mémoire de licence. Bibliothèque de la FPSE. Université de Genève.

41

*Autobiographies
croisées : la décentration
libératrice d'une lectrice
bilingue*

LECONTE, F. (1998). *La famille et les langues. Une étude sociolinguistique de la deuxième génération de l'immigration africaine dans l'agglomération rouennaise.* Paris : L'Harmattan.

MOLINIÉ, M. (2003). «Discontinuité sociolinguistique et cohérence biographique» *VALS-ASLA, 76,* 99-113.

OESCH-SERRA, C. (1994). «Le récit de migration : organisation et exploitation du modèle à des fins identitaires, par des migrants italiens à Neuchâtel (Suisse)» in J. Bres (Ed.) : *Le récit oral,* pp. 309-319. Montpellier III : Université Paul Valéry (Praxiling).

PERREGAUX, C. (2002). (Auto)biographies langagières en formation et à l'école : pour une autre compréhension du rapport aux langues. *VALS-ASLA, 76,* 81-94.

PROPP, V. (1928/traduction française 1969). *La morphologie du conte.* Paris : Seuil.

Nancy Huston et ses langues

CHRISTIANE CHAULET-ACHOUR
UNIVERSITÉ DE CERGY-PONTOISE
CENTRE DE RECHERCHE TEXTE ET HISTOIRE,

Nancy Huston n'a pas écrit d'autobiographie. Toutefois la question de la langue et du langage, dans sa vie d'exilée volontaire choisissant, à la suite de circonstances personnelles, de résider en France et à Paris, est suffisamment présente dans plusieurs de ses écrits personnels – lettres, essais, entretiens –, pour qu'on puisse tenter d'organiser les informations qu'elle donne en les «ordonnant» en une construction (arbitraire puisqu'elle vient d'une lectrice tout à fait extérieure au vécu du sujet), qu'on peut appeler, peut-être abusivement, une «biographie langagière[1]». Nous nous appuierons essentiellement sur *Lettres parisiennes*[2], avec des incursions dans *Nord perdu* et dans *Ce que dit Nancy*. Nous solliciterons également quelques entretiens[3].

Quel est l'intérêt de cette construction ? D'abord un intérêt commun pour l'écriture de tout écrivain, monolingue ou bilingue, sous un angle sociolinguistique : retrouver les voies de l'accès à la langue, les modalités de son apprentissage et les répercussions conscientes ou inconscientes de cet apprentissage sur l'écriture en tenant compte aussi des acquis ultérieurs. Dans le cas d'un écrivain dit «francophone» – c'est-à-dire celui qui use comme outil de création le français sans que cela soit sa langue première, donc d'un locuteur bilingue –, l'intérêt est double. En premier lieu, cette construction peut faire apparaitre des convergences et des dissonances dans la représentation qu'on se fait d'un apprenant étranger. En second lieu, elle alimente l'intérêt que l'on porte, en francophonie littéraire, au parcours en langue de l'écrivain et aux phénomènes d'interculturalité qu'il permet d'approcher de manière plus visible que pour un écrivain monolingue[4].

Dans un dossier de *Télérama*, «Français dans le texte», proposé au moment où Hector Bianciotti entrait à l'Académie française en 1997, quelques-uns de ces francophones européens ou anglo- et hispano-américains – Bianciotti, bien entendu mais aussi Julia Kristeva, Agota Kristof, Jorge Semprun, Eduardo Manet, Milan Kundera, Vassilis Alexa-

1. *Cf.* introduction de Muriel Molinié (voir *supra*).

2. Ce texte a fait l'objet d'une analyse de Marie-Françoise Chitour (dans une autre perspective que la mienne) sur la parole épistolaire féminine.

3. Références des entretiens données au fur et à mesure de leur citation. Initiales adoptées dans l'article : *L.P.* (*Lettres parisiennes*) et *N.P.* (*Nord perdu*).

4. À titre d'exemple, le colloque, qui s'est tenu à l'université de Tours en 1999 et dont les Actes ont été publiés, serait d'une grande utilité. *Cf. La langue de l'autre ou la double identité de l'écriture*, Publication de l'Université François Rabelais, Tours, 2001.

kis et... Nancy Huston – parlaient de leur rapport au français. Qu'a-t-on retenu pour l'écrivaine qui nous occupe :

> Calgary, New York, Paris. L'itinéraire de Nancy Huston, d'origine canadienne anglophone, se décline en trois étapes. Avec, à l'arrivée, vingt-quatre ans de vie et de création en France et en français, comme étudiante (chez Barthes), essayiste (dans la mouvance féministe) et romancière, lauréate en 1996 du Goncourt des lycéens, pour *Instruments des ténèbres*.
> «À l'âge de 6 ans, j'ai suivi mon père en Allemagne. Mes parents venaient de divorcer, et je me suis accrochée à l'allemand comme une bouée de sauvetage. Je le parlais couramment après, en Nouvelle-Angleterre, dans une école «hippie», grâce à un professeur, une Alsacienne, je me suis découvert une passion pour le français. Cela m'a tenue en éveil dans les moments difficiles : je grimpais en haut des arbres pour le déclamer. C'est en français aussi, à Paris, que j'ai osé mes premiers pas dans l'écriture : j'éprouvais un sentiment d'impunité ; mes parents ne liraient pas mes livres. Mais je prenais plus de risques car, hors de sa langue maternelle, on ne sait jamais quand on est au bord du cliché... En 1986, un travail sur l'exil a libéré en moi la nostalgie. En ne parlant, en ne chantant jamais en anglais à ma fille, j'ai compris que je perdais une partie de mon enfance. Que je me privais non seulement d'une musique mais aussi d'une émotion. Alors, *Cantique des plaines*, roman «canadien», je l'ai d'abord écrit en anglais, traduit ensuite. Ma maturité d'écrivain dans la fiction va de pair avec ces retrouvailles avec la langue maternelle. J'ai composé l'histoire alternée des deux femmes d'*Instruments des ténèbres*, en passant de l'anglais (pour Nadia) au français (pour Barbe), chapitre après chapitre. Tous les trois jours, je me reposais d'une langue sur l'autre et y puisais un regain d'énergie[5]».

De tels propos qui, par leur condensé, désignent les séquences principales de cette biographie langagière nous invitent à revenir aussi précisément que possible sur ce parcours qui, de l'anglais maternel conduit au français, avec une halte dans l'allemand puis un retour à l'usage alterné du français et de l'anglais.

C ompétence

Est-il besoin de préciser que cette «biographie langagière» ne commence qu'à un stade avancé de l'acquisition du français puisque l'écrivaine parle peu de ses premiers pas dans cette langue. Ce qu'elle confie beaucoup plus volontiers, c'est la relation qu'elle entretient avec elle dans son quotidien de vie en France et dans son écriture, en tant qu'intellectuelle bilingue. Sans que ce soit jamais dit, on comprend qu'elle n'arrive pas en France sans une aisance dans la langue : elle possède bien cet outil commun à un ensemble de locuteurs permettant l'intercompréhension dans la communication quotidienne.

Deux obstacles demeurent toutefois pour une intégration satisfaisante à ses yeux, celle qui la ferait passer inaperçue : l'accent et le sens de certains mots ou expressions. Ainsi, ce niveau de langue assuré ne la met pas à l'abri d'incompréhensions et de situations cocasses. On pourrait en relever plusieurs. Nous prendrons une de celles sur lesquelles

5. «Français dans le texte», *Télérama*, n° 2454, 22 janvier 1997, p. 43, Dossier réuni par Michèle Gazier, Martine Laval et Emmanuelle Bouchez.

elle s'attarde. Lors d'une de ses premières rencontres féministes en 1974, toutes prennent la parole sauf elle qui reste silencieuse :

> Le soir en question, elles discutaient avec fureur de la meilleure manière de riposter à je ne sais quel penseur mâle qui avait écrit (si mes souvenirs sont exacts) que l'homosexualité féminine était en passe de devenir un fléau social. Indignations, sarcasmes, répliques cinglantes volaient dans tous les sens, je tournais la tête d'une femme à l'autre, et peu à peu j'ai commencé à partager leur outrage, à sentir monter en moi le scandale… Et quand, fort tard, la réunion s'est terminée et que je suis rentrée chez moi, j'ai pris le dictionnaire pour y chercher le mot «fléau». Je n'avais pas la moindre idée de ce qu'il voulait dire. En fait, toute la discussion m'avait été incompréhensible. […] C'est ainsi que, dès le début, j'ai su qu'il y aurait toujours un écart entre moi et les Français, ou plutôt entre mes énoncés en français et les leurs. J'ai su que pas une seule locution, si galvaudée fût-elle, n'irait pour moi jamais complètement de soi. (*L.P.*, pp. 168-169)

L'accent ; ceux qui la connaissent ne remarquent plus son accent mais le premier passant, dans la rue, oui. Et d'y aller d'anecdotes où son accent l'a désignée comme étrangère et où elle a dû accepter ce statut, penaude :

> Maintenant, mon accent à moi aussi est là, inextirpable ; je sais que je ne m'en débarrasserai jamais. Il devient plus fort quand je suis nerveuse, quand je parle à des inconnus, quand je dois laisser un message sur un répondeur, quand je prends la parole en public. Si j'écoute ma voix enregistrée au magnétophone, j'entends exactement quels sons je déforme. Mais rien n'y fait, j'ai appris le français trop longtemps après ma langue maternelle ; il ne sera jamais pour moi une deuxième mère, mais toujours une marâtre. (*L.P.*, p. 13)

Son accent est donc une trace de son étrangéité mais il ne fait pas barrage à l'intercompréhension, ce qui est essentiel. Aussi peut-elle le revendiquer comme une marque de son identité :

> Mais mon accent, au fond, j'y tiens. Il traduit la friction entre moi-même et la société qui m'entoure, et cette friction m'est plus que précieuse, indispensable. Bien que j'aie désormais la double nationalité, canadienne et française, bien que j'aie donné naissance à une fille qui, elle, sera française jusqu'au bout des ongles et parlera sans accent, je n'ai aucune envie de me sentir, moi, française authentique, de faire semblant d'être née dans ce pays, de revendiquer comme mien son héritage. Je n'aspire pas, en d'autres termes, à être vraiment **naturalisée**. Ce qui m'importe et m'intéresse, c'est le culturel et non le naturel. Enfant au Canada, et plus tard adolescente aux États-Unis, j'avais le sentiment que tout y était (par trop) naturel. Vivre à l'étranger m'a permis d'avoir, vis-à-vis du pays d'origine **et** du pays d'adoption, un petit recul critique : je les perçois l'un et l'autre comme des cultures. (*L.P.*, p. 14)

6. *Cf.* présentation des deux correspondancières de *Lettres parisiennes* : « L'une est née au Canada anglais, l'autre dans l'Algérie française. Elles quittent le pays natal vers vingt ans pour la France, la langue et l'université françaises, Paris. », *op. cit.* p. 5.

I *mprégnation et sensibilisation*

On sent aussi qu'elle est « riche » de tout ce qu'elle attend de voir en France. Cette attente a été préparée par ses cours de langue française qui comprennent la présentation des réalités du pays. Ainsi va-t-elle sillonner Paris pour ne rien rater de ce qu'elle veut voir[6].

As-tu eu une époque «touristique», au tout début, quand tu es venue vivre à Paris ? Moi qui ne pensais y rester qu'un an, je marchais partout, je visitais tous les quartiers, presque toutes les rues, persuadée que je ne les reverrais jamais. Théâtres, parcs, musées, concerts : je consommais tout sans discrimination, me disant (comme se le disent les Américains) que j'étais en train d'acquérir de l'«expérience». Curieusement, je ne pense pas que, même à l'époque, j'aie été francophile. Je n'essayais pas d'apprendre l'histoire de la culture française ni l'histoire française tout court, de comprendre à quelles institutions politiques correspondaient ces magnifiques bâtiments qui s'appelaient le Palais de Justice ou l'Assemblée nationale (tout était également magnifique, du reste, depuis le Trocadéro jusqu'au Sacré-Cœur ; c'et seulement plus tard que j'ai compris qu'il fallait trouver certains monuments de mauvais goût). Je crois que ce qui me subjuguait, c'était le **monumental** à l'état pur, une sorte d'intensité produite par la superposition de plusieurs siècles sur les mêmes lieux. (*L.P.*, p. 35)

Cette magie du lieu étranger et prestigieux joue encore au moment le plus inattendu, l'accouchement ! :

Je me souviendrai toujours de mon accouchement «parisien». Depuis les fenêtres de la salle de travail, entre deux vagues de douleur, je pouvais contempler, au milieu d'un coucher de soleil sanglant, la tour Eiffel ! Cela me paraissait incroyable ; une sorte de conte de fées… Comment était-il possible que j'en sois arrivée là, moi qui suis née au pied des Montagnes Rocheuses, à vivre ce moment paroxystique avec le symbole de la Ville lumière sous les yeux ! Qu'est-ce que j'en avais rêvé, adolescente, de la tour Eiffel ! Quand, au lycée, ma prof de français montrait à la classe des photos de Paris, je lui demandais si elle avait vu tout cela de ses propres yeux. L'Arc de triomphe, vraiment ? Le Moulin-Rouge ? Le Louvre ? Et quand elle répondait que oui, j'aurais pleuré de jalousie… (*L.P.*, pp. 34-35)

On a l'impression chez elle d'une véritable mise en pratique de ses cours de civilisation française et sa «transcription» avec humour et autodérision. Dès sa première lettre, Nancy exprime cette obsession qui est la sienne de ne pas être repérée comme «une Américaine à Paris» écrivant à la terrasse d'un café, personnage dont elle croque le portrait sans ménagement :

J'ai tendance à fuir ces créatures qui sillonnent Paris avec leur sac à dos en tissu bleu synthétique : s'ils me demandent en anglais leur chemin, je leur réponds presque en chuchotant pour qu'on ne puisse pas encore une fois, m'épingler comme «une de ces Américaines qui parlent fort». (*L.P.*, p. 11)

Nancy précise alors la distinction à faire entre Américain et Canadien anglophone puis elle revient sur cette contrariété d'avoir à être perçue comme telle :

Les connotations de cette épithète me sont trop étrangères : bohème chère, vacances chics, épatement, éclatement, flâneries fières le long des quais de la Seine, familiarité snob avec les vins des différentes régions (savais-tu que le mot français de «connaisseur» est repris tel quel par la langue anglaise ?)… Parce que je ne suis **pas** francophile. Depuis que je vis en France, je me suis presque fait un point d'honneur de ne **pas** apprendre à distinguer un bourgogne d'un bordeaux, de ne **pas** connaître le nom de tous les fromages, de ne **pas** visiter les châteaux de la Loire. La raison de ma présence ici, de mon exil volontaire, se situe sur un autre plan… que je vais tenter de définir, peu à peu, avec toi. (*L.P.*, pp. 11-12)[7]

7. Elle revient sur cette aversion contre les Américains et leur comportement à plusieurs reprises. *Cf. L.P.*, p. 23, son analyse de la manière dont les Américains sont persuadés que leur langue est universelle.

Parallèlement à sa découverte de la «France française»…, on la voit sans cesse s'imprégner[8] de particularités plus fines, plus profondes[9]. Elle acquiert une maitrise dans la perception de l'identité française grâce à son altérité ; elle se jette à corps perdu dans de nouveaux discours intellectuels, de nouveaux «codes» qu'elle «consomme goulûment» :

> J'ai avalé les textes de Barthes et de Lacan avec, non pas le lait maternel, mais le lait de cette marâtre qu'était pour moi la langue française ; c'est à travers eux que j'ai perfectionné ma connaissance du subjonctif. (*L.P.*, p. 14)

Son essai, *Nord perdu*, sur le mode de l'humour et d'une dérision sympathisante, manifeste une connaissance très forte de «l'atmosphère française» et une sorte d'intégration ou de participation qui conserve sa distance : *Nord perdu* ou la France vue par une Canadienne anglophone ayant choisi d'y vivre et de devenir romancière francophone. La tension productrice se fait entre proximité et distance, entre la répulsion pour le «neuf» et la séduction pour l'ancien, version du «nouveau» et de l'«ancien» monde[10]. À un seul moment de cet échange épistolaire, on la voit aborder, très succinctement, la raison qui ferait qu'elle n'a pas de fierté d'être canadienne : le Canada est une colonie[11].

P*erformance*

Mais comment passe-t-elle de cette compétence à une performance d'écriture, celle de la littérature ? À partir des usages les plus communs des performances des locuteurs français, elle recherche à étendre ses propres registres.

> Ce n'est qu'à partir du moment où plus rien n'allait de soi – ni le vocabulaire, ni la syntaxe, ni surtout le style –, à partir du moment où était aboli le faux naturel de la langue maternelle, que j'ai trouvé des choses à dire. Ma «venue à l'écriture» est intrinsèquement liée à la langue française. Non pas que je la trouve plus belle ni plus expressive que la langue anglaise, mais, étrangère, elle est suffisamment **étrange** pour stimuler ma curiosité. (Encore aujourd'hui, si je dois faire un article en anglais, je le rédige d'abord en français pour le traduire ensuite : perversion, peut-être, perte de temps sans doute, mais sans cela j'aurais l'impression de me noyer dans des évidences trompeuses). (*L.P.*, p. 14)

MOTIVATION, MISE EN ROUTE ET LIBÉRATION

Nancy Huston accepte d'échanger ces lettres avec Leïla Sebbar car elle veut affronter le désir qui a été le sien de couper avec l'univers d'origine. Mais ayant le désir d'écrire, sa motivation ne suffit pas, il lui faut aussi des lieux d'encouragement. Elle écrit alors, ce qui est redit dans de nombreux textes d'entretiens : l'écriture au sein du mouvement des femmes et, en particulier à *Sorcières*, a été essentielle pour «oser écrire en français». Elle y est incitée à ce que je nommerai une écriture par

8. Dans sa première lettre, Leïla Sebbar donne un premier «portrait» de Nancy Huston : «Souvent, j'ai été frappée chez toi par cette capacité que tu as […] d'assimiler et d'utiliser les codes les plus complexes, sans s'y conformer totalement, sans servilité.» (pp. 9-10)
9. Ainsi le parallèle qu'elle effleure entre l'accent québécois et l'accent du Berry.
10. À toutes sortes d'occasion, elle revient sur son «désir d'Histoire» car elle vient d'un lieu pour lequel le passé a peu de densité et de profondeur. (*N.P.*, pp. 87- 88).
11. *Cantique des plaines* reviendra, avec acuité, sur cette caractéristique. *Cf.* bibliographie *infra*, Chaulet-Achour, 2004.

paliers : d'abord celle d'articles, de comptes-rendus puis de textes plus personnels[12]. C'est enfin la mort de Barthes qui l'autorise à passer au roman, la libérant de contraintes d'époque auxquelles elle s'était identifiée :

> C'est Romain Gary qui, par sa magie, sa capacité d'enchantement, son inventivité, son refus de la réalité brute, m'a libérée de Barthes, de Sarraute, de Robbe-Grillet. Quand je suis arrivée à Paris, je disais à qui voulait l'entendre que j'avais envie d'écrire. Mais l'époque n'était pas à la littérature considérée comme une activité de luxe. Il fallait tout comprendre, lire Marx, Lacan et soutenir la révolution [...] Bref! après avoir passé une quantité de temps ahurissante à lire Marx et Althusser, c'est le mouvement des femmes qui m'a ramenée à l'écriture [...] Mais il a fallu que Roland Barthes meure en 1980 pour que je saute le pas et écrive mon premier roman. Comme si mon surmoi théorique avait disparu avec lui. La joie absolue de dire «je» à la place de quelqu'un d'autre, je l'ai découverte à ce moment-là[13].

Dans ses entretiens, après *Lettres parisiennes*, elle a déclaré à différentes reprises combien cet échange avec Leïla Sebbar avait été violent et, à terme, libératoire car il lui a fait comprendre qu'elle ne pouvait mettre sous le boisseau sa langue et sa culture d'enfance, qu'il lui fallait trouver une «négociation» avec son passé et ses composantes pour réussir sa maturité d'écrivaine. Celle-ci a sans doute besoin de ce qu'elle nomme «vivre entre guillemets»[14]. Il est intéressant alors de relever ses propos sur la tenue de son journal intime :

> Le journal commence en 70, en anglais, avec des entrées irrégulières, des bribes de poésie et d'états d'âme. Treize ans plus tard, il est entièrement en français et il y a à peu près le même contenu, la poésie et la jeunesse en moins. Mais, au milieu, vers 73-75, il y a eu un crescendo spectaculaire : je remplissais souvent dix à quinze pages par jour avec mes impressions détaillées de Paris, des gens que je rencontrais, des idées nouvelles qui m'enthousiasmaient... et c'est précisément l'époque à laquelle s'est opéré mon changement de langue. Les entrées sont tantôt en anglais, tantôt en français ; parfois la langue change d'un paragraphe à l'autre, voire à l'intérieur de la même phrase. Le processus de mutation est presque physiquement sensible à chaque page.
> L'un des effets de cette mutation, c'est que les italiques ont peu à peu, elles aussi, changé de bord. Avant, c'étaient les expressions françaises dans un texte anglais que je soulignais consciencieusement, et maintenant c'est l'inverse. Autrement dit, dans les pages que j'écris maintenant, ce sont les mots de ma langue maternelle qui sautent aux yeux, eux qui sont mis en valeur, eux dont le caractère exotique est systématiquement pointé. Ne trouves-tu pas que c'est un peu... bizarre ?
> (*L.P.*, p. 36)

LE JEU ENTRE LES LANGUES

La comparaison entre l'anglais et le français revient sans cesse sous la plume de Nancy : comparaison, confrontation, exclusion de l'une par l'autre puis réajustement. On a vu, dans la première présentation citée de *Télérama*, la volonté de la romancière de souligner son jeu d'écrivaine entre les langues. Mais dès *Lettres parisiennes*, plusieurs «récits» mettent le doigt sur ce qui peut apparaitre comme un véritable «sport» linguistique. Ainsi dans la Lettre XII du 12 octobre 1983, elle raconte à Leïla son séjour d'été au Canada avec une relativisation de

12. *Cf.* les pp. 102 à 104 où tout est décrit avec précision et les circonstances et les noms donnés.
13. «Entretien avec Nancy Huston», + par Catherine Argand, *Lire*, mars 2001, p. 33.
14. *L.P.*, p. 168 et sq.

ses révoltes et ruptures anciennes et un réinvestissement dans sa langue d'origine et sa culture canadienne : chansons chantées par sa mère, cette fois pour elle et Léa, «spécificité canadienne» avec son bilinguisme, tout cela est finement évoqué et précisément décrit[15].

De même, le bilinguisme anglais/français s'enrichit d'une diglossie au sein du français même dans sa communication spécifique avec son frère qui vit et a adopté l'affirmation linguistique et culturelle du Québec :

> Les gens trouvent très comique de nous entendre, mon frère et moi, parler français ensemble avec des sonorités différentes. Et – chose étrange – nous ne nous parlons et ne nous écrivons, effectivement, **qu'en français**. Cela s'est fait sans concertation aucune et malgré des itinéraires dissemblables : nous avons fini l'un et l'autre par nous exiler presque totalement de notre langue maternelle et par ne plus nous sentir à l'aise pour nous exprimer que dans ces deux langues étrangères qui s'appellent toutes deux, par les hasards de la géographie et de l'histoire, le français. Nos frères et sœurs ont appris le français à l'école et le parlent plus ou moins bien, mais nous en avons fait notre instrument de choix (c'est bien plus important que de pouvoir choisir ses enfants !). Lors des réunions de famille, nous nous réfugions dans ce territoire privé, à l'abri de l'écoute des autres, quand nous avons des choses «importantes» à nous dire. (*L.P.*, pp. 46-47)

Comme elle le fait de nombreuses fois dans cet échange épistolaire mais aussi dans des entretiens, Nancy Huston insiste sur son choix du français qui est personnel[16] et non «politique» ou contraint par l'Histoire. Elle exprime aussi l'inconfort de ce bilinguisme qui ne permet pas toujours de maitriser comme un natif toutes les nuances de la langue choisie et qui diminue la compétence linguistique dans la langue d'origine. Elle parle de sensation de «flottement entre les deux langues» et se dit parfois qu'au lieu d'être bilingue, elle est «doublement mi-lingue, ce qui n'est pas très loin d'analphabète… »[17]

On peut acquérir un certain nombre de comportements linguistiques et culturels sans effacer ceux de sa langue et de sa culture première. L'écrivain francophone, cet écrivain au moins bilingue qui écrit dans sa langue seconde, joue alors de ces croisements et de ces superpositions.

«MAINTENIR LA FRANCE EN PERSPECTIVE[18]» AINSI QUE LE CANADA ET LES ÉTATS-UNIS

La version hustonienne de la «Chambre à soi» de Virginia Woolf est son studio dans le Marais, dans ce quartier qui lui convient car il est bigarré et cosmopolite et qu'elle peut y inscrire son étrangéité sans la compromettre en quelque sorte (*L.P.* p. 21). Son exil ayant été volontaire et sans raison extérieure à elle-même, elle n'éprouve ni mal du pays ni nostalgie de la terre natale.

Très finement, elle évoque la complexité des sentiments qui l'habitent lorsqu'elle rentre chez elle :

> Quand après un an ou deux d'absence, je descends d'avion à Montréal, à Boston ou à New York, il y a toujours une mince épaisseur d'étrangeté au début : je perçois mon propre pays comme un pays étranger – ou, plutôt, j'éprouve la sensation troublante, comme dans

15. *Cf.*, *L.P.*, pp. 70 à 77.
16. Ce choix «personnel», elle essaie d'en comprendre les motivations et l'origine : elle constate que, dans son environnement, ce sont toujours des *femmes* qui ont d'abord incarné l'exotisme, l'européanisme, la possibilité du «vivre ailleurs» : sa mère, la seconde épouse de son père. (*L.P.*, p. 57)
17. *L.P.*, p. 76. Propos un peu excessif et «coquet»… sur lequel Nancy Huston reviendra avec insistance dans *Nord perdu* lorsqu'elle distinguera entre les vrais bilingues et les faux; elle étant, de toute évidence, une fausse…
18. Expression très intéressante utilisée par l'auteur à la p. 15 de *Lettres parisiennes*.

un rêve que tout m'y est absolument familier et en même temps légèrement «déplacé». Cette sensation dure très peu de temps, quelques jours tout au plus. Elle est remplacée par l'étouffement. Je commence à «faire corps», comme tu le dis si bien, avec cette langue maternelle et avec cette mère patrie. Tout en elles m'étouffe, toutes les nuances de niaiserie depuis les prévisions météorologiques à la radio jusqu'aux conversations dans la rue. Je comprends trop bien, ça me colle à la peau : c'est moi – le moi que j'ai fui –, ce sont toutes les platitudes de mon enfance dans les Prairies plates, les mêmes inanités religieuses, les mêmes chansons débiles – et je panique. Là, pour le coup, j'ai le mal du pays, mais comme on dit le mal de mer : mon pays me donne la nausée.

Cette période s'achève généralement au bout d'une quinzaine de jours. Ensuite je deviens plus raisonnable. Je me rends compte qu'ici aussi il y a des gens merveilleux, une littérature qui s'écrit et que je ne lis plus, une vie musicale plus riche qu'en France... Je me détends, mon humeur massacrante se dissipe, je rends visite aux parents et aux amis, je les embrasse avec une tristesse sincère (ça, c'est le pire : toujours renouveler l'amitié et l'amour, toujours rouvrir les portes en sachant qu'elles se refermeront aussitôt après, rouvrir et refermer à l'infini)..., et je m'en vais. Et dans l'avion – les avions décollent invariablement en fin d'après-midi, et au-dessus de l'Océan il y a des crépuscules d'une beauté déchirante – je pleure. Je pleure d'avoir à quitter ces êtres qui me connaissent et me comprennent, au fond, mieux que les Français ne le feront jamais ; je pleure l'immense, l'incomparable ciel canadien ; je pleure la langue anglaise qui m'a accueillie avec tant de naturel, qui a coulé de mes lèvres avec tant de facilité ; je pleure mes parents qui vieilliront encore alors que je ne serai pas là ; je pleure mes petits frères et sœurs qui ne sont plus petits et que je ne connais plus ; je pleure d'être la femme têtue et prétentieuse que je me semble alors, la femme sans cœur qui a tout balancé pour aller s'éclater à Paris.

De retour à Roissy, je hais la France. L'accent des Parisiens (surtout par contraste avec celui des Québécois) est grinçant, pincé et snob. Les gestes, les regards, tout est à l'avenant : assise à une terrasse de café, je me rends compte que je ne pourrai plus étendre mes jambes de la même façon qu'en Amérique et je suis envahie d'un ressentiment sans bornes... La petitesse et les rudoiements des commerçants français, venant après la bonhomie indiscriminée des Américains, me révoltent et me donnent envie de taper - même si je sais que cette même bonhomie me semblera gratuite, exagérée et tout aussi révoltante dès que je retournerai aux États-Unis...

Bref, ce n'est pas pour moi une chose joyeuse que l'aller-retour d'un pays à l'autre. [...] Pour moi c'est **lourd**, et j'en veux aux avions qui effectuent le trajet en sept heures comme si de rien n'était : il me faudrait au moins sept jours du bateau pour me préparer au «choc des deux cultures», comme nous disons dans ma langue. (*L.P.* pp. 24-25)

Ainsi, le choix du français ne recouvre pas tout l'être qui s'est construit de l'enfance à l'âge adulte. Il permet cette distance par rapport à la langue qui est une des caractéristiques de l'écrivain :

C'est, des vacances, enfin la fin.
J'ai toujours voulu commencer un texte avec le mot «c'est» suivi d'une virgule. Voilà qui est fait. (Savais-tu que Rilke a appris le français pour pouvoir employer le mot «verger» dans un poème?) (*L.P.*, p. 180)

Il permet d'automatiser, en quelque sorte, la distanciation :

Parce que très certainement nous avons toujours connu ce sentiment auquel nous avons donné le nom d'exil. Le sentiment d'être dedans/dehors, d'appartenir sans appartenir [...] ce réflexe qui consiste à «cadrer» les événements, à m'étonner devant eux, à exagérer un tant soit peu mes réactions à leur égard, à me raconter ma vie comme une histoire. [...]

N'est-ce pas cette distanciation même qui constitue la littérature ? Notre écriture ne vient-elle pas de ce désir de rendre étranges et

étrangers le familier et le familial, plutôt que du fait de vivre, bana-
lement, à l'étranger ? (*L.P.*, pp. 210 et 212)

Mais il ne peut effacer l'origine[19], l'enfance, noyau insécable autour duquel s'agrègent et se superposent d'autres cultures. Elle y consacre *Nord perdu*, en 1999 : «L'enfance, proche ou lointaine, est toujours en nous» y écrit-elle (p. 16) où elle introduit une distinction entre les impatriés et les expatriés, entre les monolingues et les bilingues. Elle y réfléchit sur la relativité culturelle, l'intercommunication, l'interculturalité. On ne peut s'étonner alors qu'en littérature, ses «modèles» ou ses références aillent plus volontiers vers ceux qui ont fait une obsession créatrice de ce voyage entre langues et cultures et qu'elle leur consacre un essai : en 1995 à Romain Gary et en 2000, à Beckett, ce second en édition bilingue et où on peut y lire :

> Holà ! Pas la peine de vous mettre dans tous vos états ! Du calme ! Il ne faut pas chercher midi à quatorze heures. Je suis celui qui est, et ça fait deux[20].

Ainsi, à travers ses différents textes autobiographiques, Nancy Huston constitue un instrument précieux d'observation de l'apprentissage d'une langue, de son appropriation avec maintien constant d'une distance pour conserver dans la langue où elle a choisi de s'exprimer littérairement, ce je ne sais quoi d'étrangeté qui donne son cachet à ses romans. Elle met en lumière le côté dynamique de l'échange entre langues, langue maternelle et langue d'adoption : l'anglais réagit à son tour, pour se faire une nouvelle place que celle qu'il avait depuis l'enfance, en habitant sa langue française d'écrivaine francophone. Il n'y a donc jamais de situation statique : l'écrivain, qui est celui qui joue avec le matériau linguistique, décuple ses potentialités en utilisant deux langues. Son exemple est très éclairant pour tous les processus d'écriture en francophonie littéraire et pour indiquer les voies bilingues d'approche et d'analyse de ces littératures, le bilinguisme étant un atout de taille pour ces écritures.

19. Dans *Lettres parisiennes*, elle imaginait leur vieillesse à son compagnon et à elle-même, chacun revenant à sa langue d'origine et ne pouvant plus converser ! (p. 33). Elle raconte aussi l'expérience du bouleversement affectif de la langue maternelle, (p. 139).
20. Nancy Huston, *Limbes/Limbo*, *op. cit.*, p. 55.

Bibliographie

Œuvres :
– Huston, N. et Sebbar, L. 1986, *Lettres parisiennes. Histoires d'exil*, Paris, Bernard Barrault, (rééd. coll. «J'ai Lu», n° 5394/G, coll. Documents, 1999).
– Huston, N., 1995, *Désirs et réalités – Textes choisis 1978-1994*, (Babel 2001, n°498).
– Huston, N., 1995, *Tombeau de Romain Gary*, (Babel, 1999, n° 363).
– Huston, N., 1998, *Limbes/Limbo – Un hommage à Samuel Beckett* (édition bilingue), Actes Sud/Léméac, coll. «Un endroit où aller».
– Huston, N., 1999, *Nord perdu*, Actes Sud, coll. «Un endroit où aller».
Sur N. Huston :
– «Ce que dit Nancy», dossier des libraires disponible sur internet : www.initiales.org.
– *La langue de l'autre ou la double identité de l'écriture*, Actes colloque international, Publication de l'Université François Rabelais, Tours, 2001.

– Argand, C., 2001, «Entretien avec Nancy Huston», *Lire*, mars.
– Chaulet Achour, C., 2004, «Retourner sur les pas des ancêtres - Travail de mémoire et quête de soi dans *Cantique des plaines* de Nancy Huston» in *Autobiographie et Interculturalité*, éditions du Tell, Blida (Algérie).
– Chitour, Marie-Françoise, « Une parole féminine épistolaire : *Lettres parisiennes* de Nancy Huston et Leïla Sebbar» *in* « Cahiers Jamel Eddine Bencheikh – Savoir et Imaginaire », *Études littéraires maghrébines*, n° 13, L'Harmattan, 1998, p. 187, sqq..
– Gazier, M., Laval, M. et Bouchez, 1997, E. «Français dans le texte», *Télérama*, n° 2454, 22 janvier. Dossier.

L'acte d'apprendre : un objet de réflexion et de discours

Véronique Castelloti
Danièle Moore
Mariella Causa,
Lucile Cadet
Catherine Carlo
Caroline Scheepers

Parcours d'expériences plurilingues et conscience réflexive

Le portfolio européen des langues pour le collège

VÉRONIQUE CASTELLOTTI
UNIVERSITÉ FRANÇOIS RABELAIS-TOURS
JE 2449 DYNADIV

DANIÈLE MOORE
UNIVERSITÉ PARIS 3-SORBONNE NOUVELLE,
DILTEC, SIMON FRASER UNIVERSITY-VANCOUVER

1. Ce « nous » désigne ici, outre les deux auteures du présent article, les deux autres co-auteurs du *PEL collège* : Daniel Coste et Christine Tagliante.
2. De fait, le portfolio n'est pas réservé au collège en France, mais peut être utilisé dans toute situation où le français est langue, au moins partielle, d'enseignement (les écoles françaises à l'étranger, les écoles immersives en français, etc.).
3. Cette compétence vise notamment à être capable de passer d'une langue à d'autres, d'interpréter, de traduire, mais aussi de gérer des échanges dans plusieurs langues à la fois, au moyen d'un « parler plurilingue », ou de transférer des compétences d'un apprentissage linguistique à un autre.

Le *Cadre européen commun de référence pour les langues* (désormais CECR) comporte un sous-titre en trois parties : apprendre, enseigner, évaluer. Si l'on retient le plus souvent, dans les portfolios européens des langues (désormais PEL), la visée évaluative matérialisée notamment par le référentiel de compétences, c'est plutôt sur la **dimension d'appropriation**, donc celle qui concerne au premier chef l'apprenant, que nous[1] avons voulu mettre l'accent lors de l'élaboration du PEL français pour le niveau du collège (Castellotti, Coste, Moore et Tagliante 2004). Les portfolios européens des langues comportent tous une biographie langagière, constituée d'un ensemble de traces d'origines diverses : mémoires de contacts linguistiques et culturels, témoins de l'évolution d'apprentissages formels ou informels (« référentiel de compétence »), preuves éventuelles de séjours ou de certifications (dossier).

Le PEL français[2] pour le collège ne déroge pas à cette règle, mais les options sur lesquelles il repose valorisent tout particulièrement deux dimensions, en leur accordant une plus grande place que dans la plupart des portfolios des langues édités antérieurement. Il s'agit, tout d'abord, d'une orientation qui tente à la fois de mieux prendre en compte les atouts plurilingues des locuteurs et de leur fournir des armes pour les renforcer, en valorisant notamment **la compétence de médiation**[3] présente dans le *Cadre européen commun de référence pour les langues*; dans le même temps, un certain nombre de pistes

55

*Parcours d'expériences
plurilingues
et conscience réflexive*

sont proposées, qui visent à favoriser le développement d'une conscience réflexive sur l'apprentissage et l'usage des langues à plusieurs niveaux.

Une des originalités de ce portfolio réside dans la tentative d'articuler ces deux dimensions, pour mieux valoriser les capacités métalinguistiques accrues d'apprenants plurilingues réflexifs, que mettent en évidence des parcours d'expériences linguistico-culturels diversifiés.

P lurilinguisme et compétence plurilingue

Certaines représentations ordinaires du plurilinguisme tendent à le présenter comme une caractéristique rare dévolue aux individus d'exception que seraient les polyglottes accomplis ; si l'on adopte une telle attitude, comment comprendre que le CECR place au centre de ses orientations une approche plurilingue de l'apprentissage et de l'enseignement des langues ? Pour que celle-ci apparaisse comme réaliste, il faut avoir recours à d'autres références pour cerner la notion de plurilinguisme.

QUEL PLURILINGUISME ?

Si l'on se réfère à la définition du *Petit Robert*, est plurilingue une personne «qui utilise plusieurs langues», sans précision de quantité, de forme ou de durée d'utilisation, pas plus que de niveau de maitrise.

Cette définition, très générale et très ouverte, permet à la plupart des sociétés contemporaines de se découvrir composées d'individus plurilingues qui peuvent donc être invités, pour autant qu'on les y encourage, à mettre en évidence des parcours d'expérience pluriels, tant linguistiques que culturels. Ainsi, les adolescents scolarisés en collège, auxquels est destiné le portfolio dont il est question ici, peuvent faire état d'un parcours plurilingue et pluriculturel, certes partiel et mouvant, mais qui prend appui sur la gestion de plusieurs langues au sein de la sphère personnelle (langues parlées dans la famille ou chez les proches), de l'environnement scolaire (apprentissage de langues étrangères, éveil aux langues) ou plus généralement de leur vie quotidienne et sociale (navigation sur Internet, productions culturelles en plusieurs langues, voyages, etc.).

Ainsi, dès la page 5 du *PEL collège*, une partie intitulée «Mes contacts avec plusieurs langues et cultures» permet aux apprenants de tracer un premier paysage de leurs relations avec les langues et les cultures et de leurs itinéraires d'apprentissage. On y trouve en effet les consignes suivantes :

> Ici, tu vas pouvoir résumer les contacts que tu as pu avoir avec des langues et des cultures, sous plusieurs formes. Tu peux rassembler dans les dossiers différents documents rappelant ces contacts : pho-

tos, billets de train, extraits de journaux ou de correspondance, etc.

Tu pourras indiquer les langues que tu parles dans différents lieux, y compris ta langue maternelle : à la maison, à l'école, avec d'autres membres de ta famille, avec tes copains, etc. même si tu penses que tu ne les parles pas très bien.

Tu pourras aussi noter les différentes expériences de rencontre avec d'autres cultures, à travers des personnes dont tu as fait connaissance, des séjours que tu as effectués, des activités auxquelles tu as participé, des objets que tu as conservés. Tu peux rajouter des éléments chaque fois que c'est nécessaire.

Tout cela racontera, au fur et à mesure, l'histoire de tes rencontres avec les langues et les cultures.

On voit ici comment la dimension explicitement biographique (**l'histoire**) est d'emblée intimement liée à la pluralité, représentée sous la forme active et interactive de la **rencontre** avec des langues et des cultures variées.

Ces recommandations tendent ainsi à faire visualiser aux adolescents les éléments constitutifs de leur répertoire et à leur faire prendre conscience de la dimension effectivement plurilingue de celui-ci, souvent minimisée par des représentations maximalistes du plurilinguisme parfait (héritées de celles attachées à la maitrise de deux langues selon le modèle d'un « natif » dans chacune d'entre elles).

C'est par une mise en concordance entre ces ressources disponibles et les activités qu'elles permettent que se construit un répertoire dynamique des rapports aux langues et des compétences en cours de construction.

RÉPERTOIRE PLURILINGUE ET COMPÉTENCE PLURILINGUE

La première section « En famille et dans mon environnement, je parle, je lis, j'écoute, je traduis », qui est mise en écho avec le dossier 2 « les langues sous le microscope », permet de dresser un profil dynamique des rapports aux langues, et des degrés de compétences développées, en fonction des lieux et des personnes, des domaines, des finalités d'interaction, et des langues considérées. Cette dynamique ouvre la porte à un portrait réaliste de la compétence plurilingue « ordinaire » : les bi-/plurilingues apprennent et utilisent les langues pour remplir des buts et des fonctions différents, dans divers domaines de la vie, et avec une variété d'interlocuteurs. Pour toutes ces raisons, les bi-/plurilingues développent des compétences différentes, complémentaires dans les différentes langues de leurs répertoires (voir par exemple Grosjean 1993, Lüdi & Py 2002), et déséquilibrées aussi bien du point de vue de leur niveau de maitrise que de leur profil fonctionnel ou de leur insertion culturelle (voir Coste, Moore & Zarate 1997). Les compétences se développent ainsi de manière différenciée selon les langues, et de manière circonstancielle selon les besoins, tout au long de la vie.

57

*Parcours d'expériences
plurilingues
et conscience réflexive*

MES CONTACTS

🔟 **En famille et dans mon environnement, je parle / je lis / j'écoute / je traduis :**

(Documents à ranger dans le dossier 2 : « Les langues sous le microscope ».)

quelles langues ?	avec qui ?	dans quelles situations ?

(Extrait *PEL collège*, 2004, p. 6).

Ce « retour sur expérience », qui ouvre le portfolio, permet aux adolescents de prendre conscience de ce qui constitue déjà leur biographie, en les incitant explicitement, ce que fait rarement l'école, à y inclure des éléments de leur vie personnelle et les pratiques, y compris approximatives (« même si tu penses que tu ne les parles pas très bien »), qui les caractérisent. Mais la dimension plurilingue se doit d'être reconnue aussi à travers les usages scolaires qui la façonnent, ainsi que par les pratiques de médiation et de passage d'une langue à d'autres, qui constituent l'ordinaire du plurilinguisme en actes.

Plusieurs rubriques invitent les élèves à adopter un regard réflexif vis-à-vis de telles pratiques, afin de montrer qu'elles sont non seulement acceptables, mais aussi justifiées. Ainsi, dans la partie « Tout ce que j'ai déjà fait dans les langues que j'apprends » :

> J'ai déjà communiqué en me servant de plusieurs langues :
> [...]
> – fait des exposés en changeant de langue, en résumant d'une langue dans une autre
> – participé à des conversations où on parlait des langues différentes et où on se comprenait
>
> (*PEL collège*, 2004, p. 11).

Ou encore, dans la partie « Mes manières d'apprendre les langues » :

> Si deux langues se ressemblent un peu dans leur prononciation, leur vocabulaire, leurs constructions, je peux les « mélanger » sans m'en rendre compte, en parlant ou en écrivant. C'est normal, c'est utile et c'est transitoire.
>
> (*PEL collège*, 2004, p. 14).

Les apprenants sont alors incités à explorer de façon plus attentive la manière dont ils associent et articulent leurs savoirs dans plusieurs langues et les pratiques d'apprentissage de celles-ci, que l'école a trop souvent contribué à séparer.

Dans la continuité de ces orientations, le *PEL collège* propose quelques pistes réflexives mais aussi prospectives sur ce que pourrait être une « éducation linguistique » cohérente, articulant les enseignements des différentes langues étrangères et de la langue de scolarisation. Ces pistes se concrétisent notamment dans la partie « Mes manières d'apprendre », plus précisément dans la rubrique suivante :

> Ce que je fais ou ce que je pourrais essayer de faire ...
> Pour me servir des autres langues que je connais
> [...]

Me demander si la langue nouvelle que j'apprends ressemble un peu à une que je connais déjà. Par les sonorités, par la mélodie ou le rythme. Ou encore si des formes, des mots, des constructions me font penser, à l'oral ou dans l'écrit, à d'autres, découvertes dans d'autres langues

Ne pas hésiter à noter les ressemblances et les différences pour renforcer la connaissance de l'une et de l'autre langues

[…]

Me rappeler les astuces et les méthodes qui ont «marché» pour apprendre d'autres langues auparavant et me demander si je ne peux pas les utiliser à nouveau

Si j'apprends plusieurs langues en même temps, avec des exercices ou des moyens différents, me demander si les manières de faire pour l'une ne seraient pas aussi utiles pour l'autre ou pour les autres. Me demander si ce que j'ai appris sur certains fonctionnements de l'une ne peut pas aussi me permettre de mieux comprendre, par comparaison, des fonctionnements – semblables ou différents – de l'autre

(*PEL collège*, 2004, p. 14).

Cette dimension est également présente dans la partie nommée «Ma biographie langagière» et qui est essentiellement constituée du référentiel de compétences permettant de situer l'évolution des apprentissages dans les langues apprises. Nous avons souhaité faire figurer dans ce référentiel cinq langues possibles, dont le français comme langue de scolarisation aux côtés des autres langues acquises ou apprises. Ce choix répond d'une part à l'objectif déjà affirmé de mettre sur le même plan, aux yeux des élèves, leurs savoirs et savoir-faire de tous ordres, scolaires ou non, concernant les langues, mais aussi de mettre en relation ce qui s'apprend dans différentes langues à ce qui est déjà construit ou encore en construction[4] dans la langue de l'école.

Du point de vue concret de l'utilisateur, le *PEL collège* offre, dans chaque rubrique du livret 1, un choix d'éléments présentés comme potentiellement biographiques, que les apprenants peuvent sélectionner comme significatifs de leur propre parcours d'expérience pour se constituer, de manière réflexive, une autobiographie qui comprend à la fois une dimension historique de l'état de leur répertoire[5] et une projection dans le futur de leurs usages et/ou apprentissage (en visualisant notamment ce qui n'est pas encore effectif mais qui pourrait intégrer, à plus ou moins court terme, ledit répertoire). On peut ainsi supposer que le fait de voir clairement explicité et reconnu, dans un document «institutionnel», un certain nombre de stratégies possibles («Mes manières d'apprendre») et de compétences réalistes et atteignables pourra jouer pour les élèves comme un effet d'entrainement à tester leurs capacités et à s'engager plus avant dans des pratiques d'appropriation.

La relation entre répertoire plurilingue et compétence plurilingue, ainsi comprise, ne peut être que dialectique : la prise en compte d'un répertoire permet la mise en œuvre effective de la compétence, qui enrichit en retour le répertoire, comme le rappelle Daniel Coste, définissant ainsi la compétence plurilingue :

… l'ensemble des connaissances et des capacités qui permettent de mobiliser, à l'occasion et en fonction de circonstances données, les ressources d'un répertoire plurilingue et qui contribuent en outre à la

4. La langue de l'école n'est en effet une langue première que pour une partie des élèves scolarisés au collège en France et, même pour ceux-là, il est intéressant de pouvoir leur faire prendre conscience que leurs compétences dans cette langue ne sont sans doute pas parfaites. Cela contribue aussi à déstabiliser la représentation d'une maitrise complète de la langue par les locuteurs natifs.

5. Nous avons redéfini ainsi cette notion : «considérer les potentialités d'un apprenant ou d'un groupe d'apprenants en termes de répertoire, c'est y inclure les différentes formes de pluralités constitutives de ce répertoire et le configurant de façon dynamique : pluralité des ressources linguistiques, des représentations, des contextes, des stratégies et compétences, qui se distribuent et évoluent dans l'espace et dans le temps» (Castellotti & Moore, 2004).

59

*Parcours d'expériences
plurilingues
et conscience réflexive*

construction, à l'évolution et à la reconfiguration éventuelle dudit répertoire.
(Coste, 2002 : 117)

C ompétence plurilingue et conscience réflexive

La conscience réflexive de son parcours, des stratégies développées pour le faire avancer et des outils nécessaires pour y parvenir n'est en rien contradictoire avec les exigences de construction d'une compétence de communication, exigences explicitement renouvelées dans le CECR. Comme le notait déjà Daniel Coste il y a vingt ans, « la communication linguistique en classe de langue n'est jamais aussi fonctionnelle ou – comme on dit – "authentique" que lorsqu'elle se fait métacommunicationnelle ou métalinguistique » (Coste, 1985 : 76).

Ce type de réflexion a été réitéré depuis, dans le cadre des travaux sur les conditions de construction et de gestion de la compétence plurilingue :

> La construction d'une compétence plurilingue et pluriculturelle favorise l'émergence d'une conscience linguistique, d'une forme d'*awareness*, voire de stratégies métacognitives qui permettent à l'acteur social de prendre conscience et de garder contrôle de ses modes « spontanés » de gestion des tâches et notamment de leur dimension langagière.
> (Coste, Moore, Zarate, 1997 : 13)

DU PROFIL ...

Un des enjeux du portfolio, et des éléments de réflexion biographiques d'apprentissage qui y sont proposés, est d'encourager l'apprenant à apprendre, par l'auto-observation et l'auto-évaluation de ses stratégies, de ses compétences, de ses itinéraires au travers des langues.

L'étude des profils d'apprentissage, et leur découverte par les apprenants eux-mêmes, a intéressé très tôt la didactique des langues, qui a cherché ainsi à comprendre (et faire comprendre) certaines conduites spécifiques et stratégies préférentielles des apprenants pour résoudre les tâches d'apprentissage. Pochard, 1994 rappelle par exemple les tests, inspirés de la psychométrie, mis au point au CREDIF dans les années 1960 pour établir le « profil linguistique » des apprenants sur des échelles de compréhension et expression orales et écrites, ou les inventaires de paramètres proposés par Richterich dans le cadre des travaux du Conseil de l'Europe[6]. Pour Véronique, 2000 qui reprend à son compte les travaux de Porquier, l'étude des profils permet, pour la didactique des langues, de réinscrire l'apprenant dans un contexte historique et social, autant que dans les trajectoires personnelles de son apprentissage :

6. Pochard, 1994 rappelle qu'il s'agit d'une représentation de traits caractéristiques, qui implique une distance par rapport à l'objet étudié, et un certain angle d'observation (Pochard, 1994 : 16).

> La perspective didactique requiert que soient « intégrés » à l'analyse de l'apprenant et de ses activités d'appropriation des éléments socio-affectifs (la personnalité de l'apprenant, ses attitudes et motivations) et d'autres facteurs dont la détermination ultime est tout autant socio-culturelle que biologique, tels que l'âge, le sexe, voire la présence corporelle. (Porquier, 1984, cité dans Véronique, 2000 : 414)

Les enseignants dans la classe disposent le plus souvent d'informations partielles sur leurs apprenants et sur leurs expériences préalables d'apprentissage, surtout quand ces expériences sont développées hors de l'école et que leurs formats et leurs buts ne coïncident pas avec ceux privilégiés par l'institution scolaire. Ces informations lacunaires les conduisent à opérer des catégorisations générales, reflétant des tendances de groupe (ou l'image que l'on s'en fait), pour interpréter les comportements d'apprentissage des élèves (comme les décrire en fonction d'un style d'apprentissage, « ils sont visuels ou auditifs » ou en termes d'appartenance à un groupe particulier, ils sont « d'origine africaine ou magrébine »).

Les profils d'apprentissage ont souvent servi à distinguer des différences culturelles entre différents groupes d'apprenants, en mettant l'accent sur le caractère stable du profil, indépendamment de la tâche et du contexte[7]. Si l'on peut considérer que les portfolios n'échappent pas complètement à cette conception figeante, on peut toutefois admettre qu'ils offrent à l'apprenant une meilleure possibilité de rendre compte et de maitriser différents éventails stratégiques, potentiellement activés de manière différentielle en fonction des tâches, des lieux, des interlocuteurs, des moments. Le portfolio joue ainsi la carte de l'éventail qu'on déploie, en proposant à l'apprenant des critères précis qui doivent l'aider à faire le point sur ses manières d'apprendre, tout en lui offrant une palette de possibilités, qu'on l'encourage à éprouver dans d'autres circonstances et pour d'autres langues de son répertoire en construction, comme on peut le voir dans l'extrait suivant « Mes manières d'apprendre, ce que je fais ou ce que je pourrais essayer de faire », accompagné des consignes « Je le fais déjà, je pourrais essayer de le faire » (*PEL collège*, 2004, p. 13).

7. Ce qui revient à dire que bien que l'identification d'un profil d'apprenant vise avant tout à comprendre les parcours individualisés d'apprentissage, on s'est aussi servi de tels outils pour reconstituer des traits collectifs (liés à l'appartenance à un groupe) pour expliquer des comportements d'apprentissage jugés non conformes aux attentes scolaires.

PEL, op. cit.

61

*Parcours d'expériences
plurilingues
et conscience réflexive*

Si l'on met l'accent dans les portfolios sur l'importance de multiplier les sources d'accès aux savoirs, on encourage comme on le voit l'apprenant à faire le point sur ses propres manières d'apprendre, à l'école mais aussi hors de celles-ci. Les pratiques d'appropriation et de transmission, par exemple liées à l'apprentissage de l'écrit dans une autre langue ou écriture, deviennent alors valides et valorisées. L'attention est ainsi davantage portée sur l'apprenant lui-même, dans son inscription dans divers groupes (celui légitime ou illégitime de l'école, des groupes de pairs, ou à l'intérieur de différentes configurations familiales). Par exemple, un apprenant pourra choisir de décrire ses contacts et ses rencontres avec des personnes d'autres pays (p. 7 du portfolio et dossier 1 « Échanges et rencontres »), ou les objets qu'il possède « qui viennent de plusieurs cultures » (p. 7).

... À LA CARTOGRAPHIE DE L'APPRENTISSAGE

Les portfolios proposent ainsi des séries de descripteurs, qui permettent d'examiner des pratiques et des répertoires de pratiques sans enfermer l'apprenant dans des catégorisations de type causal. Ce type de démarche s'éloigne ainsi assez radicalement d'approches qui considèrent les différences comme relevant de traits spécifiques catégorisant des groupes (par exemple, les enfants issus de tels ou tels groupes auront tendance à apprendre en écoutant, etc.).

Les repères proposés dans les portfolios proposent d'autres outils d'interprétation, ancrés plus directement sur des comportements effectifs des élèves et leurs trajectoires individuelles, au sein ou en marge des différents groupes, légitimes ou périphériques, auxquels ils participent. Surtout, la cartographie historique de ses expériences et répertoires linguistiques, culturels et d'apprentissage, resitue l'élève au centre de son apprentissage, en lui permettant de décrire et d'interpréter lui-même les trajectoires qui sont siennes, et de choisir la manière et les moments les plus propices selon lui pour d'éventuels tournants ou changements de direction. L'emphase est alors portée sur le développement chez l'apprenant de sa dextérité à analyser de façon critique ses besoins d'apprentissage et les ressources à sa disposition, et de sa capacité à recourir à des approches familières ou non familières dans la résolution des tâches (linguistiques et/ou culturelles) auxquelles il se trouve confronté. Les approches biographiques développées dans le porfolio, appuyées sur l'observation réfléchie de parcours d'apprentissage, conçus dans leurs aspects individuels et collectifs, personnels et scolaires, visent le développement de compétences de gestion par les apprenants des ressources que leur offre l'accès à des répertoires linguistiques et culturo-historiques plurilingues et pluriculturels.

> By *linguistic and cultural-historic repertoires*, we mean the ways of engaging in activities stemming from observing and otherwise participating in cultural practices, [...] An important feature of focusing on repertoires is encouraging people to develop dexterity in determining

which approach from their repertoire is appropriate under which cir-
cumstances.
(Gutiérrez & Rogoff, 2003 : 22 ; voir aussi Rogoff, 2003)

En même temps que les portfolios valident des expériences d'appropriation développées dans des contextes et sous des formes non habi-
tuellement prises en compte par l'école, ils encouragent la mise en
place de répertoires d'expériences partagées, quand par exemple les
tâches proposées demandent un accomplissement collectif construit
sur la collaboration et la négociation. Le livret 2 du PEL pour les collèges invite ainsi un travail à la fois sur des représentations du plurilinguisme, en fournissant une collection d'informations, tout en mettant
en œuvre des tâches qui nécessitent un travail collaboratif entre les
élèves dans la classe, et encouragent leurs interactions avec des interlocuteurs divers hors de celle-ci[8].

On trouve par exemple pages 4 et 5 du Livret 2 une invitation à partir
à «la découverte des langues» (p. 4) pour d'abord comprendre les
langues dans le monde et tracer le portrait des langues et des personnes, qui laisse appréhender la dynamique des répertoires, et leur
caractère évolutif :

> [...] tu peux interviewer des personnes de différents âges et d'origines
> diverses, et leur demander quelles langues elles parlaient quand elles
> étaient enfant, avec leurs parents, avec leurs frères et sœurs, dans leur
> entourage, à l'école. Était-ce toujours les mêmes langues ? Est-ce que
> ce sont les mêmes aujourd'hui ? Qu'est-ce qui fait qu'on change de
> langues ? D'un moment à un autre le même jour ? Au cours de sa vie ?
> (PEL collège, 2004, livret 2, p. 4)

De cet ancrage dans un univers large du plurilinguisme, on encourage
l'élève à concevoir son propre monde à la lumière des pratiques plu-
rielles qui le composent. On demande par exemple page 5 d'entre-
prendre une collecte d'informations sur les langues parlées et écrites,
dans la classe et dans les familles :

> Toi et tes camarades de classe, faites l'inventaire des différentes
> langues parlées et/ou lues dans la classe et/ou dans votre environ-
> nement. Qui parle ces langues ? Avec qui ? Dans quelles situations ?
> Pour faire quoi ? Qui peut lire ces langues ?

La matérialité du plurilinguisme est ainsi avérée comme une réalité
proche et palpable, loin des représentations circulantes renvoyant le
plus souvent à un objet exotique et extraordinaire.

Cette caractéristique est renforcée par la présence, au sein même du
livret, de supports mettant eux-mêmes en scène cette pluralité linguistique et culturelle : photos de devantures de magasins ou d'emballages
de produits (p. 6-7), lexiques comparés multilingues (p. 9), ou productions littéraires bilingues, comme l'exemple ci-après :

8. On se situe bien ici
dans une tradition socio-
culturelle de l'appren-
tissage, issue des travaux
de Vygotski.

63

*Parcours d'expériences
plurilingues
et conscience réflexive*

(*PEL collège*, livret 2, 2003, p. 13)

Comme dans les activités, plus formelles, du livret 1, ces projets visent à la fois à légitimer les usages plurilingues de certains enfants, notamment ceux dont le français n'est pas la langue première, et à donner corps à la pluralité, à faire prendre conscience qu'elle existe lorsque celle-ci est en revanche peu présente dans le quotidien des élèves.

Ces projets se réalisent de manière collaborative et interdisciplinaire, ce qui entraine un développement plus riche et argumenté de la conscience réflexive et, partant, un retour plus aiguisé sur sa propre autobiographie qui peut se constituer en regard de celle des autres et dans une perspective culturelle et identitaire explicite et reconnue (conscience de ne pas être atypique, de posséder des ressources partagées, de croiser des itinéraires en partie communs, etc.).

De la conception individuelle des pratiques favorisée à la page 6 du Livret 1 («En famille et dans mon environnement, je parle/je lis/j'écoute/je traduis»), c'est une trajectoire réinscrite dans un environnement social plus large, en interaction avec les pairs, qui se dessine ainsi avec la complémentarité des projets proposés dans le Livret 2. Les fragments d'histoires individuelles ou familiales s'assemblent, se combinent avec d'autres références linguistiques et culturelles, se fondent dans une cartographie plus générale où peuvent prendre place les usages scolaires ou non des langues et de leur appropriation.

Réfléchir ses itinéraires biographiques d'apprentissage

La classe fait partie d'un ensemble de cultures en interrelation et superposées de différentes dimensions au sein de l'environnement éducatif qui l'abrite.
(Cambra 2003 : 59, qui propose ici une traduction de Holliday, 1994)

Pour Cambra (2003 : 52), le contexte se définit comme «un environnement social où se produit l'événement, dynamique et changeant, et qui constitue ce qui est pertinent à tel moment, pour telle activité et pour celui qui participe de l'événement». Le Portfolio, en permettant la prise en considération des différents contextes sociaux et culturels d'apprentissage, leur légitimation et la valorisation de leur complémentarité, constitue une ressource pour organiser les déplacements de l'apprenant dans ses apprentissages. Il permet de leur donner sens, de leur attribuer une valeur comme «expérience(s)», sur la(les)quelle(s) peuvent se tisser les apprentissages ultérieurs, leurs formes et leurs contenus.

Les descripteurs, qui se dérivent en une constellation de facteurs, et mettent en écho les langues, les contextes d'apprentissages, et les expériences diversifiées du contact, offrent des voies d'analyse et d'interprétation susceptibles de contribuer à la transformation de l'expérience en connaissance, par l'action réflexive. Les rubriques du Portfolio engagent l'apprenant à témoigner de sa participation à des activités diversifiées, dans des réseaux multiples, où les pratiques dans lesquelles il se trouve engagé vont différer à la fois dans les langues sollicitées, et les buts assignés aux pratiques en question.

Le portfolio permet de ce point de vue de restituer les différents plans et composantes des cultures locales périphériques et centrales, en offrant des clefs aux apprenants pour la négociation de leur interprétation, en permettant de revenir sur son expérience, et son interprétation[9], comme le propose la rubrique suivante :

Ce que j'ai fait pour apprendre des langues
Activités, exercices, pratiques et expériences

Apprendre une langue, ce n'est pas seulement bien se souvenir de mots de vocabulaire ou savoir par cœur des règles de grammaire. C'est aussi participer à des conversations, essayer de lire un article de journal ou de suivre une émission à la télévision, chanter une chanson dans la langue étrangère, jouer un petit rôle dans une pièce de théâtre, «se débrouiller» lors d'un voyage à l'étranger aussi bien que savoir consulter un dictionnaire bilingue ou monolingue. Les langues s'apprennent à l'école et en dehors de l'école, en écoutant, en lisant, en parlant, en écrivant.
Dans cette partie du Portfolio des collèges, il s'agit pour toi de noter ce que tu as l'habitude de faire, ce que tu as fait souvent ou de temps

9. En ce sens, les mouvements réinterprétatifs se distinguent de ceux qui s'observent dans les récits autobiographiques, où chaque récit se constitue, à un moment donné, comme une réinterprétation de l'expérience.

65

*Parcours d'expériences
plurilingues
et conscience réflexive*

à autre pour apprendre telle ou telle langue. Ces activités peuvent varier selon les langues, les moments, les lieux. Tu as peut-être pratiqué des exercices différents selon les classes et les années. En dehors de la classe, tu as pu aussi connaitre des expériences d'apprentissage diversifiées.

Récapituler ces activités est aussi pour toi un moyen de mieux te rendre compte de tout ce que tu peux faire, plus ou moins bien, dans telle ou telle langue (c'est, dans ton Portfolio, la section «Ce que je sais déjà faire dans les langues que j'apprends»); cela te donne aussi une occasion de réfléchir sur la manière dont tu t'y es pris pour réaliser ces activités (c'est, dans ton Portfolio, la section «Comment est-ce que j'apprends les langues?»). Noter régulièrement les activités que tu accomplis dans diverses langues te permet aussi de t'interroger sur tes façons de les accomplir et de mieux prendre conscience de tes capacités à utiliser ces langues. [...]

(*PEL collège*, 2004, p. 8).

Le fait de remplir le portfolio, de l'utiliser, revient à constituer petit à petit sa propre autobiographie et c'est en réfléchissant, de manière autonome ou guidée, aux usages des langues et à l'évolution de ceux-ci que cette autobiographie se construit, se densifie et prend forme. Reste à envisager les moyens par lesquels une telle autobiographie peut réellement se donner à voir dans toutes ses dimensions. Certains travaux (notamment Zarate et Godard Radenkovic, 2004) proposent de substituer aux grilles, qui constituent la base des activités proposées dans les portfolios, des cartes «géographiques», déjà évoquées par Richterich pour représenter les «espaces-temps d'apprentissage» (Richterich, 1996 : 56). Ces cartes permettraient effectivement, mieux que des grilles, de donner corps aux parcours bio-langagiers des élèves, de tracer les chemins qu'ils empruntent et les liens qu'ils nouent, entre vie scolaire, familiale et plus généralement sociale, pour mettre en œuvre les ressources de leur répertoire linguistico-culturel à travers différents modes de retours réflexifs sur ce parcours, mais aussi de projections réflexives dans l'acte d'apprendre.

Cependant, les cartes ont aussi un défaut : elles manquent de relief. Et le relief s'impose lorsqu'il s'agit de mettre en relation des savoir-faire déjà stabilisés («ce que j'ai déjà fait dans les langues que j'apprends»), des apprentissages en cours (référentiel de compétences), des stratégies effectives ou possibles («mes manières d'apprendre»), des travaux collectifs interdisciplinaires («les langues et leur diversité») et des traces de toutes ces actions, interventions, réflexions rassemblées dans le dossier.

Comment, alors, imaginer une synthèse? C'est peut-être, paradoxalement, au niveau de cette tentative de constitution d'une autobiographie langagière, que l'enseignant peut intervenir, en guidant les apprenants au moyen de travaux individuels ou collectifs appropriés qui les encouragent à questionner la mise en relation des éléments biographiques mobilisés et à en relever la cohérence. On peut aussi envisager des moments d'écriture individuelle des autobiographies linguistico-culturelles, ou encore des entretiens mutuels entre pairs qui les co-construisent.

Tout en stimulant cette fonction de guidage de l'enseignant, il faut toutefois être attentif à maintenir le caractère personnel de l'appartenance du portfolio. Celui-ci n'est pas un manuel, il est la propriété de l'élève et ne doit pas devenir un outil de contrôle de l'enseignant. En ce sens, il pourrait aussi contribuer à faire évoluer les pratiques évaluatives en classe de langue, en mettant l'accent sur l'importance des représentations de l'apprenant vis-à-vis de l'appropriation de ses propres connaissances et en relativisant la prétendue «neutralité» des tests d'évaluation.

* *

*

Le *PEL collège* est, au plein sens du terme, un outil d'évaluation. Évaluation de son histoire, d'abord, pour mieux (re)connaitre et faire reconnaitre ce qui existe déjà, pour faire des choix aussi, choix de mettre en avant et de valoriser tel type de ressource ou de compétence plutôt que tel autre; évaluation de son présent et de son futur d'apprenant, en visualisant les itinéraires ébauchés mais encore incertains; évaluation d'un parcours plurilingue en construction, où les possibles, sans doute un peu à l'étroit dans des grilles, s'animent et se complexifient lorsque les usagers les sélectionnent pour se forger une identité de sujets pluriels.

Si, paradoxalement, la rubrique du PEL intitulée «Biographie Langagière» (pp. 15-32) peut apparaitre comme la partie la moins autobiographique (au sens où on l'entend ici) du portfolio, elle relève pourtant d'une dynamique intégrée, en engageant les élèves à recenser leurs compétences, suivant les grilles et les niveaux recommandés dans le CECR, non pas comme des capacités «autonomes» mais comme des ressources effectives inscrites dans un répertoire biographique contextualisé.

Le *Portfolio* se construit effectivement comme un document qui pose des seuils (au sens traditionnel de «niveaux»), mais il ouvre surtout des portes, qu'on invite l'apprenant à franchir pour aller plus loin. Son action prioritaire ne consiste pas à contrôler, ce qui correspondrait à des pratiques évaluatives au sens étroit du terme, mais à visualiser et à faire reconnaitre les tendances majeures d'itinéraires linguistico-culturels et leurs évolutions.

Au rythme de ces parcours, les représentations, qui occupent une place importante dans la constitution des autobiographies, évoluent elles aussi (voir notamment Castellotti & Moore 2002), et les activités proposées tout au long des deux livrets, dans leur complémentarité, contribuent à cette évolution : elles donnent corps au plurilinguisme et le démystifient, en le rapprochant de l'expérience des élèves et en l'insérant dans leur quotidien scolaire et social. Les élèves peuvent alors se vivre comme les acteurs de ce plurilinguisme, ou du moins confirmer qu'ils sont en passe de le devenir[10]. On participe ainsi à la remise en cause de la représentation d'une certaine supériorité du fonction-

10. La réalisation de cet objectif implique le développement de pratiques didactiques qui favorisent l'autonomie des apprenants et les encouragent à s'interroger de manière réflexive, seuls ou en groupes, sur leurs expériences linguistiques et d'apprentissage. Les échos de la manière dont le PEL collège est effectivement mobilisé dans les classes et des usages qu'il permet d'y introduire vont dans ce sens mais ils sont encore trop restreints pour qu'on puisse en tirer des réflexions généralisables.

67

*Parcours d'expériences
plurilingues
et conscience réflexive*

nement monolingue («mieux vaut parler très bien une seule langue que plusieurs imparfaitement») : au lieu de se refermer sur des usages restreints, on renforce la légitimation de biographies exhibant des itinéraires pluriels et métissés, qui s'inscrivent ainsi dans une histoire et dans un espace social plurilingue et pluriculturel.

Bibliographie

BEACCO, J.-C. et BYRAM, M. (2002), *Guide pour l'élaboration des politiques linguistiques éducatives en Europe. De la diversité linguistique à l'éducation plurilingue*, Strasbourg, Conseil de l'Europe.

CAMBRA, M. (2003), *Une approche ethnographique de la classe de langue*, Collection Langues et apprentissage des langues, Paris, Didier.

CANDELIER, M. (éd.) (2003), *L'éveil aux langues à l'école primaire*, Bruxelles, De Boeck-Duculot.

CASTELLOTTI, V. (à par.), «Pratiques réflexives en contexte plurilingue. Le portfolio européen des langues pour le collège» *in* Molinié, M & Bishop, M.F. (dir.), *Autobiographie et réflexivité*, éditions CRTH-Les Belles Lettres.

CASTELLOTTI, V. & MOORE, D. (2005), «Répertoires pluriels, culture métalinguistique et usages d'appropriation», *in* J.-C. Beacco et al. (dir.), *Les cultures éducatives et linguistiques dans l'enseignement des langues*, Paris, PUF.

CASTELLOTTI, V. & MOORE, D. (2004), «Les portfolios européens des langues : des outils plurilingues pour une culture éducative partagée», *Repères*, 29, pp. 167-183.

CASTELLOTTI, V. & MOORE, D. (2002), *Représentations sociales des langues et enseignements*, Strasbourg, Conseil de l'Europe.

CASTELLOTTI, V., COSTE, D., MOORE, D., & TAGLIANTE, C. (2004), *Portfolio européen des langues collège*, Paris, Didier/ ENS/CIEP.

CONSEIL DE L'EUROPE (2001), *Cadre européen commun de référence pour les langues : apprendre, enseigner, évaluer*. Paris, Didier.

COSTE, D. (2003), «Le Portfolio Européen des Langues (PEL). Un instrument au service de la continuité et de la mobilité», *L'École Valdotaine*, 61 Supplément, pp. 7-11.

COSTE D. (1985), «Métalangages, activité métalinguistique et enseignement/ apprentissage d'une langue étrangère», DRLAV n° 32, pp. 63-92.

COSTE, D. (2002), «Compétence à communiquer et compétence plurilingue», *Notions en questions*, 6, pp. 115-123.

COSTE, D., MOORE, D. & ZARATE, G. (1997), *Compétence plurilingue et pluriculturelle. Langues vivantes. Vers un Cadre Européen Commun de référence pour l'enseignement et l'apprentissage des langues vivantes : études préparatoires*, Strasbourg, Conseil de l'Europe.

DE PIETRO, J.-F. (2003), «La diversité au fondement des activités réflexives», *Repères*, 28 : L'observation réfléchie de la langue à l'école, pp. 161-185.

GROSJEAN, F. (1993), «Le bilinguisme et le biculturalisme : essai de définition». *TRANEL*, 19, pp. 13-42.

GUTIÉRREZ, K. & ROGOFF, B. (2003), «Cultural ways of Learning : Individual Traits or Repertoires of Practice», *Educational Researcher*, vol. 32, 5, pp. 19-25.

ROGOFF, B. (2003), *The Cultural Nature of Human development*, New York : Oxford University Press.

LITTLE, D. (éd.) (sans date), *The European Language Portfolio in Use* : Nine examples, Accessible en ligne. Site du Conseil de l'Europe. http://culture2.coe.int/portfolio/

68

LITTLE, D. (1999), *The European Language Portfolio and self-assessment*, Strasbourg: Council of Europe, Document DECS/EDU/LANG (99) 30.

LITTLE, D. & Perclová, R. (2001), *The European Language Portfolio – Guide for teachers and teacher trainers*, Council of Europe. http://culture2.coe.int/portfolio/

LÜDI, G. (sous presse), « L'intérêt épistémologique de l'autobiographie linguistique pour l'acquisition/enseignement des langues », *in* Mochet, M.-A. & al. (éds), *Plurilinguismes et apprentissage*. Hommages à Daniel Coste, Collection Hommages, Lyon : ENS-Éditions.

LÜDI, G. & PY, B. (2002, 1re éd. 1986), *Être bilingue*. Peter Lang, Berne.

MOLINIÉ, M. (2004), « Finalités du "biographique" en didactique des langues », *Le français aujourd'hui* n° 147, 87-95.

POCHARD, J.-C. (1994), « Profil(s) d'apprenant(s) ». *In* J.-C. Pochard ed. *Profils d'apprenants*. Actes du IXe colloque international « Acquisition d'une langue étrangère : perspectives et recherche ». Saint-Étienne, mai 1993, Publications de l'Université de Saint-Étienne, Saint-Étienne, pp. 15-28.

RICTERICH, R. (1998), « La compétence stratégique : acquérir des stratégies d'apprentissage et de communication », *Le français dans le monde, Recherches et applications* : « Apprentissage et usage des langues dans le cadre européen », pp. 188-212.

SCHNEIDER, G., NORTH, B. (2000), *Dans d'autres langues, je suis capable de... Échelles pour la description, l'évaluation et l'auto-évaluation des compétences en langues étrangères*, Programme national de recherche 33, Bern et Aarau.

VÉRONIQUE, D. (2000), « Recherches sur l'"apprentissage des langues étrangères : friches et chantiers en didactique des langues étrangères ». *ELA*, 120, pp. 405-418.

ZARATE, G. (2001), *Identités et plurilinguisme : conditions préalables à la reconnaissance des compétences interculturelles*, Conseil de l'Europe Direction générale IV Éducation, Culture, Jeunesse et Sport, Environnement.

ZARATE, G. & GOHARD RADENKOVIC, A. (2004) (éds), *La reconnaissance des compétences interculturelles : de la grille à la carte*, Les Cahiers du CIEP.

Devenir un enseignant réflexif

Quels discours ? quels modèles ? quelles représentations ?

Mariella Causa
UNIVERSITÉ PARIS 3-SORBONNE NOUVELLE,
DILTEC

Lucile Cadet
IUFM NORD PAS-DE-CALAIS,
THEODILE

Dans cet article, nous aborderons la question des démarches biographiques en formation professionnelle, notre attention se portera plus particulièrement sur les biographies langagières comme outil de professionnalisation des enseignants novices.

Dans la première partie de notre contribution, nous nous intéresserons au dispositif d'observation formative de la mention et de la maitrise FLE de Paris 3. La deuxième partie sera consacrée à l'analyse d'un corpus constitué des différentes productions (écrites et orales) des étudiants qui représentent pour nous l'ensemble de la biographie formative initiale des futurs enseignants ; seront ici étudiés des journaux d'apprentissage rédigés en licence et un ensemble de données recueilli au cours du stage pédagogique de fin d'études de maitrise : des bilans personnels, des transcriptions des séances de commentaires et de la soutenance collective.

À partir d'une analyse qualitative qui s'appuie sur les outils empruntés à la linguistique interactionnelle et à l'analyse du discours, nous dégagerons les modèles de références qui participent à la construction d'une identité et d'une compétence enseignante. Nous montrerons comment ces modèles évoluent au cours des deux années de formation grâce au passage d'une écriture «solitaire» à la mise en mots oralisée – donc à une explicitation – dans ce que nous avons qualifiée d'«interaction de tutelle» (E. Nonnon, 1996). Cette manière de procéder nous permettra de vérifier l'hypothèse de départ selon laquelle les démarches biographiques en formation initiale participent de manière essentielle à la construction d'un **répertoire didactique**[1].

1. Cette notion, qui a fait au tout début l'objet d'une recherche commune menée par le groupe de recherche «Discours d'enseignement et interactions» dirigé par F. Cicurel (DELCA-Syled), a été ensuite développée et détaillée par les auteures de cet article. Plus précisément, le **répertoire didactique** est défini comme «**l'ensemble des savoirs** et des savoir-faire pédagogiques dont dispose l'enseignant pour transmettre la langue cible dans une situation d'enseignement/apprentissage donnée : il se forge à partir de modèles intériorisés et à partir de modèles proposés durant la formation et il se modifie tout au long de l'expérience enseignante. Nous pouvons en conséquence dire que le répertoire didactique se situe à mi-chemin entre les modèles et la pratique de classe "en temps réel" ; ces deux pôles interagissant constamment entre eux. En effet, si l'application d'un modèle théorique expérimenté en classe donne de bons résultats, il sera intégré dans le répertoire didactique. De même, si une activité non planifiée mise en place pour répondre aux besoins immédiats de la classe est jugée efficace par l'enseignant, elle sera retenue dans le répertoire didactique, et ainsi de suite.» (2005).

Un dispositif de formation initiale à la réflexivité

Dans le cadre de la mention et de la maitrise FLE, les démarches de formation visent à favoriser la mise en place progressive d'une posture réflexive. À l'université de Paris 3, ce travail commence en licence avec des observations de classe pratiquées *in vivo* qui donnent lieu à la rédaction de grilles d'analyse et d'un journal d'apprentissage dans le cours d'initiation à une langue nouvelle. Il se poursuit en maitrise et trouve son point d'aboutissement au cours du stage pédagogique avec la rédaction du rapport de stage, des bilans personnels et avec la soutenance collective.

LES OBSERVATIONS FORMATIVES EN LICENCE

Au cours de leur année de mention, les étudiants découvrent la classe de FLE en assistant à trois cours de deux heures en moyenne dans le cadre du DULF[2], ces observations étant partie intégrante du cours de méthodologie. Les observations visent à leur permettre de prendre conscience des différents paramètres qui entrent en jeu dans la classe, d'analyser le travail de l'enseignant dans la classe mais aussi en amont de la classe, dans la construction de son cours (programme, planification, objectifs, recherche de documents supports, analyses prépédagogiques). Elles visent également à leur faire prendre conscience des tâches que les apprenants doivent accomplir et de la manière dont ils les accomplissent (acquisition de savoir-faire en langue étrangère).

Il s'agit de ce que l'on pourrait appeler une «observation analytique». En effet, placés dans une complète position d'observateurs vis-à-vis d'un groupe-classe dont ils ne font pas partie puisqu'ils ne participent pas directement au déroulement du cours, les étudiants remplissent le rôle d'observateurs actifs qui ont à porter un regard «extérieur» sur le groupe et sur les activités menées. Leur position dans la classe doit leur permettre de se projeter «indifféremment» dans les rôles de l'enseignant et de l'apprenant de langue, ce qui constitue, nous semble-t-il, le point de départ de la prise en compte des différents paramètres de l'acte pédagogique et le début de la mise en place de la compétence d'enseignant réflexif, capable de s'interroger sur lui-même et sur son public. Les trois observations de classe donnent lieu à la rédaction de grilles d'observation à la fois descriptives, analytiques et biographiques. En effet, les étudiants sont amenés à décrire le déroulement des cours, à utiliser les connaissances théoriques (histoire et concepts de la didactique, méthodologies, manuels...) apportées par les autres enseignements de la mention afin de les mettre en relation avec ce qu'ils ont observé dans la classe et enfin à faire le lien avec l'expérience

2. Diplôme Universitaire de Langue Française, Paris 3.

de la classe observée et leurs expériences personnelles (en tant qu'apprenant, en tant qu'enseignant).

Le deuxième type d'observation est plus complexe que le premier et se déroule durant les cours d'initiation à une langue nouvelle. Ces cours représentent une des spécificités de la formation FLE de Paris 3. En effet, il s'agit de «cours de langue maison» qui sont exclusivement réservés aux étudiants de mention et qui sont assurés par des enseignants (natifs ou non natifs) qui dispensent souvent d'autres cours dans le diplôme. Cela leur permet de faire de manière plus aisée les articulations entre les deux cours principaux de la mention.

Le principal enjeu de l'initiation à une langue nouvelle n'est pas d'amener les étudiants à un niveau de langue mais de leur permettre de passer à un niveau supérieur de réflexion en s'intéressant non plus au résultat de l'apprentissage mais au processus d'apprentissage lui-même. L'accent n'est donc pas mis sur la performance ni sur le résultat final mais sur la compréhension du processus qui mène au résultat. Ainsi, dans ces cours, les étudiants accomplissent une triple tâche. Ils doivent commencer l'apprentissage d'une langue nouvelle et effectuer un double travail d'observation : une observation analytique (observation des participants, des activités, des différents paramètres qui entrent en jeu dans le processus d'enseignement/apprentissage) et une auto-observation/introspection.

La triple tâche est soutenue tout au long de l'année par la rédaction d'un **journal de bord d'apprentissage** dans lequel les étudiants rendent compte de leurs observations, de leurs démarches, attitudes et réactions face à la langue. Il constitue à la fois un **outil de réflexivité** mais aussi une **forme d'écriture autobiographique** qui fait entrer en jeu des éléments d'histoire de vie et de biographie langagière propres à chaque étudiant. Nous considérons de ce fait que rédiger un journal de bord, de façon obligatoire ou spontanée, fait partie des démarches biographiques qui, depuis le début des années 1990, se sont multipliées dans les domaines scolaires, dans ceux de la formation professionnelle et dans la recherche en sciences humaines. En d'autres termes et pour reprendre une idée de M.-J. Berchoud (2001), écrire sa biographie langagière signifie retracer son parcours personnel, son parcours scolaire et universitaire, revivre des épisodes de succès et d'échec, s'approprier «le sens de son aventure humaine» pour mieux se situer et se projeter dans l'avenir. Dans la mesure où la biographie langagière est considérée comme un outil pour l'analyse réflexive et pour la compréhension du processus de la construction de son identité personnelle comme professionnelle, on peut considérer que le travail demandé aux étudiants de la mention s'inscrit à la croisée de deux courants. Le premier, qui se situe dans le champ de la formation professionnelle des adultes, favorise l'exploitation des histoires de vie comme outil de formation tant au niveau de la vie personnelle que professionnelle. Le second, qui se situe dans le champ de l'éducation, s'intéresse à la réalisation des histoires de vie dans l'apprentissage en général et des bio-graphies langagières dans l'apprentissage des langues étrangères (nous songeons ici principalement au portfolio européen des langues). Il vise, entre autres, à favoriser l'autonomisation et l'auto-évaluation des apprenants.

LES OBSERVATIONS FORMATIVES EN MAITRISE

Le stage pédagogique de fin d'études se prépare tout au long de l'an-née de maitrise (ateliers et observations/participations à des activités de classe) et se déroule sur trois semaines au mois de juin à raison de cinq jours par semaine. Il permet aux étudiants, d'une part, de mettre à l'épreuve de la classe les savoirs théoriques acquis pendant les deux années de formation afin de les transformer en savoir-faire, et il vise, d'autre part, à mettre en place une réflexion individuelle et collective sur les pratiques enseignantes par le biais d'auto-observations et d'observations mutuelles.

Les stagiaires forment des équipes de 6 à 7 et chacun d'entre eux assure, à tour de rôle, les cours d'un même groupe pour toute la durée du stage. Ils sont encadrés par deux conseillères pédagogiques (désor-mais CP) qui assistent à tous les cours de même que l'équipe d'ensei-gnants-stagiaires. En effet, lorsqu'ils n'enseignent pas, les co-stagiaires assistent aux cours en tant qu'observateurs. Le stage comporte quatre heures par jour : trois heures de face-à-face pédagogique et une heure de commentaires, de discussion-bilan dirigée par la CP ; ce qui nous conduit à parler, ainsi que nous l'avons souligné plus haut, d'«interac-tion de tutelle». Au cours de ces séances d'analyse, les trois stagiaires qui ont assuré les cours du jour reviennent individuellement sur leur performance avec la CP et les autres stagiaires. Chacun est invité à ana-lyser **à chaud**, ce qui s'est passé dans la classe : chaque stagiaire joue donc un rôle actif dans sa propre formation mais aussi dans la forma-tion des autres membres du groupe. Les pratiques sont en consé-quence soumises à une triple lecture et se construisent à trois voix ; c'est la raison pour laquelle nous avons utilisé la notion de **triade** pour décrire le format de cette interaction particulière[3].

D'après cette brève présentation, on voit bien que pendant le stage pratique de fin d'études le travail d'observation, de réflexion, d'auto-observation et d'introspection engagé au cours des observations de classe de FLE et durant le cours d'initiation à une langue nouvelle se poursuit. Ainsi, si nous revenons aux différentes observations faites par l'étudiant et évoquées précédemment, on pourrait dire que le stage représente une autre forme d'observation qui se compose de trois volets :

– une observation analytique qui se focalise sur les paramètres de la classe ;

3. *Cf.* L. Cadet & M. Causa, 2004, 2005 et M. Causa, 2005.

– une auto-observation que l'enseignant-stagiaire fait seul et développe en collaboration avec les CP pendant la séance de bilan ;

– une observation mutuelle lorsque les co-stagiaires observent la performance du collègue qui assure le cours pour la commenter ensuite.

Ces trois types d'observation mènent les stagiaires à un questionnement réciproque, s'appuyant sur une réalité partagée et les mettent dans une position symétrique qui les pousse à s'interroger sur leur propre fonctionnement et sur celui des autres.

À l'issue du stage, les stagiaires rédigent un mémoire collectif et un petit bilan personnel. Dans ce contexte, le mémoire s'apparente souvent à un « journal de bord d'enseignement » dans lequel chacun des stagiaires revient sur les cours qu'il a assurés. Le bilan personnel, comme son nom l'indique, est plus proche du genre biographique : dans les trois pages qu'ils doivent rédiger, les étudiants font un bilan final sur ce que le stage leur a apporté sur le plan personnel mais aussi et surtout sur le plan professionnel, en termes de formation pratique et de travail en équipe.

Le mémoire collectif et le bilan personnel constituent un autre volet des « biographies formatives » car il s'agit là aussi pour le stagiaire « **d'un retour en arrière pour comprendre son présent** [...] » (C. Perregaux, 2002), d'une mise en mots de sa propre expérience de formation, et il s'agit également – et encore plus que le journal d'apprentissage – d'un espace cognitif. En effet, les étudiants ont entre temps échangé entre eux et avec la CP, ils ont donc « pensé ensemble » (J.-C. Chabanne et D. Bucheton, 2002) et transformé/élargi en conséquence leurs expériences grâce à ce face-à-face.

Le stage pratique s'achève avec une soutenance collective face aux deux conseillères qui ont encadré le stage. Pendant la soutenance, tous les étudiants-stagiaires reviennent sur les différents moments du stage. Bien qu'elle soit orale, la soutenance constitue pour nous un autre moment saillant de la biographie formative des stagiaires en tant que dernière étape de cette première phase de formation au métier d'enseignant qui se situe chronologiquement dix jours environ après la fin du stage. Elle doit ainsi être appréhendée comme une phase de problématisation dans la réflexion des étudiants dans laquelle l'affectivité est plus nuancée et la réflexion plus autonome.

A nalyse des données

Notre corpus se compose d'une centaine de journaux d'apprentissage produits au sein des cours de langue et de différentes données orales (enregistrées puis transcrites) et écrites recueillies pendant le stage pédagogique. L'analyse de ces données permet de suivre la totalité du parcours de formation à différents stades de l'avancée du cursus ; au stade intermédiaire tout d'abord avec les journaux de bord et au stade final ensuite avec le mémoire collectif, les bilans personnels, les enregistrements des cours et de la soutenance de maitrise.

LES MODÈLES DE RÉFÉRENCE

Comme nous l'avons annoncé, l'analyse des journaux de bord et celle des commentaires, du bilan personnel et de la soutenance collective nous permettront de montrer de quelle manière les modèles et les représentations[4] des étudiants sur le métier d'enseignant évoluent au cours de la formation initiale. Mais voyons tout d'abord quels sont les modèles les plus récurrents.

Les modèles socioculturels

La conception de l'enseignement d'une langue est très liée à l'expérience vécue en tant qu'apprenant. La référence aux modèles scolaires – donc connus – semble être le recours essentiel pour évaluer et juger l'enseignement proposé. C'est ce que révèle le premier extrait, dans lequel, après avoir fait la comparaison entre les méthodes d'enseignement qu'il estime lui convenir et la méthode employée, l'étudiant émet un jugement sur les choix méthodologiques de l'enseignant. On constate de ce fait que l'étudiant, par projection dans la pratique, se pose comme détenteur d'un certain savoir et savoir-faire dans la classe :

1. Je me suis dit que **quitte à ne pas bénéficier de la pédagogie dont j'avais bénéficié pour apprendre l'italien**, autant adopter une attitude tout aussi décalée. [...] Ainsi, étant dans une situation où l'enseignante maitrisait parfaitement le français, autrement dit : la langue des apprenants, ce qui rendait **la méthode de grammaire-traduction appropriée**, plus que toute autre méthode d'enseignement, **au profil de classe d'apprenants que nous présentions, j'estimais qu'il y avait un décalage entre la réalité et les pratiques pédagogiques**. Preuve en est, que malgré le fait que l'enseignante s'efforçait de pratiquer la méthode d'explication implicite, il y avait toujours une demande explicite de la part des apprenants, ou elle-même finissait toujours par nous donner des informations explicites. Le contexte et le profil des apprenants portaient tout naturellement, les apprenants comme l'enseignante, à passer par la langue partagée par tous, le français. Ce n'est pas étonnant lorsque l'on sait que la réflexion métalinguistique est plus facile lorsque les explications se font dans sa langue maternelle.

On note ensuite que l'ensemble des critiques porte sur les aspects du cours qui ne renvoient pas à la tradition de l'enseignement scolaire. Les activités qui évoquent une méthode d'enseignement familière sont considérées comme **dans la norme**, tout ce qui est nouveau et étranger est perçu comme **hors norme** et souvent critiqué car cela remet en question les modèles établis. Les étudiants jugent des activités didactiques «bizarres», «déroutantes», ils se sentent «troublés», estiment que le partiel tel qu'il leur a été proposé n'est pas «réel» dans la mesure où il n'a rien de comparable avec les épreuves auxquelles ils sont habitués. En revanche, les activités qui réactivent de bons souve-

4. Pour une explication de ces notions, nous renvoyons à L. Cadet & M. Causa, 2005.

nirs vécus au cours de la scolarité renvoient l'étudiant à une certaine nostalgie exprimée notamment dans l'extrait 2 :

> **2.** La ligne tracée par le professeur avant d'entamer la lettre me rappelle le système employé par mon institutrice lorsque j'apprenais à écrire. Cet exercice est rassurant. De plus, commencer une lettre en partant de la droite devient un geste habituel à la fin de l'alphabet (entretemps je n'ai pas eu l'occasion de réécrire du français). Je constate que la façon de tenir son stylo change (le stylo étant incliné vers la gauche, il me semble que je deviens gauchère). Mon application un peu risquée à tracer la lettre et mon observation attentive du geste du professeur pour chaque lettre me donnent l'impression de revenir au CP. Je renoue également avec l'écolière que j'ai été lorsque je constate que ma graphie manque de fluidité et ne correspond plus exactement à la lettre inscrite au tableau.

Les critiques traduisent également le sentiment d'insécurité éprouvé en début d'apprentissage. Ce sentiment est lié à l'impossibilité de garder la trace exacte de l'information donnée, au rythme rapide du cours, au recours important à la langue cible, à l'absence de traduction, à la rareté du recours à la grammaire explicite et, dans la majorité des cas, à l'absence de manuel permettant de trouver des repères. Cela leur donne une sensation de désordre et d'éparpillement qui est vécue comme le signe d'un échec de la méthode d'enseignement (dans l'extrait 3, le choix de la méthodologie de l'approche communicative est vivement remis en question), ou bien comme un grave manquement aux règles de « pédagogie élémentaire » (extrait 4).

> **3.** Il est certain que si la classe avait été composée d'apprenants ignorant le français, la **méthode communicative** aurait été une méthode appropriée [...].

> **4.** Lors des premiers cours, je trouvais le déroulement agaçant mais dynamique. En effet, je ne comprenais pas du tout où le professeur voulait en venir [...]. **La séance me paraissait «brouillon», je m'attendais à quelque chose de plus construit, de plus «scolaire».**

Un autre point souvent critiqué est enfin la situation d'enseignement/ apprentissage à laquelle ils sont exposés et qui pour eux n'est pas **idéale**. Ainsi, le rôle de l'effectif, la durée du cours, le confort de la salle sont systématiquement soulignés (« Dommage que la salle soit si petite ! », « La salle est très mal insonorisée », « l'estrade et le bureau gênent l'accès de l'enseignante au tableau », « une petite salle sans lumière, cernée par des marteaux piqueurs souvent et qui s'apparente plus à un bunker avec ses quatre murs resserrés, qu'à un jardin zen propice à la méditation »). Un effectif trop élevé est jugé incompatible avec un cours de langue alors qu'un petit effectif (occasionnel) apparait comme un privilège. D'autres éléments sont signalés, notamment l'horaire du cours jugé défavorable à l'apprentissage comme le montre l'extrait 5 :

> **5.** En outre, **ce cours ayant lieu le matin et qui plus est le vendredi, j'arrivais rarement en cours pleine de toutes mes capacités de concentration** ; en effet, **j'avais souvent faim**, car, ne réussissant pas à me lever suffisamment tôt, je ne prenais pas le temps de déjeuner et il n'y avait pas de boulangerie sur mon trajet. J'emprunte en plus une ligne de **RER qui est souvent sujette aux perturbations** de toutes sortes,

ce qui en plus de me mettre en retard, **me mettait de mauvaise humeur!**

Quelques éléments montrent toutefois une prise de distance par rapport à l'enseignement reçu jusque-là. La spécificité de l'âge («on ne peut enseigner à un adolescent ou à un enfant comme à un adulte») est soulignée, ou encore le manque d'efficacité du système scolaire en terme d'apprentissage communicatif (extraits 6 et 7).

6. À cette occasion, **j'ai pu découvrir combien la méthode française d'apprentissage des langues** (du moins dans le secondaire) **était peu efficace** pour permettre de communiquer avec des natifs...

7. Le fait de **se sentir libre de participer sans crainte d'être ridiculisé** (j'ai déjà vécu cela en sixième, c'est terriblement humiliant et dissuasif) [...]

Les modèles FLE

La rédaction du journal d'apprentissage est également l'occasion d'un (ré)investissement des connaissances théoriques acquises dans les cours de mention. En faisant des remarques sur les méthodes employées, en utilisant un vocabulaire spécifique à la didactique du FLE, en évoquant des théories et des théoriciens de l'acquisition d'une langue et les étudiants montrent qu'ils «maitrisent» des concepts spécifiques au champ tout au moins au plan de l'emploi verbal. Par là, ils manifestent un certain degré d'appartenance à une **communauté d'experts en didactique.** Par exemple, dans les journaux d'apprentissage d'arabe et d'italien, deux types de méthodologies employées sont identifiées par les étudiants : **la méthode directe et la méthode communicative.** Les caractéristiques de ces méthodes qui leur ont été enseignées au cours de l'année sont évoquées (notamment la maitrise orale des savoir-faire langagiers, la présentation d'actes de parole, la grammaire implicite par induction...). Les étudiants font aussi référence à certaines théories plus pointues comme celle du *moniteur de Krashen* de l'extrait 8. En outre, comme le montre l'extrait 9, les éléments apportés par les autres cours de mention trouvent leur justification dans le réel de la classe :

8. [...] je ne parviens pas à me détacher d'un **autre contrôle (du «moniteur»** dirait Krashen), le code reste toujours présent à mon esprit ; si bien que malgré moi mon discours est ralenti, entravé par cet instinct de privilégier la forme. Je ne parviens pas à me contenter d'assurer une compréhension minimale.

9. **Je repense aux paroles. Les différents professeurs du FLE qui évoquaient l'impression de régression** qui accompagne toujours l'apprentissage d'une langue nouvelle.

Il s'agit en somme de prouver à l'enseignant – qui est aussi le lecteur et l'évaluateur des journaux d'apprentissage – que l'on est capable d'identifier sa méthode en s'appuyant sur des éléments concrets.
Toutes les remarques avancées par les étudiants doivent être analysées comme une étape intermédiaire de la construction de leur savoir sur la

matière qui leur permettra, à moyen terme, de s'approprier et de fixer les connaissances en mettant en relation les éléments théoriques avec l'expérience pratique.

Un modèle d'«enseignant-idéal»

À l'intérieur de chaque journal d'apprentissage se dessine le portrait d'un enseignant idéal. On constate que certains traits sont communs à tous les journaux mais qu'il existe aussi des traits spécifiques et individuels. Les traits constitutifs sont élaborés par comparaison et opposition entre les modèles de références socioculturels et scolaires, les modèles issus de la formation et le modèle «physique» incarné par l'enseignant observé. Ainsi, si on prend en compte les caractéristiques générales esquissées dans les journaux, et les remarques des étudiants que nous venons de commenter, l'enseignant doit utiliser une méthode proche de celle employée traditionnellement dans l'enseignement scolaire et rester dans les «normes» pour éviter de dérouter les apprenants. L'image qui ressort est celle d'un enseignant attentif («réceptif», «ouvert»), ayant une bonne connaissance des besoins et des dispositions dans lesquelles se trouvent les apprenants mais également juste et équitable. Il doit permettre aux apprenants de s'exprimer librement et savoir les encourager, les motiver tout en valorisant les acquis et connaissances de chacun. Il doit, de préférence, être un «locuteur natif» mais aussi connaitre la langue maternelle et la culture d'origine des apprenants comme dans l'extrait 10 :

> 10. Je pense que je me souviendrai pendant longtemps de mon premier cours de japonais. Je ne sais pas à quoi **je m'attendais** exactement, mais **sûrement à une Japonaise nous faisant part du cérémonial de salutation. Le fait de me trouver nez à nez avec une Européenne m'a un peu déroutée puisque l'on ne cesse de nous répéter qu'être natif est toujours la bonne solution.**
> C'est pourquoi, lors de mon apprentissage j'ai dû faire face à quelques problèmes.

L'absence de planification explicite fait l'objet de critiques et d'insatisfactions. L'annonce du plan du cours et/ou l'identification d'une planification de cours est un élément rassurant pour les apprenants. De même que la faculté de se distancer et de «déplanifier» le cours en fonction des imprévus apparait comme une qualité. C'est un signe de souplesse, d'adaptabilité et d'attention vis-à-vis des besoins des apprenants (extrait 11).

> 11. Le 16 novembre, **elle explique** le système vocalique **en réponse à une de nos questions, alors qu'elle n'avait pas prévu dans sa leçon de parler de l'écrit**. On note au passage la souplesse et l'adaptabilité qu'un bon enseignant se doit de manifester.

Au niveau des techniques d'enseignement, les étudiants évaluent la légitimité de certaines actions (la répétition, la conceptualisation, le recours à la grammaire explicite, la mémorisation d'un dialogue, le recours à la traduction) en se positionnant ainsi en tant que futurs enseignants. Trois éléments sont récurrents et sont en conséquence jugés indispensables pour l'apprentissage et l'enseignement d'une langue étrangère : le recours à l'écrit, le recours à la grammaire explicite, le recours à la langue maternelle des apprenants pour l'explicitation de la grammaire et la traduction de mots abstraits (extraits 12, 13 et 14).

> **12.** [...] **nécessité absolue pour moi de passer par du «visuel» pour commencer à comprendre quelque chose**. Ma reconnaissance des phonèmes passe par le besoin de les voir écrits, les voir écrits permet à mon oreille de décomposer les sons et de les mémoriser plus rapidement (besoin de repères, sinon sentiment de «panique»).

> **13.** En outre, cette méthode qui privilégie l'oral, tout en me rassurant – l'essentiel c'est de pouvoir parler –, me pose des problèmes. J'ai besoin de ces repères, de ce code, sans quoi tout fini par se brouiller. **Je ne serai pas contre un peu plus de grammaire explicite**. Selon moi, ça n'est pas l'essentiel mais **c'est indispensable**.

> **14.** [...] j'ai été gênée par le fait de ne pas accéder au sens, **explicitement et simplement, par la traduction**.

Cette constance peut être considérée comme l'expression de la *culture éducative* que les étudiants ont intégrée tout au long de leur parcours scolaire au même titre que l'identification de la planification, que nous avons évoquée plus haut[5].

ÉVOLUTION DES MODÈLES DE RÉFÉRENCE

Si dans les journaux de bord d'apprentissage, nous avons montré que les étudiants se posent souvent comme les détenteurs d'un savoir pédagogique, tout autre apparait leur attitude pendant le stage. Ici, la situation est complètement différente : pour la première fois, les étudiants se trouvent face à une classe et perdent un peu l'«esprit critique» dont ils ont fait preuve pendant la rédaction des journaux d'apprentissage. Le passage du rôle d'«observateur/étudiant» au rôle d'«acteur/enseignant» de la classe leur fait perdre les points de repère qu'ils croyaient – naïvement sans doute – acquis. Une chose est d'évaluer la performance d'un enseignant, autre chose est de s'évaluer soi-même et d'être évalué en tant qu'enseignant! C'est ici que réside, à notre avis, la raison de la centration maximale sur les activités d'enseignement[6] qui mène trop souvent les étudiants-stagiaires à oublier les autres paramètres constitutifs de la classe, notamment les apprenants. Pour revenir aux modèles de référence, l'on peut remarquer par exemple que pendant les premiers cours les stagiaires s'accrochent tout naturellement – mais avec force aussi – aux modèles FLM car ce sont les modèles les plus connus donc rassurants[7]. Ils représentent, ainsi que les journaux de bord en témoignent, la «norme». Nous nous sommes toutefois demandé pourquoi les étudiants ne se raccrochaient pas plutôt aux modèles issus de leur formation FLE – plus proches chronologiquement de leur vécu d'étudiants – et il nous a semblé que, en situation de pratique pédagogique, les étudiants ne se rendaient pas tout de suite compte qu'enseigner le français comme langue étrangère

5. Il faut quand même souligner que pour certains la traduction lorsqu'elle est systématique fait l'objet de critiques.

6. L. Cadet & M. Causa, à paraitre.

7. L'on revient ainsi à une idée essentielle de la psychologie cognitive selon laquelle les connaissances/modèles antérieurs ont un rôle prépondérant et que, avant de pouvoir être remplacés par de nouveaux acquis, plusieurs actions pédagogiques sont nécessaires (J. Tardif, 1997). En formation initiale, cela se traduit par la prise en compte d'un aspect capital, c'est-à-dire que pour les enseignants novices, notamment les enseignants natifs de la langue enseignée, les nouvelles connaissances/les nouveaux modèles doivent subir un déplacement : la langue maternelle doit être réapprise en tant que langue étrangère.

n'avait rien à voir avec l'enseignement du français comme langue maternelle. Autrement dit, ils n'arrivent pas à appliquer à la classe ce qu'ils ont étudié pendant deux ans dans le cursus comme en témoigne l'extrait 15 :

> 15. [...] et puis **la difficulté à sortir du carcan des études magistrales** qu'on avait fait auparavant enfin et c'était super dur à prendre conscience de ça c'est pas tout de savoir il faut aussi comprendre quoi donc

Cela étant dit, l'on a aussi remarqué que, tout comme dans les journaux d'apprentissage, dans les cours dispensés par les stagiaires des modèles FLE apparaissent de manière embryonnaire.

Deux points méritent d'être rappelés à cet égard. D'une part, lorsque les stagiaires parlent de la langue (grammaire, littérature), tout en suivant une démarche plutôt FLM, ils utilisent des mots appropriés spécifiques au champ disciplinaire du FLE. Comme nous l'avons précédemment souligné, cet emploi montre une certaine forme d'appartenance à une communauté d'experts en didactique toutefois, une nuance est à apporter, il s'agit de l'emploi d'une terminologie à laquelle les stagiaires ont été exposés tout au long de la formation FLE mais elle n'est pas encore transférable aux pratiques de classe. Il y a donc un décalage entre théorie et pratique, entre savoirs et savoir-faire.

D'autre part, lorsque les stagiaires utilisent des documents tirés de l'environnement quotidien, c'est-à-dire **vierges** d'exploitation scolaire préalable, ils se rapprochent davantage d'une exploitation adaptée à la classe de langue étrangère. Nous avons ainsi pu parler de passage d'une **stratégie d'imitation** par rapport aux modèles intériorisés à une **stratégie d'expérimentation** des modèles de formation, ce que l'on pourrait également qualifier de **stratégies de distanciation** par rapport aux modèles FLM.

Un autre point central traité dans les journaux de bord d'apprentissage et qui revient pendant le stage est la représentation de l'enseignant. Ici, contrairement aux journaux de bord, à partir desquels nous avons parlé d'« enseignant-idéal », il nous semble plus correct de parler d' « enseignant-modèle ». En effet entre les deux définitions, il y a eu le stage et, par conséquent, l'impact du réel de la classe dans les représentations des stagiaires sur le métier d'enseignant et celui des discussions avec l'expert (la CP). Toutefois, nous continuerons à parler de « modèle » parce que, dans leurs bilans personnels, les stagiaires parlent majoritairement de l'enseignant à la troisième personne : ils restent donc à mi-chemin entre un idéal et une réalité qui commence à se dévoiler. Même si dans certains auto-commentaires et surtout pendant la soutenance collective l'on remarque que les stagiaires commencent à prendre de la distance par rapport à la représentation qu'ils avaient d'un idéal-type d'enseignant (ce qui témoigne d'une évolution dans l'activité réflexive), c'est essentiellement dans les bilans personnels que nous assistons à un véritable changement d'attitude, attitude qui se manifeste par une description plus détaillée d'un enseignant-modèle.

Cette description se fait par opposition/ressemblances; le plus souvent, les stagiaires partent de leurs lacunes et les opposent à des comportements plus «professionnels» auxquels ils ont pu réfléchir grâce aux séances de commentaires avec la CP. Dans les bilans personnels, on revient alors sur les compétences qu'on estime nécessaires pour un enseignant de langue étrangère qui devient alors un nouveau modèle de référence. Ainsi, l'enseignant-modèle devrait :

– savoir reconnaitre et cerner d'emblée les besoins des apprenants;
– fixer les objectifs clairs en fonction de leur niveau;
– savoir créer et gérer l'interaction entre les apprenants;
– avoir des objectifs clairs qui puissent faire avancer les apprenants dans leur apprentissage;
– s'adapter aux imprévus et aux embûches tout en demeurant un guide;
– savoir corriger pour faire avancer les compétences linguistiques;
– formuler clairement les consignes afin de faciliter la réalisation de la tâche demandée;
– avoir des connaissances encyclopédiques sur la langue-culture enseignée;
– savoir trouver et exploiter les documents authentiques;
– savoir appliquer de manière «experte» la méthode communicative;
– répondre à toutes les questions posées par les apprenants;
– être décontracté et avoir une attitude spontanée;
– savoir doser des qualités **naturelles** et des qualités **professionnelles**;
– bien gérer le temps.

D'après cette liste, il ressort tout d'abord que les savoir-faire de l'enseignant-modèle ne sont pas de la même nature : certains insistent sur les contenus de l'acte pédagogique, d'autres sur la forme que ces contenus doivent prendre (le comment faire). Cette description met par ailleurs l'accent sur les trois fonctions canoniques d'**informateur**, d'**évaluateur** et d'**animateur** de l'enseignant ainsi que le préconise l'approche communicative. Nous n'avons en revanche aucune trace sur le **comment construire l'apprentissage** avec les apprenants et sur les moyens pour leur **apprendre à apprendre**; ce qui constitue la tâche essentielle de l'enseignant réflexif. Nous croyons cependant qu'il est sans doute trop tôt pour eux de se poser ce genre de questions à ce moment précis de la formation. Le fait de passer d'un idéal à un modèle plus proche de la réalité est en tous les cas une première étape – nécessaire – dans le travail de réflexion personnelle sur l'activité enseignante et sur la construction de nouveaux modèles.

Les savoir-faire de l'enseignant de langue étrangère mentionnés par les stagiaires dans les bilans personnels montrent ensuite qu'ils ne sont plus focalisés uniquement sur la matière à enseigner ainsi que c'était le cas dans les journaux d'apprentissage, ni non plus sur leur performance en classe comme c'était le cas pendant les séances de commentaires « à chaud » après leurs cours, mais qu'ils commencent à introduire l'ensemble des paramètres constitutifs dans l'acte pédagogique.

Mais c'est pendant la soutenance collective que l'on assiste à un véritable saut qualitatif dans la réflexion des stagiaires. Ici, l'événement le plus saillant à nos yeux est que les stagiaires arrivent à parler de manière explicite de tous les paramètres qui entrent en jeu dans la classe et à en parler par rapport aussi à leur expérience directe. Autrement dit, on assiste au passage du général à leur propre expérience professionnelle. C'est à ce niveau-là que nous pouvons dire que le processus réflexif a fait son bout de chemin et qu'il y a eu de l'appropriation dans le passage qui s'est dessiné entre parler d'un idéal, parler d'un modèle et parler de sa propre pratique, ainsi que nous pouvons le constater dans les quatre extraits qui suivent :

16. [...] toutes mais toutes pour la préparation des cours on on arrivait à vraiment cibler nos nos objectifs et cætera finalement **toute l'année de maitrise on a quand même bon bien + + on est bien arrivées à à à établir des démarches mais c'est vrai que pour la mise en pratique ça change TOUT** on se dit dit mon Dieu un objectif pour une heure c'est enfin ça ça n'a rien à voir quoi ça change vraiment tout »

17. l'abstraction ...le passage de l'abstraction **de l'abstrait au réel c'est un coup** quand même un choc (rires)

18. [...] euh je me disais c'est lié la systématisation et la correction **si on systématise et qu'on souligne leurs erreurs dans la systématisation du coup ils se rendent compte qu'ils ne maitrisent pas les choses** et euh **ils se rendent compte enfin il se rendent compte voilà de l'utilité** et je me dis au moins de ma part je sais que je n'ai pas systématisé et pas assez corrigé et c'est les deux choses qui leur permettent en fait de prendre conscience et du coup de de pas pouvoir nous dire je sais que les articles dans la vie courante euh je l'ai même vu dans les exercices quand ils parlent ils les mettent jamais au bon endroit on XX par exemple **mais si on les reprend pas assez ils se rendent pas compte**

19. XX en disant bon ben ç'a été vraiment laborieux d'accord c'est la réflexion qu'on s'est faite mais bon si on en reste là euh autant se dire bon c'est pas la peine (rires) on arrête tout et puis si on si on ressort pas quelque chose de positif maintenant **+ au contraire ça nous permet de se dire voilà maintenant je j'ai de la matière pour pouvoir + pour pouvoir progresser quoi + et ça c'était vraiment le le positif du stage**

* *

*

La description et l'analyse des productions des étudiants en licence et en maitrise nous amènent à un certain nombre de conclusions que nous reprendrons dans l'ordre à partir des points saillants abordés dans cette contribution.

Tout d'abord, revenons sur le dispositif de formation. Les différentes étapes formatives de la licence et de la maitrise que nous avons présentées révèlent une forte articulation : on peut effectivement parler d'un dispositif de formation à part entière puisqu'il s'agit d'un tout cohérent et que chaque étape est construite dans la continuité d'un processus. Cela implique la nécessité pour l'ensemble des acteurs d'avoir une vision globale de ce dispositif dès que la première étape est mise en place de façon à prendre en compte l'activité présente, celle qui a eu lieu avant et celle qui va venir après. Pour l'enseignant-formateur, il s'agit de mettre en place un véritable travail d'équipe et un dispositif d'accompagnement pour établir des relais entre les différents moments et intervenants de la formation. Pour l'étudiant, nous pensons que la prise en compte du dispositif dans sa totalité permet en retour la mise en place d'une véritable posture réflexive et la prise en compte d'autres modèles de référence. L'élaboration d'un journal de formation, qui a découlé de cette recherche, et son emploi, qui sera effectif dès la rentrée 2005-2006, nous semblent pouvoir répondre à ces attentes.

Ces remarques nous amènent naturellement au deuxième point, à savoir la validité de ce dispositif de formation. On se rend compte que, dans les phases où l'étudiant parle de sa pratique en tant qu'apprenant et puis en tant qu'enseignant, il y a un discours qui relève de la culture éducative à laquelle il a été exposé. Cependant, on constate que, plus la réflexion avance, plus l'étudiant est capable de prendre de la distance par rapport à ce discours et de prendre ainsi position, comme le montre la soutenance collective. Cette distanciation par rapport au discours ambiant va de pair avec une prise de distance par rapport aux préoccupations plus estudiantines de l'évaluation ; ce qui se reflète dans la forme que prend la soutenance collective, celle-ci s'apparentant en effet à un échange entre pairs plutôt qu'à un exercice académique.

Enfin, à la lumière des résultats que l'analyse nous a permis d'obtenir et pour revenir à la problématique centrale de ce numéro, nous souhaiterions proposer un élargissement de la notion de **biographie langagière** selon la position énonciative et la thématique abordées. En effet, si dans le premier cas évoqué, c'est-à-dire les journaux de bord d'apprentissage, il a été question d'une forme de biographie langagière dans la mesure où il s'agit pour l'apprenant de décrire son expérience d'apprentissage d'une langue nouvelle, dans le deuxième cas, avec les productions écrites et orales de la maitrise, nous pouvons dire qu'il s'agit pour l'enseignant-stagiaire de décrire d'une manière plus globale son expérience d'enseignement du français qui est en même temps une expérience d'apprentissage de la langue maternelle en tant que langue étrangère. La totalité de ces données représente alors pour nous la biographie formative du futur enseignant.

Références bibliographiques

BERCHOUD M.- J., 2002, « Le "journal d'apprentissage" : analyse et résultats d'une pratique de formation de futurs enseignants », dans *Recherche et formation*, n° 39, INRP, Lyon.

CADET L., 2004, *Entre parcours d'apprentissage et formation à l'enseignement : le journal de bord d'apprentissage, analyse d'un objet textuel complexe*, DNR, université Paris 3.

CADET L. & CAUSA M. (à paraitre), «Contexte d'enseignement/contexte de formation : des savoirs théoriques aux pratiques de classe», Actes du colloque international *Le FLE/S entre singulier et pluriel, entre offre et demande : des paysages didactiques en contexte* (Tours, 4-6 sept. 2003), Institut de Touraine.

CADET L. & CAUSA M., 2005, «Rôle de la culture éducative dans la construction du répertoire didactique d'un enseignant de français langue étrangère», dans Chiss J.-L, (et alii), 2005, *Les cultures éducatives et linguistiques dans l'enseignement des langues*, PUF, Paris.

CAUSA M., 2005, «Interaction didactique et formation initiale : le rôle de la triade dans le processus d'appropriation d'une parole professionnelle», dans *Le français dans le monde*, n° spécial, juillet 2005, CLE-International, Paris.

CHABANNE J.-C. & BUCHETON D., 2002, *Parler et écrire pour penser, apprendre et se construire, l'écrit et l'oral réflexif*, PUF, Paris.

NONNON E., 1996, «Interactions et apprentissages», dans *Le Français aujourd'hui*, n° 113, mars 1996, AFEF, Paris.

C. PERREGAUX, 2002, «(Auto)biographies langagières en formation et à l'école : pour une autre compréhension du rapport aux langues», dans *Bulletin VALS-ALSA*, n° 76, université de Neuchâtel, Suisse.

PORQUIER R. & WAGNER E., 1994, «Étudier les apprentissages pour apprendre à enseigner», dans *Le français dans le monde*, n° 185, Hachette, Paris.

TARDIF J., 1997, *Pour un enseignement stratégique. L'apport de la psychologie cognitive*, Les éditions logiques, Montréal, Canada.

Le journal de bord en didactique du FLE : réflexivité composite et apprentissage

CATHERINE CARLO
UNIVERSITÉ PARIS VIII
DILTEC

Contexte de l'étude

Dans le cadre de la mention FLE de la licence, les étudiants qui, pour la plupart, souhaitent devenir enseignants, sont amenés à s'auto-observer dans leur début d'apprentissage d'une nouvelle langue étrangère. La langue choisie est, autant que faire se peut, éloignée des langues qu'ils connaissent déjà. Depuis une dizaine d'années[1], la pratique qui a été retenue dans ce dessein au département de didactique des langues de Paris 8 est celle du journal de bord. Les étudiants qui suivent une unité d'enseignement de langue (par exemple le tamoul, le nahuatl, etc.) pendant un semestre, soit 37 h 30, tiennent donc parallèlement un journal de bord. Ambiguïté du terme : il ne s'agit pas d'un **journal**, dans son acception intime, qui se donne à lire à un public choisi, puisque le destinataire obligé est imposé et que la régularité est requise. Il ne s'agit pas essentiellement du **journal** défini comme objet littéraire dont le ressort relève de la singularité de l'écrivain, puisque la fonction d'outil d'analyse et de formation est assignée. Il ne s'agit pas non plus d'un **journal** de bord, au sens marin du terme, qui consigne, avec une précision détachée, la succession des événements, puisqu'il importe de faire entendre un cheminement personnel. À la lecture des travaux, on peut considérer que les étudiants retiennent des différentes acceptions du mot **journal**, la référence à un parcours personnel et la mise en mots régulière d'une expérience ainsi mise à distance. Ces traits qui l'éloignent d'un exercice universitaire généralement peu empreint de sub-

1. Voir Grandcolas & Vasseur, 1999.

jectivité ne doivent pas masquer le fait qu'il s'agit également d'un travail contraint, aux étapes prédéterminées par l'enseignant, et évalué. Il en résulte un équilibre, variable selon les étudiants, entre l'appropriation d'un projet d'observation participante ou d'introspection des processus cognitifs et des affects, un souci de « préserver sa face » et d'apparaitre doublement comme un bon étudiant (bon étudiant de langue, et futur bon enseignant), et enfin la préoccupation de satisfaire, au moins minimalement, aux critères d'évaluation.

Le journal de bord ainsi défini est donc un objet hybride quant à sa finalité et l'on doit garder à l'esprit ce trait dans l'examen des représentations qui y affleurent. Une autre singularité qui le distingue de journaux de bord, conçus dans d'autres cadres, est l'incidence des interactions entre pairs et des échanges avec l'enseignant. Certes, tout journal est lié à l'hypertexte constitué par les journaux qui l'ont précédé, mais ici l'exercice d'écriture solitaire est institutionnellement accompagné. Tout d'abord, les étudiants ont accès à des journaux de bord des promotions précédentes. Ensuite et surtout, une séance bimensuelle en groupe est l'occasion d'une synthèse par l'enseignant de didactique, des points saillants rencontrés dans l'ensemble des travaux d'étape remis, et d'un échange entre étudiants. Si l'écriture est singulière, la réflexion est pour partie collective. On trouvera là un argument pour s'attacher aux représentations récurrentes dans l'ensemble des travaux.

Précisons, avant d'aller plus avant, le format du journal de bord, présenté comme un élément intégré à un parcours de formation, parcours qui comprend aussi des cours théoriques portant notamment sur les problématiques de l'enseignement des langues. Sept comptes rendus d'étapes sont demandés avant la remise de la synthèse finale. Le premier compte rendu porte sur la présentation de la première séance. Il porte aussi sur les intentions de l'étudiant (le temps hebdomadaire qu'il prévoit de consacrer à l'apprentissage de la langue, l'organisation qu'il se donne, le matériel dont il dispose, ses contacts avec la LE en dehors du cours, ses objectifs, ses attentes relatives à sa formation d'enseignant). Les comptes rendus 2, 4, 6 consignent le déroulement des séances. Ils s'attachent à la motivation personnelle de l'étudiant et à celle du groupe classe, à l'examen des moments du cours, à la description des activités d'enseignement/apprentissage, au contenu de séance, aux stratégies utilisées en cours et à domicile, aux interactions, aux initiatives qui permettent un contact avec la LE. Les comptes rendus 3, 5, 7 sont focalisés sur des thèmes sur lesquels des textes de référence sont par ailleurs fournis : le matériel pédagogique et les activités d'enseignement/ apprentissage, les interactions, les stratégies. La synthèse finale doit constituer un bilan de l'évolution de la motivation pendant le semestre, une prise de recul par rapport aux stratégies de communication et stratégies cognitives mises en œuvre, une prise de conscience des principes d'enseignement que l'étudiant a fait siens.

Elle est également supposée livrer quelques touches du portrait d'apprenant qui apparait en creux et une réflexion sur l'écart éventuel entre les connaissances considérées comme acquises et les attentes initiales.

L es activités réflexives

L'auto-observation, consignée chaque semaine dans un compte rendu intermédiaire, met en œuvre des activités réflexives. Plusieurs plans intriqués sont à considérer.

Au premier plan, il s'agit d'analyser ce qui passe en situation d'appropriation d'une LE. On ne parlera pas de **conscience réflexive** au sens philosophique du terme parce que celle-ci concerne une conscience **qui se prend elle-même comme objet dans ses différentes dimensions**. La règle du jeu assignée et acceptée est plus modeste : les apprenants s'attachent à l'examen des processus cognitifs dont ils ont conscience, les affects n'étant pris en considération que dans la mesure où ils interfèrent avec les phénomènes acquisitionnels. S'interrogeant sur l'**apprendre à apprendre** en classe, les apprenants s'interrogent sur ce qui favorise et sur ce qui entrave l'appropriation langagière.

Au deuxième plan, s'opère une mise en lien de l'expérience analysée avec les éléments théoriques (ou supposés tels) dont disposent les étudiants (conception spontanée de l'apprentissage, éclairages apportés par des textes de référence et par les échanges en groupe).

Au troisième plan, la réflexivité ressortit au domaine de l'action dans la mesure où elle est susceptible de modifier le comportement d'apprenant de celui qui s'observe.

Il s'agit de rendre compte de cette dynamique, d'une part au travers de la conscience que les apprenants en ont, et d'autre part en identifiant des paramètres qu'ils ignorent ou minorent.

L'OBSERVATION ET L'ANALYSE DE LA DYNAMIQUE DE CLASSE

La mise en lien de ce qui est observé en cours de langue avec la «doxa» didactique (qu'on peut résumer abruptement par la formule **«hors des approches communicatives, point de salut»**) est la première attitude spontanée des étudiants. Cette attitude tient sans doute à la fois à la prégnance du courant communicatif en didactique du FLE et à la grille de lecture fournie par l'enseignante de didactique. C'est à l'aune des approches communicatives que sont décrits et évalués les événements et les conduites des acteurs de la classe. Quand ils font preuve de magnanimité, les étudiants veulent bien convenir qu'il est parfois possible de faire un cours qui présente quelque intérêt, sans qu'il s'agisse d'un cours communicatif! Ainsi Ant. qui note :

87

*Le journal de bord
en didactique du* FLE :
*réflexivité composite
et apprentissage*

> Madame D nous a apporté beaucoup de connaissances sur la langue,
> même si elle ne nous a pas appris à communiquer en nahuatl.

Conjointement, la plupart des étudiants prennent conscience qu'en 2004 la réalité des cours de langue non européennes, au moins dans le cadre institutionnel observé, doit cependant peu aux approches communicatives. Le constat, d'abord consigné individuellement dans les comptes rendus, se trouve renforcé par les échanges en groupe au cours des séances bimensuelles. Il apparaît vite que l'hétérogénéité méthodologique, le «bricolage» est la règle dans la classe. Cette prise de conscience fait diversement cheminer les étudiants. Certains s'en tiennent, dès lors, au fil des comptes rendus, à une description de ce qu'ils considèrent comme des insuffisances patentes, confortés qu'ils sont dans le bien-fondé de l'orthodoxie communicative qu'ils ont parfois fraîchement découverte. Cette position est résumée par l'extrait suivant, qui tient de l'exécution sommaire :

> La professeure n'a absolument pas analysé les besoins de son groupe. Elle a privilégié l'écrit par rapport à l'oral, n'a jamais proposé d'activités à deux ou en petits groupes. Elle n'a jamais apporté de documents authentiques, ni organisé de jeux de rôle, ni créé des situations de communication.
> (Cat., langue turque)

Pour d'autres, le hiatus existant entre leurs attentes d'apprenant et les propositions de l'enseignant de langue interroge les ressources critiques. Ils en tirent alors des conséquences pédagogiques pour leur future pratique professionnelle. Ils notent par exemple l'importance de la prise en compte des attentes des apprenants, de leurs objectifs, même vagues, et également le rôle central de la mise en contexte de la grammaire :

> J'ai pris conscience de façon marquée de l'importance de la relation enseignant/apprenant. Je me suis rendu compte que les objectifs des apprenants doivent être respectés, ou du moins négociés.
> (Rac, breton)

> J'ai reconsidéré l'importance de la mise en contexte des règles de grammaire. Je me rends compte, qu'en tant que formatrice de FLE, je rabâche des règles de conjugaison, puis propose des exercices écrits, comme le fait le prof de nahuatl et beaucoup d'apprenants n'évoluent pas grammaticalement. Le fait de détacher la langue de son contexte amène l'apprenant à considérer la langue comme un système de règles inutiles.
> (Son., nahuatl)

Pour avoir expérimenté en cours de langue l'ennui engendré par la ritualisation des tâches, les étudiants insistent sur leur adhésion au principe de variété des activités. Plusieurs imputent également au hiatus entre les objectifs de l'enseignant de langue et les leurs leur retrait et leur silence en cours de langue, qu'ils interprètent en termes de résistance passive, et, en conséquence, perçoivent autrement les apprenants peu motivés. C'est, d'ailleurs pour une étudiante, qui est aussi enseignante d'anglais dans un lycée, une véritable découverte. Coup de canif dans leurs certitudes, certains sont également conduits à constater, à leur grande surprise, au cours des séances d'échanges collectifs que d'autres étudiants s'accommodent fort bien des objectifs de l'enseignant qui les rebutent.

> En écoutant les étudiants s'exprimer sur leur cours de langue, je me suis rendu compte que ce qui plaît à l'un ne plaît pas forcément aux autres et qu'il est moins important de s'attacher à une méthodologie particulière que de répondre aux attentes des uns et des autres.
> (Rac., breton)

Le fait que certains étudiants (polonais et tibétain) ne se montrent guère gênés par le primat accordé dans un cours de russe à la phonétique ne manque pas de surprendre les étudiants français et les conduit à réfléchir à l'incidence des traditions scolaires. D'autres, enfin, se focalisent sur l'agir des apprenants et sur l'analyse des stratégies de contournement mises en place par eux-mêmes ou les autres apprenants lorsque qu'ils ne peuvent faire leurs, les objectifs explicites ou implicites de l'enseignant de langue : mise en place de cours «sauvages» par quelques stagiaires, demande d'aide de locuteurs natifs, etc. En résumé, l'écart entre des pratiques pédagogiques et le discours dominant de la didactique du FLE est, pour une partie des étudiants, source d'apprentissage. Dans la mesure où ils adoptent une posture d'analyse, affinée par l'écriture, ils interrogent, pour leur propre compte, un cadre de références qui s'imposait à eux sans recul, et amorcent ainsi la construction de leur propre «répertoire d'enseignant» (Cicurel, 2002).

La seconde attitude, qui vise elle aussi à accroître les ressources dont ils pourront disposer ultérieurement dans leur pratique professionnelle est un réflexe de thésaurisation, non plus des principes conducteurs, mais des savoir-faire de l'enseignant. Les étudiants évoquent ainsi des exercices qui les surprennent :

> J'ai apprécié sa façon de nous faire découvrir la langue par des devinettes, en utilisant des éléments de la culture nahuatl. Les explications étymologiques étaient aussi très intéressantes.
> (Son., nahuatl)

Ils mentionnent aussi des comportements appréciés ou rejetés :

> Ce fut un cours très vivant et d'une certaine manière décomplexé. L'enseignante qui rédige sa thèse était proche de nous. Elle voulait que nous l'appelions par son prénom, elle connaissait aussi les prénoms de tout le monde ; elle nous apportait des spécialités israéliennes.
> (Ro., hébreu)

> La fermeté et le calme de l'enseignant m'ont beaucoup aidé.
> (Nat., Breton)

> L'enseignant était très impliqué, mais cette implication est paradoxalement apparue pesante dans la mesure où ses objectifs, (faire découvrir un chant breton) n'étaient pas partagés.
> (Chr., breton)

Ils épinglent des réflexes d'enseignants. Deux étudiantes se sont par exemple livrées à une vérification des «tropismes» d'une enseignante en construisant une expérience. Avant un cours de russe, les deux étudiantes ont convenu d'adopter une attitude différente. A. regardait

89

*Le journal de bord
en didactique du* FLE :
*réflexivité composite
et apprentissage*

frontalement de façon systématique l'enseignante lorsqu'une question était posée. Car., baissait les yeux. Conformément à leurs attentes, A. a été interrogée, Car. n'a jamais été sollicitée. Enfin, ils recensent des situations-problèmes : «*J'ai vécu à travers cette expérience, le danger de perdre son effectif*», dit Sab.

D'autres observent une situation de brouhaha :

> Le groupe est scindé en deux, de façon presque caricaturale : une vingtaine d'étudiants silencieux et concentrés sur les premiers rangs et une dizaine d'autres, venant tous d'ethnologie, bruyants et dissipés, se partageaient le fond de la classe. La prof reste imperturbable.
> (Son., nahuatl)

L'AUTO-OBSERVATION DE L'APPROPRIATION DE LA LANGUE

L'autre volet de l'observation de classe porte sur l'auto-observation de l'agir des apprenants. Ceux-ci manifestent un intérêt pour cette tâche qu'ils n'ont en général jamais été amenés à pratiquer. Les séances collectives font apparaitre des variantes dans des procédures que les uns et les autres avaient tendance à considérer comme uniformément partagées, mais un triple constat s'impose. On peut d'abord observer un consensus concernant des attitudes, des comportements considérés comme déterminants pour l'apprentissage, comme la motivation et la régularité dans le travail. On note également un consensus concernant des mécanismes cognitifs supposés à l'œuvre dans l'apprentissage : ainsi des mécanismes de mémorisation, de transposition des connaissances disponibles en compréhension pour la production langagière, de consolidation des connaissances en mémoire. On constate enfin une commune méconnaissance ou sous-estimation d'autres mécanismes cognitifs.

Attitude et comportement considérés comme ayant une incidence sur l'apprentissage

Qu'ils constatent ou non la fluctuation de leur motivation au cours du semestre, il ne fait aucun doute que les apprenants considèrent cette «impulsion à apprendre» comme fondamentale dans leur apprentissage. Ils sont en cela en accord avec les travaux de référence sur l'apprentissage des L2 (par exemple, Klein, 1989), sans qu'il soit possible de déterminer si cette conviction intime résulte d'une expérience personnelle ou d'une vulgarisation des travaux scientifiques.

> Nous avons sans cesse répété des dialogues et nous n'apprenions pas à parler. Ma motivation a augmenté lorsque nous avons regardé un film qui se passait en Kabylie, puis nous avons de nouveau travaillé un dialogue extrait du film. Nous n'avons pas créé de phrases par nous-mêmes, ce qui m'a de nouveau démotivée.
> (Ev., berbère)

Plusieurs étudiants ont fait état, dans les discussions de groupe, de leur prise de conscience de la plasticité de la motivation et du parti à tirer de cette plasticité : une motivation instrumentale peut suppléer une motivation interne qui s'épuise.

> Le manque d'intérêt pour le cours a été, à mon avis, le plus grand frein à mon apprentissage. Le dernier mois de cours, ma plus grande aide à l'apprentissage était la motivation de ne pas terminer sur un échec et d'obtenir une note correcte au partiel.
> (Rac.)

> Ma motivation n'a pas été linéaire. L'enseignement était trop peu axé sur mes attentes. Ma motivation a baissé. Pour ne pas lâcher prise, j'ai dû modifier mes objectifs : puisque l'enseignant axait le contenu de son cours sur la grammaire et la phonétique, j'ai décidé de me servir de ce cours comme exemplier de mon cours de phonologie où nous étudions les transformations.
> (Chr., breton)

L'autre comportement souvent évoqué est la régularité dans le travail :

> Je n'ai pas énormément travaillé chez moi. Je révisais un peu avant chaque cours mais à intervalle régulier. (Col., arabe)

Des mécanismes identifiés et tenus pour centraux

Le premier mécanisme cognitif qui retient l'attention de la plupart des apprenants est la mémorisation, dont ils ont conscience qu'elle n'est pas essentiellement un phénomène passif. Ils accordent de l'importance aux procédures utilisées en classe pour mémoriser l'input. La plupart mentionnent la concentration, le surcroit d'attention engendrée par la situation d'observation :

> J'ai été très attentive pendant les cours, et j'ai mis en place une écoute active, j'écoutais et je réfléchissais à tout ce qui était dit. De plus, je faisais tous les exercices et j'écoutais les corrections pour repérer mes erreurs et essayer de comprendre pourquoi je les avais faites.
> (Col., arabe)

> Ma mémoire est visuelle : pour retenir le lexique, je me faisais des images mentales du sens des mots.
> (Sab., breton)

Pendant le cours de langue, la plupart prennent des notes. Cette pratique habituelle des étudiants en France, qui n'est pourtant pas aussi universelle que la plupart l'imaginent, connait des variantes. Certains structurent l'input dès ce stade :

> J'ai opté pour une technique pour prendre des notes. Je divise mon cours en trois parties : l'une renvoie à la grammaire, la deuxième à la civilisation et enfin, la dernière concerne le vocabulaire que je répertorie au fur et à mesure dans mon répertoire. J'opte en plus pour un système de couleurs, car j'ai une mémoire visuelle : bleu pour prendre le cours, rouge pour les règles de grammaire ou la phonétique, noir pour le métalangage et vert pour les exemples. J'ai toujours opté pour un cours en couleurs depuis le début de ma scolarité.
> (Chr., breton)

La mobilisation, pour la production, des connaissances disponibles en compréhension, est le deuxième mécanisme le plus souvent mentionné. Les étudiants, qui conformément à un principe nodal des approches communicatives (**on apprend en communiquant**) accordent spontanément une place importante à l'expression pour l'appropriation

91

*Le journal de bord
en didactique du FLE :
réflexivité composite
et apprentissage*

langagière, n'ont pas conscience que s'opère là une transformation des connaissances, que j'ai proposé ailleurs de nommer **instrumentalisation** (Carlo, 1997). Le passage de la compréhension à l'expression leur semble aller de soi. Cependant les séances de groupe les conduisent à essayer de comprendre les remarques dissonantes faites dans les journaux de bord. Si certains soulignent dans leurs comptes rendus leur propension à prendre la parole, voire un prosélytisme dans ce domaine :

> J'ai décidé de réfléchir à une adaptation du journal de bord au lycée pour mes propres élèves, car je me suis rendu compte que verbaliser, plus pour soi d'ailleurs que pour le destinataire, c'est une manière de donner un sens à son apprentissage.
> (Ant.)

en revanche une bonne étudiante d'arabe, note, quant à elle :

> Je n'intervenais jamais volontairement en cours et j'essayais de ne pas me faire interroger, je n'aime pas parler en public.
> (Col. arabe)

Ce qui conduit le groupe à s'interroger sur l'appropriation silencieuse, et ce, d'autant plus que d'autres remarques mettent l'accent sur une expression non nécessairement verbalisée :

> À la maison, je fais preuve d'anticipation, je formule mentalement le plus de phrases possibles à produire en fonction des règles et du lexique qui sont à ma disposition : en quelque sorte, j'assure mes arrières.
> (Sab., breton)

Sans être nommée sous son appellation technique, la fortification des connaissances par consolidation des traces en mémoire est évoquée à l'occasion de la mention du travail hors cours, à domicile ou … dans les transports en commun. Pour mettre en œuvre ce mécanisme, les étudiants sont inventifs. En dehors de la mise à plat des cours (relecture, bilan des acquis d'une séance à l'autre) qui est générée par la rédaction du journal, ils procèdent de différentes manières :

> Pour retenir les mots, j'ai besoin de les écrire plusieurs fois en les répétant. Pour pouvoir les garder en mémoire à long terme, l'usage d'un même mot dans des contextes différents m'aide à le retenir. Pour les règles de grammaire, j'ai besoin de les écrire plusieurs fois en les soulignant et ensuite de les organiser. L'usage des couleurs est très important pour les organiser.
> (Nim., russe)

C'est souvent en séance collective que les apprenants dévoilent leurs pratiques. Tel étudiant de basque mentionne le transfert d'une technique qu'il a précédemment utilisée dans son apprentissage du persan à l'Inalco. Il sépare en sept casiers une boite dans laquelle il range les fiches sur lesquelles est inscrit le vocabulaire nouvellement rencontré. Le vocabulaire nouveau est rangé dans le premier casier. L'étudiant s'interroge chaque jour. Si le mot est mémorisé, ce mot passe dans le casier suivant, s'il est oublié, il rétrograde dans le casier précédent; l'étudiant considère comme acquis les lexèmes qui sont rangés dans le septième casier. Telle autre étudiante garde dans ses poches, en prévision d'auto-interrogations pendant ses voyages en métro, des fiches de couleurs différentes selon qu'elles renvoient au lexique, à la grammaire, aux phrases en contexte. Une étudiante de nahuatl, qui est aussi professeur d'espagnol dans un lycée, prépare tous les matins, une phrase nouvelle en nahuatl qu'elle prononce, devant ses collègues médusés mais amusés. Dans l'ensemble, la recherche de contact avec des locuteurs natifs ou avec des documents en langue cible est peu fréquente. Si une étudiante cherche sur Internet des contes en nahuatl, si une autre sollicite ses amis turcs, si une troisième essaie systématiquement de repérer dans les discours en arabe entendus à la télévision, les mots qu'elle connait, la plupart s'en tiennent à l'input fourni en classe.

Méconnaissance ou sous-estimation d'autres mécanismes

On constate d'abord que, paradoxalement, les apprenants sont peu nombreux à faire état de la détermination des buts et sous-buts qu'ils se donnent, comme si ce cadrage initial n'était pas à leurs yeux un élément du processus d'apprentissage. Comme il est normal s'agissant d'étudiants qui ne sont pas psycholinguistes, l'analyse des mécanismes cognitifs reste embryonnaire. Des pistes qui permettraient de cheminer sont ouvertes, mais les étudiants n'évoquent jamais, par exemple, la manière dont les connaissances nouvelles sont mises en lien avec les connaissances anciennes. Dans le bilan final, une étudiante fait pourtant cette remarque, qui mériterait d'être approfondie : « *Ce qui m'a été le plus utile dans mon apprentissage, c'était de connaitre d'autres langues. J'ai l'impression qu'avec chaque langue, j'apprends plus vite.* » (Ev., berbère). Ils n'évoquent jamais non plus des mécanismes dont on a des raisons de penser qu'ils sont non identifiés, plutôt qu'absents : la création de connaissances par induction de règles, la création de connaissances nouvelles par généralisation, la restructuration des connaissances au fil des cours, la proceduralisation des connaissances, c'est-à-dire la transformation de connaissances factuelles ou conceptuelles en connaissances procédurales, qui sont des règles d'action ou des savoir-faire.

LE COMPTE RENDU : UN DISPOSITIF D'OBSERVATION QUI MODIFIE L'APPRENTISSAGE

Les observations des étudiants portant sur la dynamique de classe et sur les processus cognitifs qu'ils identifient dans leur apprentissage d'une nouvelle langue s'accompagnent de remarques sur l'incidence de l'écriture du journal de bord sur leur appropriation de cette langue. C'est donc l'activité réflexive, au sens où elle modifie en retour l'apprentissage, qui est considérée. La plupart des étudiants insistent à cet égard sur un effet positif, l'incidence du suivi avant, pendant, après le

93

*Le journal de bord
en didactique du* FLE :
*réflexivité composite
et apprentissage*

cours, et sur un effet plus discuté, l'incidence de la surcharge cognitive, due à une double tâche pendant le cours.

L'incidence du suivi

Une première astreinte est mentionnée, pendant les séances collectives, sur le ton de la plaisanterie : « tenir un journal oblige à assister régulièrement aux cours, même lorsque l'ennui gagne ou que le cours a lieu un samedi matin à 9 h ». L'effet potentiel sur l'apprentissage tient donc, aux yeux des apprenants, à la régularité de présence générée par l'obligation institutionnelle de ne pas abandonner l'expérience au milieu du gué. L'engagement à suivre le cours durant tout le semestre entraine aussi, pour un grand nombre, l'obligation de se maintenir à niveau. Tous n'y mettent pas l'ardeur d'Ant. : « Je suis certaine que la rédaction des comptes rendus m'a énormément aidé à apprendre la langue, pour la simple raison que si je n'avais pas eu à le faire, j'aurais consacré cinq fois moins de temps à relire mes notes. » Mais presque tous mentionnent, comme point de passage obligé, la relecture de leurs notes. Ainsi, Son. : « Cela m'a permis de relire mes notes chaque semaine, chose que je n'aurais certainement pas faite si je n'avais pas eu ce journal à rédiger. » Autre exemple : « Mon niveau à la fin du trimestre était tout à fait honorable et au partiel de mi-parcours, j'ai reçu 15, ce qui me permet de penser que je me situe à un bon niveau dans le groupe. C'est bien sûr dû en partie à l'auto-observation qui m'a permis d'avoir un travail soutenu au cours du semestre. » (Ro., hébreu). Notons que l'obligation d'identifier certains mécanismes cognitifs mis en jeu de manière consciente dans l'appropriation de la langue n'est pas sans conséquence sur la systématicité de la mise en œuvre de ces mécanismes. La mise à plat, par écrit des acquis au fil des séances, permet également une veille, et une orientation des efforts à fournir.

La prise de notes pour le compte rendu : une double tâche

La question de la surcharge cognitive engendrée par la tâche est au cœur des interrogations. Les avis sont contrastés : « Il est assez difficile d'être à la fois apprenant et observateur. Suivant les moments du cours, un des deux rôles est privilégié. Une grande concentration est requise pour équilibrer ses deux rôles » (Cat., langue turque). « Je ne considère pas que ma position d'observateur a pu freiner ou handicaper le suivi du cours. Très rapidement, la contrainte consistant à prendre des notes sur le cours s'est transformée en une sorte de mécanique instinctive. » (Stép., basque)

a caractérisation de profil d'apprenant

Quelques traits saillants apparaissent dans les comptes rendus, sans qu'on puisse parler de caractérisation de « profils d'apprenant ». Tel étudiant note qu'il a plutôt tendance à passer par un support écrit pour mémoriser l'input nouveau ou tel autre qu'il a plutôt tendance à « mettre en bouche » les expressions nouvelles, illustrant ainsi ce qu'ils qualifient de **mémoire visuelle ou auditive**. D'autres font des remarques relatives à leur autonomie par rapport aux pratiques de l'enseignant de langue (jouer le jeu imposé ou mettre en place des stratégies de contournement) mais les portraits qui se dessinent en creux sont hétérogènes. Les ressources mises en œuvre sont disparates : habitudes d'apprentissage antérieures, procédures économiques compte tenu du temps disponible, etc. Les traits identifiés ne peuvent pas être regroupés en faisceaux, qui permettraient de dégager des « profils ». De fait, les étudiants semblent considérer comme peu opératoire la notion de profil d'apprenant. Et l'on peut s'interroger sur l'utilité pédagogique de cette notion autant que sur son fondement théorique. À défaut de fournir une typologie des étudiants, des remarques récurrentes apparaissent dans les bilans finaux. Elles concernent l'identification de préférences pour telle ou telle technique de consolidation des connaissances (« J'aurais préféré que l'enseignant nous donne des devoirs », dit Év.) ou d'un penchant personnel pour certains mécanismes cognitifs (« J'ai pris conscience de ma facilité à apprendre par cœur » remarque Sab.) ; elles concernant aussi des comportements marquants par lesquels les étudiants cherchent à repérer leur singularité d'apprenant (« Ma motivation a nettement chuté lorsque au cours de la 8e séance, je n'ai pas été en mesure de répondre à une question posée à l'oral par l'enseignant, alors que j'avais travaillé chez moi », constate Stép.).

* *

*

Au terme de l'étude, le journal de bord est apparu comme indissociable de l'ensemble du dispositif dans lequel il s'inscrit. Ce dispositif tire parti d'une situation sociale de coopération, qui engendre des va-et-vient entre expérience, maturation de l'expérience, analyses individuelles et collectives, à l'oral et à l'écrit, lectures théoriques, et favorise une décentration des apprenants. Tel qu'il a été défini, le journal de bord semble d'abord paradoxalement constituer pour les étudiants un outil pour l'appropriation langagière. Aux dires des enseignants de langue, les étudiants qui s'auto-observent dans le cadre du dispositif décrit sont parmi les meilleurs étudiants de langue du groupe et notre analyse a fait état de quelques éléments qui permettent d'accréditer cette thèse. Une thèse qu'il faut, certes, assortir de quelques réserves,

95

Le journal de bord
en didactique du FLE :
réflexivité composite
et apprentissage

car il serait naïf d'assimiler, pour tous les apprenants, les résultats honorables à l'évaluation sommative de fin de semestre, à une appropriation de la langue, comme le remarque d'ailleurs une étudiante qui dit avoir déployé le strict savoir-faire nécessaire à l'obtention de bons résultats. Comme attendu, le journal de bord s'avère ensuite être un outil pour la constitution de répertoires d'enseignant pour les enseignants en formation. Enfin, pour l'enseignant de didactique, il est un outil pour l'orientation de la didactique vers la prise en compte des processus psycho-sociaux cognitifs d'une l2 en contexte institutionnel. À ce titre, il sert de baromètre pour comprendre l'évolution des représentations des étudiants sur ce qu'enseigner et ce qu'apprendre veut dire.

Références bibliographiques

CARLO, C. (1997), *Caractère structurant de l'interaction duelle dans l'acquisition d'une langue étrangère*. Thèse de doctorat. Université Paris 8, pp. 58-74.

CICUREL, F. (2002), « La classe de langue, un lieu ordinaire, une interaction complexe » in *AILE*, n° 16, *L'acquisition en classe de langue*. Daniel Coste ed, Paris, pp. 145-164.

DOISE, W. & MUGNY, G. (1991), *Le développement social de l'intelligence*, Interéditions.

GRANDCOLAS, B. & VASSEUR, M. (1999), *Conscience d'enseignant. Conscience d'apprenant. Réflexions interactives pour la formation*, Éd. SOCRATES/ LINGUA Action A n° 25043-CP-2-97-FR-LINGUA-LA, *in* Babylonia 3/1999.

KLEIN, W. (1986,1989), *L'acquisition de langue étrangère*, Paris, Armand Colin.

L'écriture réflexive, entrée dans la culture

CAROLINE SCHEEPERS
UNIVERSITÉ DE LIÈGE

> je pose des questions norvégiennes
> à une anita pettersen
> existe-t-il sur votre sol un genre de compagnie créole
> et j'interroge un tailleur beige
> sur les traditions en norvège
> sur le parvis des lofotens
> lancez-vous du riz uncle bens
>
> Vincent Delerm, *Anita Pettersen*

1. À la suite des anthropologues, nous désignons l'acculturation comme étant l'adaptation à une nouvelle culture. Elle doit être distinguée de la transculturation (processus à l'œuvre lorsque des modifications se réalisent sous l'effet de facteurs internes, sans l'influence de paramètres extérieurs), de l'interculturation (processus par lequel deux cultures se rencontrent, provoquant des changements de part et d'autre) et de la déculturation (processus au cours duquel les valeurs culturelles initiales se perdent). Notre démarche relève bien de l'acculturation dans la mesure où nous étudions le phénomène par lequel des sujets s'imprègnent d'une nouvelle culture à la suite d'un dispositif formaté dans ce but.

Le dispositif didactique dont il est ici question s'adresse à de futurs enseignants de FLE et poursuit de manière concomitante quatre finalités distinctes. Il s'agit en effet de favoriser chez les apprenants, non francophones, une quadruple acculturation[1] : acculturation à la culture belge (apprentissage de contenus culturels), à une culture didactique (apprentissage de démarches didactiques), à une culture anthropologique (apprentissage d'une posture de recherche) et à une culture discursive (apprentissages langagiers). Ainsi, un séminaire de culture belge (16 h) se déroule chaque été à l'université de Liège et réunit un public hétérogène, tant en termes de nationalités, que de compétences langagières ou de formations pédagogiques antérieures. Les étudiants sont d'emblée invités à former une communauté d'anthropologues chargés de mener des investigations au sujet de la culture belge et d'en rendre compte auprès de leurs pairs. La culture belge y est envisagée non comme une essence mais comme des effets de discours qu'il faut récolter, interpréter, dévoiler. L'apprentissage s'envisage sous un angle résolument social et vise l'objectivation-subjectivation-intersubjectivation de savoirs culturels. Une certaine posture de recherche est convoquée chez les sujets : posture épistémologique oscillant constamment entre implication-distanciation, dans la lignée d'une anthropologie participative. Enfin, un accent tout particulier est mis sur la nature profondément discursive de l'apprentissage : les anthropologues en herbe sont munis d'un journal de bord, ils y consignent de façon très heuristique, en français, leurs représentations initiales, leurs questionnements, leurs découvertes, leurs interprétations, leurs réflexions personnelles et les réflexions des pairs… S'y élaborent, en outre, des savoirs d'ordre métaculturel, métadidactique, métaépistémologique et méta-discursif.

Après avoir brièvement exposé les particularités du contexte d'intervention et les modalités générales du dispositif que nous avons conçu et expérimenté[2], nous chercherons à expliciter plus avant nos quatre options théoriques et praxéologiques avant d'analyser les journaux recueillis[3] sous ce quadruple éclairage.

Contexte d'intervention et modalités générales du dispositif

Chaque été, le département de français de l'université de Liège, dirigé par Jean-Marc Defays, organise un stage destiné à de futurs enseignants de FLE, stage coordonné par Laurence Wéry. La formation articule à un ensemble de séminaires didactiques un cours centré spécifiquement sur la culture de la Communauté française de Belgique. C'est de ce cours, qui s'est déroulé en août 2004, dont il sera ici plus particulièrement question. Notre cohorte compte vingt-six étudiants, italiens, espagnols, portugais, finlandais, allemands, autrichiens... Certains d'entre eux ont bénéficié d'une bourse octroyée par le CGRI, d'autres d'une bourse allouée par la Commission européenne dans le cadre du projet *Mobile European Teacher*, visant à favoriser la mobilité des professeurs de langues. La durée extrêmement réduite du cours nous conduit par ailleurs à rester modeste et prudente quant à la portée du dispositif. Il serait intéressant de mener un dispositif similaire dans une perspective longitudinale.

Afin de rendre compte succinctement des modalités générales du dispositif, nous proposons de retranscrire la consigne qui a été communiquée aux formés : elle donne de précieuses indications sur les tâches sollicitées, les interactions suscitées, les médiations sociales et instrumentales offertes, les activités mentales convoquées, l'étayage apporté... Nous déploierons ci-après les fondements et implications théoriques ou praxéologiques qui sous-tendent notre intervention éducative et nous les confronterons aux données empiriques récoltées.

Consigne générale : vous allez être impliqués dans un cours consacré à la culture belge francophone (16 h). La culture belge, et ses diverses composantes, ne vous sera pas expliquée dans un cours magistral. C'est vous qui allez partir à sa découverte... Pour ce faire, des groupes vont être constitués selon le principe de la classe-puzzle : chaque groupe va investiguer une problématique particulière, devenir en quelque sorte le «spécialiste» de ce sujet et devra en rendre compte aux pairs. Nous allons donc tenter de créer en classe ce qu'on appelle une communauté de chercheurs (Brown et Campione). Les groupes, constitués de cinq personnes, seront multiculturels. Les problématiques à creuser sont : la littérature, la chanson, le cinéma, la peinture et la vie quotidienne. Pour chacun de ces thèmes, des consignes particulières vous sont communiquées, elles comportent des questions susceptibles de guider votre recherche. Vous devrez consulter des

2. Nous assumons en l'occurrence une double posture, celle de formatrice et de chercheuse.
3. Des vingt-six étudiants, seuls dix ont consenti à nous prêter leur journal. Les autres avaient oublié leur cahier : oubli volontaire ou réel ? Notre corpus inclut donc dix journaux, tous féminins...

sources d'information diverses : ouvrages, Internet, documents audio, documents vidéo, personnes de référence... Pas mal de documents vous seront communiqués, le reste sera à chercher de votre côté. Vous pourrez filmer vos interviews, photographier des éléments... Le matériel vous sera fourni. Ce travail sera effectué en classe et je serai à votre disposition pour vous aider dans vos recherches. Les dernières séances de cours seront consacrées aux présentations des résultats de vos investigations. Vous devrez expliquer à vos pairs à quelles conclusions vous avez abouti mais aussi proposer des pistes didactiques pour l'exploitation en classe de FLE des supports que vous aurez récoltés. Vous pourrez alors diffuser des documents papier, des transparents, des documents audio ou vidéo... Il est probable que vous allez récolter des points de vue parfois divergents, n'hésitez pas à montrer la diversité des points de vue exprimés. Précisez en outre vos sources : qui affirme quoi ? Les présentations donneront lieu à une coévaluation formative.

Consigne J1 : Par ailleurs, un outil particulier vous est proposé, il s'agit du journal personnel qui va accompagner votre découverte de la culture belge. Ce journal n'est pas vraiment un journal intime, envisagez-le plutôt comme un carnet de bord, un journal d'ethnologue dans lequel vous allez consigner vos découvertes, vos questions, vos réflexions... Bien sûr, vous pouvez en faire un journal herbier en y collant des documents divers : photos, tickets, souches, dessins... Pour ce faire, un petit cahier va vous être distribué. Veillez à dater vos annotations. Le journal constituera le fil conducteur de votre appropriation progressive de la culture belge.

(Consignes communiquées aux stagiaires du département français de l'université de Liège.)

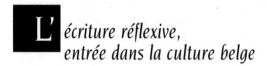

L'écriture réflexive, entrée dans la culture belge

À la suite de nombreux auteurs (Klinkenberg, 2003 ; Bruner, 1994 ; Goody, 1979 ; Bronckart, 1996), nous proposons d'envisager la culture comme un effet de discours, non comme une essence improbable. Dans cette perspective, la culture se concevrait comme un système symbolique, une «boite à outils» commune, un ensemble partagé de procédures de négociation et d'interprétation (Bruner, 1994), une série d'actes de communication (Goody, 1979) ou d'instruments sémiotiques (Bronckart, 1996). Il nous faut donc, d'une part, confronter les apprenants à des discours prenant comme objet la culture belge et, d'autre part, inviter ces mêmes apprenants à solliciter et créer des discours de ce type. Pour autant, quelles spécificités doivent comporter ces discours ? Nous en voyons plusieurs. D'abord, ils doivent bien entendu traiter d'une des problématiques envisagées. Ensuite, ces discours sont forcément situés, incarnés, historicisés, contextualisés et doivent être interprétés comme tels. La multiplicité, la diversité, la modalisation, la polémicité des discours semblent également souhaitables : il nous faut susciter une véritable polyphonie discursive que l'apprenant doit apprendre à orchestrer. En outre, cette signification sociale et culturelle que le séminaire propose de débusquer ne se présente pas comme un donné d'emblée mais comme une signification à co-construire dans une démarche intersubjective qui implique un constant processus de validation confirmatoire.

Au début du séminaire, Ingrid écrit[4] :

> Je ne sais pas beaucoup de la culture belge sauf que la Belgique est divisée en deux parties et cela crée de graves tensions entre la partie flamande et la partie francophone. Il me faut toujours faire attention de ne pas confondre cette partie francophone avec la France que je connais beaucoup mieux. Peut-être serait-il utile de parler de mes impressions de la Belgique après avoir traversé la frontière. Ce qui m'a frappé au début ce sont des panneaux bilingues partout. Après être arrivée en ville (Liège), j'étais choquée de la ville qui a un charme bizarre. À mon avis, le taux d'étrangers et de mendiants est extrêmement élevé. Ce qui me plait c'est la façon de vivre le soir. Tout le monde se réunit en ville pour prendre un verre et pour s'amuser.
> (Journal personnel d'Ingrid)

À un aveu de méconnaissance, que nous retrouverons dans de nombreux journaux, suivent l'évocation des tensions communautaires et la menace d'assimilation à la France. Les premières impressions font l'objet d'énoncés oscillant entre modalisation et généralisation. Il s'agit ici d'objectiver les premières observations avant de les dé-reconstruire en les confrontant à une multiplicité de discours. Sara écrit le 5 août 2004 :

> La culture belge : Les Belges ont une culture intéressante. Ils mangent beaucoup de frites, ils boivent de bières. On peut y trouver beaucoup de monuments, le folklore, les marionnettes, le pèket. Ils parlent le français, le neerlandais.
> (Journal personnel de Sara)

Une appréciation positive est justifiée par l'évocation des sempiternelles frites – bières (!). La culture y semble folklorisée, parcellarisée à des vignettes emblématiques. Ces clichés sont récurrents dans les propos des étudiants qui découvrent la Belgique, il nous faudra faire en sorte de les aider à co-construire une perception de notre culture allant dans le sens d'une densification, d'une modalisation, d'un « épaississement » des significations. En revanche, d'autres apprenants commencent d'emblée par objectiver puis remettre en cause leur vision réductrice de la Belgique. C'est notamment le cas de Maria :

> Je ne sais presque rien sur la culture belge, en fait au Portugal la culture francophone est plutôt diffusée à partir des références françaises. Toutefois, les livres de BD comme Tintin, Spirou, la musique de Brel, les frites, les gaufres et les chocolats je les connais assez bien. De toute façon, dans ma tête, il y a une image très stéréotypée des Belges : se promenant avec la baguette sous bras ou assis buvant leur bière ou mangeant leurs frites. Voilà pourquoi j'ai vraiment envie d'approfondir les/mes connaissances sur la culture belge parce que, d'après ce que j'ai vu dans ces trois jours à Liège, il y a beaucoup à apprendre sur les Belges au-delà des frittes et de la bière.
> (Journal personnel de Maria)

Au terme du dispositif, peut-on affirmer que les concepts spontanés ont fait place à des concepts plus scientifiques ? De toute évidence, la réponse est affirmative même s'il est impossible d'isoler les effets provoqués par notre seul dispositif. Les journaux portent la trace d'une

4. Pour des raisons déontologiques évidentes, un pseudonyme a été attribué aux étudiantes. Les extraits sont reproduits fidèlement, à l'exception de la répartition en paragraphes.

densification incontestable des savoirs initiaux. La problématique étudiée en groupe donne lieu à des notations détaillées, résultant d'un important travail de découverte, appropriation, interprétation, verbalisation de discours polyphoniques allant dans le sens d'une « scientifisation » accrue des concepts. Les journaux révèlent des notations portant à la fois sur la culture-source (la culture de l'apprenant), la culture-cible (la culture belge) et la culture de la classe (la culture co-construite en classe) (Defays, 2003). Les limites spatiales de cet article nous interdisent néanmoins de reproduire ici de longues entrées témoignant des savoirs finalement élaborés : nous devons nous contenter d'affirmer que la littérature, le cinéma, la peinture, la musique ou la vie quotidienne belge font l'objet d'une appréhension beaucoup plus fine et nuancée. Nous pouvons lire des biographies détaillées des principaux peintres belges, des schémas traduisant les différents mouvements littéraires, des commentaires sur la situation linguistique, des comptes-rendus de visites, de lectures ou de rencontres... Les étudiants ont interviewé des passants ou des personnes de référence, ont enregistré et analysé l'accent des locuteurs liégeois, ont visité divers lieux culturels ou lieux de culte, ont entrepris des fouilles dans des bibliothèques ou des médiathèques, ont mené des observations systématiques dans des endroits jugés stratégiques, ont procédé à des sondages, ont interrogé Internet... Toutes ces démarches engendrent des savoirs à la fois plus fiables et davantage relativisés. Le journal rend possible l'objectivation du processus d'acculturation comme en témoigne ce très bref extrait du journal de Marisa qui narrativise sa découverte :

> Musée Rops à Namur. « Ça me rappelle Baudelaire », dit une de mes collègues. C'était sa première impression sur Rops. Bientôt on saura que son intuition s'avère juste : Rops, ami de Baudelaire, a illustré les poèmes du peintre célèbre.
> (Journal personnel de Marisa)

Les écrits réflexifs sont porteurs des quatre mondes tels que les a définis Jürgen Habermas (1987). Le monde extérieur ou objectif : la culture belge telle qu'elle se décline effectivement dans les discours étudiés. Le monde social ou la supposition des relations interpersonnelles reconnues comme légitimes par les Belges : ce monde social se dessine sous les propos recueillis. Le monde subjectif ou les expériences effectivement vécues par l'étudiant et auxquelles lui seul a un accès privilégié : le diariste consigne son processus de recherche, unique, singulier. Enfin, le monde vécu ou le corrélat des procès d'intercompréhension : le sujet prend note des débats ou des exposés menés avec/par/pour/contre les pairs lors des actions communicationnelles opérées en classe. Ces quatre mondes configurent les mondes représentés (Bronckart, 1996) que sont les journaux, révélateurs de l'incessante dialectique qui se déploie entre objectivité sociale et sens subjectif. Entre ces deux pôles se construit le sujet épistémique, en quête d'une meilleure connaissance de la culture d'autrui et partant, de la sienne propre puisque l'altérité est constitutive et fondatrice de notre irréductible singularité (François, 1996 ; Benveniste, 1966).

L'*écriture réflexive,
entrée dans une culture didactique*

Le dispositif poursuit une deuxième finalité. Nous souhaitons en effet inviter les apprenants à expérimenter des démarches didactiques différentes, la visée est de mettre en place un enseignement homologique ou isomorphe. Ainsi, les étudiants expérimentent eux-mêmes des procédures pédagogiques qu'ils pourront reproduire dans leur propre contexte éducatif, en les adaptant et en en ayant perçu de l'intérieur, comme apprenants, les atouts mais aussi les limites. Nos choix éducatifs ne sont pas neutres : un réel enjeu politique sous-tend notre intervention. L'apprentissage suscité, par les interactions créées en classe, répond à une conception historico-culturelle du psychisme et rompt avec une logique solipsiste. Les étudiants pratiquent un apprentissage autoréflexif et procèdent à la recherche critique d'informations : une communauté d'apprenants est créée, la classe se conçoit dès lors comme un ensemble de zones multiples de développement proximal (Brown et Campione). Les savoirs se co-construisent et s'échangent en se fondant sur un triple étayage : celui de l'enseignant, désormais envisagé comme un médiateur culturel ; celui des pairs, envisagés comme des partenaires actifs ; celui des instruments sémiotiques (journal, énoncés produits et recueillis), envisagés comme d'authentiques médiations (méta)sociales, (méta)instrumentales, (méta)cognitives et (méta)discursives.

Les journaux portent la trace de ce triple étayage : les discours d'autrui y bruissent constamment. Les diaristes les retranscrivent, les reformulent, les interprètent, les synthétisent, les retraduisent, les listent, les comparent, les contestent… : plusieurs opérations mentales sont finalement à l'œuvre. Dans un mouvement circulaire, les écrits réflexifs objectivent les savoirs en construction, donc les rendent visibles, tandis qu'ils les subjectivent, donc favorisent leur appropriation en profondeur. Hélas, la démarche didactique expérimentée ne donne pas vraiment lieu à des commentaires évaluatifs ou interprétatifs de la part des diaristes. Nous décidons dès lors, pour un prochain séminaire, de susciter la réflexion des étudiants à ce propos. Comment ont-ils vécu cette expérience ? Leur parait-elle transférable et à quelles conditions ? Par ailleurs, outre la recherche et l'analyse de traces sémiotiques relatives à la culture belge, les apprenants doivent concevoir et proposer des activités didactiques à leur sujet. Les leçons brouillonnantes se construisent dans et par le journal : les étudiantes sélectionnent des documents, les retranscrivent, les annotent, elles ébauchent des consignes précises, elles triturent, raturent, hésitent...

Le dispositif vise également une construction identitaire : le sujet se construit comme futur enseignant de FLE. Dans cette optique, nous veillons à ménager trois types d'expériences humaines (Barbier, 2000) : des activités opératives (les apprenants transforment leur environnement en l'investiguant), des activités de pensées (les apprenants modifient leurs représentations initiales sur la culture belge ou sur l'apprentissage) et des activités de communication (les apprenants mobilisent des signes, en écrivant, pour soi et pour les autres, en verbalisant oralement les savoirs pour les pairs).

L' écriture réflexive, entrée dans une posture de recherche

Les étudiants sont donc invités à endosser une posture d'anthropologue ou de sociologue. Pour autant, il s'agit de les initier modestement à une anthropologie participative ou à une ethnométhodologie, c'est-à-dire à deux courants épistémologiques bien circonscrits. Dans cette perspective, les faits n'existent pas d'eux-mêmes, c'est le chercheur qui doit les construire (Lourau, 1988 ; Malinowski, 1985). Par leurs investigations, les étudiants mettent au jour un construit collectif tissé de multiples faits discursifs se rapportant à la culture belge. Le chercheur oscille entre familiarité et distanciation d'avec le milieu étudié et met en place un dispositif sophistiqué de recueil de données : observations directes, observation participante, entretiens, enregistrements vidéo (Coulon, 1987)... Dans la mesure du possible, les étudiants instrumentalisent leur quête obstinée d'indices. De même, le journal de recherche devient l'instrument indissociable de la recherche (Malinowski, 1985 ; Leiris, 1934-1981) : il constitue le cœur de la démarche socioanalytique dans la lignée de l'analyse institutionnelle (Coulon, 1987). Le journal de recherche traduit le voyage initiatique mené par les chercheurs en herbe et devient en lui-même un voyage initiatique (Lourau, 1988). Les écrits recueillis témoignent en effet d'un fort investissement : ils accompagnent et rendent possibles le recueil, la collecte et l'interprétation des faits observés. Le dire et le faire sont intimement liés.

À la manière d'un Leiris ou d'un Malinowski, nos apprentis anthropologues collationnent les données, les interprétations, les formalisations progressives, mais, de façon étonnante, la présence des diaristes s'inscrit en creux dans les écrits. Nous relevons très peu de «je» dans les notations, exception faite des entrées consacrées aux représentations initiales et du journal de Maria, nous y reviendrons dans la section ultérieure. L'écriture heuristique ou épistémique semble exploitée dans toutes ses potentialités de construction d'une recherche mais le positionnement énonciatif parait souvent problématique. Qui parle sous les reformulations ou retranscriptions des discours d'autrui ? Cette absence fantomatique de l'auteur se répercute d'ailleurs lors des exposés oraux qui témoignent de degrés de performance variables. Dans certains cas, les étudiants semblent ânonner des propos désincarnés. Dans d'autres, heureusement, les assertions sont clairement assumées. Comment expliquer cet effacement des sujets[5] ? Doit-on l'imputer à une vision positiviste du chercheur, censé se dissimuler derrière ses données ? À des difficultés discursives ? Au souhait bien légitime de ne pas se dévoiler ? À la brièveté du stage ? Ou, tout simplement, à l'insuffisance de nos consignes ? Sans pouvoir avancer de réponse clairement décisive, nous décidons de modifier en conséquence notre étayage, convaincue qu'un savoir, pour être approprié en profondeur, doit faire l'objet d'un discours impliqué.

L'écriture réflexive, entrée dans une culture discursive

Apprendre à écrire et écrire pour apprendre : les formés sont invités à rentrer dans cette expérience circulaire de l'écriture, tout à la fois vecteur et objet de l'apprentissage. L'enjeu est considérable : il s'agit de penser, réfléchir, conceptualiser, brouillonner... dans la langue étrangère, celle que, bientôt, on enseignera soi-même à des locuteurs non-francophones. Bref, un «esprit scribal» (Olson, 1998) est convoqué. Le dispositif invite à explorer toutes les facettes de l'écriture heuristique (Reuter, 2000), souvent peu exploitée en classe de FLE : intégrative, j'instaure un processus de compréhension ; articulatoire, je fais interagir des matériaux hétérogènes et transformative, je me transforme en écrivant. Le journal d'Ève, entre autres, illustre bien ce triple mouvement. Ève prépare les questions d'une interview, puis prend note au vol des réponses obtenues avant de préparer la formalisation des données ainsi recueillies à destination des pairs. Pour ce faire, elle imagine plusieurs tableaux complexes visant à condenser les données, tableaux surchargés de ratures, de modifications diverses. Le *work in progress* se matérialise sous les yeux du lecteur. Le journal de Susanna témoigne également de la lente mutation qui s'opère entre les premiers écrits, tout à fait épistémiques, et les derniers textes, aux allures très nettement formalisées. En particulier, les sujets recourent volontiers à la liste, aux innombrables fonctionnalités (Goody, 1979). Liste de préparations culinaires, liste de films vus, liste d'expressions idiomatiques, liste des concepts discutés en classe, liste de consignes, liste de questions mais aussi, liste de tâches à effectuer.

5. Nous menons actuellement une recherche longitudinale visant à favoriser chez de futurs instituteurs en formation initiale l'adoption d'une posture d'enseignant-chercheur. Les sujets sont invités à tenir, durant trois ans, un journal de formation, écrit réflexif et dialogué, centré sur la formation en didactique du français. Dans ces écrits, le positionnement énonciatif est très clairement assumé, à l'inverse des journaux dont nous rendons compte ici (Scheepers, 2004, 2005, à paraitre, en cours).

Un autre fait saillant des journaux est l'abondance des indices iconiques : certains journaux prennent l'allure d'un véritable «journal herbier» (Lejeune, 2003). Les représentations mentales alternent avec les représentations objectales (Bourdieu, 1982). Le diarisme se vit, sur ce plan aussi, comme une accumulation de données imagées : nous assistons à de fréquentes ruptures sémiotiques (Bucheton, 2003), le locuteur passant de l'écriture au dessin, au collage d'éléments hétérogènes (photos, dépliants, tickets, billets de train...). Certaines se contentent d'égrener ces reliques, d'autres insèrent systématiquement des commentaires interprétatifs. Enfin, l'objet-cahier est fortement investi : au début du séminaire, nous distribuons les petits cahiers, à la couverture bleue ou rouge et certaines exigent fermement une couleur plutôt que l'autre...

Si les journaux remplissent une fonction clairement intrapsychique (Vygotski, 1997), ils revêtent en outre une fonction interpsychique (Vygotski, 1997) dans la mesure où les textes, sans être socialisés, sous-tendent les interventions de leurs auteurs en classe et contiennent les traces des interactions menées avec les pairs. Le journal s'inscrit dès lors entre signification intime et sens partagé. Il contribue à instaurer et à renforcer une authentique communauté (Charaudeau, Maingueneau, 2002) : une communauté communicationnelle (ses membres partagent le même contrat de communication), une communauté discursive (ils partagent les mêmes savoirs) et une communauté sémiologique (l'identité se marque par des manières de dire similaires).

* *

*

Notre dispositif poursuivait quatre finalités : quel bilan établir en définitive ? Du point de vue des représentations quant à la culture belge, elles sont assurément plus denses et plus fondées. Elles tiennent davantage des concepts scientifiques. Cela étant, la brièveté du séminaire et du séjour lui-même incite à une certaine modestie : il serait intéressant de mener une étude similaire sur des sujets résidant en Belgique plus longtemps. Par ailleurs, nous ne disposons d'aucune certitude par rapport au réinvestissement des informations appropriées dans les pratiques didactiques ultérieures des enseignants en devenir. Notre pari et notre espoir sont que les étudiants donneront à voir à leurs élèves autre chose qu'une vision exclusivement franco-française de la culture francophone. Les apprenants ont également expérimenté un processus didactique étayé par des médiations d'un type très particulier, qu'il s'agisse des médiations sociales établies avec les pairs ou avec nous-même, des médiations instrumentales mises en place grâce aux outils sémiotiques ou des médiations cognitives instaurées avec les savoirs. À terme, les étudiants mettront-ils eux aussi en place des pratiques pédagogiques rénovées, dans un cadre socioconstructiviste et interactionniste ? Le principe homologique aura-t-il fonctionné ? L'initiation modeste à une certaine posture de recherche a suscité beaucoup d'enthousiasme pour la recherche et le traitement des données mais le positionnement énonciatif nous a semblé problématique. Il nous faudra prendre en compte ce constat pour réajuster le dispositif. Enfin, les sujets ont expérimenté la langue-cible dans toutes ses facettes heuristiques, outre son rôle habituel de vecteur des échanges, elle a véritablement soutenu un processus de pensée. De façon très éphémère, une communauté internationale d'enseignants-chercheurs a été constituée mais avec quels effets à moyen et à long terme ? Gageons que les praticiens en herbe saisiront à l'avenir des opportunités de découvrir d'autres cultures, d'autres procédures didactiques, d'autres façons de penser et de dire...

Bibliographie

BARBIER, J.-M. (2000), *Signification, sens, formation*, Paris, PUF.

BENVENISTE, E. (1966), *Problèmes de linguistique générale I*, Paris, Gallimard.

BOURDIEU, P. (1982), *Ce que parler veut dire*, Paris, Fayard.

BRONCKART, J.-P. (1996), *Activité langagière, textes et discours*, Lausanne-Paris, Delachaux-Niestlé.

BROWN, A. L. et CAMPIONE, J. C., (1995), « Concevoir une communauté de jeunes élèves », in *Revue française de pédagogie*, n° 111, pp. 11-33.

BRUNER, J. (1996), *L'éducation, entrée dans la culture*, Trad. par Bonin, Y., Paris, Retz.

BUCHETON, D. (2003), « Un chantier bien ouvert », in Jaubert, M., Rebière, M. et Bernié, J.-P., Actes du colloque, *Construction des connaissances et langage dans les disciplines d'enseignement*, Bordeaux.

CHARAUDEAU, P. et MAINGUENEAU, D. (2002), *Dictionnaire d'analyse du discours*, Paris, Seuil.

COULON, A. (1987), *L'ethnométhodologie*, Paris, PUF.

DEFAYS, J.-M. et Deltour, S. (2003), *Le français langue étrangère*, Sprimont, Mardaga.

FRANÇOIS, Fr. (1996), « Communication, interaction, dialogue… Remarques et questions », in *Le français aujourd'hui*, n° 113, pp. 12-22.

GOODY J. (1979), *La raison graphique*, Trad. par Bazin J. et Bensa A., Paris, Minuit.

HABERMAS, J. (1987), *Théorie de l'agir communicationnel*, Trad. par Ferry, J.-M., Paris, Fayard.

KLINKENBERG, J.-M. (2003), *Petites mythologies belges*, Bruxelles, Labor.

LEIRIS, M. (1934-1981), *L'Afrique fantôme*, Paris, Gallimard.

LEJEUNE, Ph. et BOGAERT, C. (2003), *Un journal à soi*, Paris, Textuel.

LOURAU, R. (1988), *Le journal de recherche*, Paris, Klincksieck.

MALINOWSKI, B. (1985), *Journal d'ethnographe*, Trad. par Jolas, T., Paris, Seuil.

OLSON, D. R. (1998), *L'univers de l'écrit*, Trad. par Bonin, Y., Paris, Retz.

REUTER, Y. (2000), « À propos de la fonction cognitive de l'écriture en formation », in Brassart M.-D., *Pratiques de l'écrit et modes d'accès au savoir dans l'enseignement supérieur. Ateliers*, n° 25, pp. 45-52.

SCHEEPERS, C. (2004), « Le journal de formation : un écrit heuristique à double Je », Actes du 9e colloque de l'AIRDF, Québec.

SCHEEPERS, C., (2005), « La sémiotisation des savoirs : entre fonction interpsychique et intrapsychique », in Actes du 5e colloque Recherches et formation, Nantes.

SCHEEPERS, C., (accepté pour publication), « Je est un auteur », in *Enjeux*.

SCHEEPERS, C. (en cours), *Le travail de fin d'études, un discours en quête d'auteur*, Double thèse de doctorat en Philosophie et lettres et en Sciences de l'éducation, Université de Liège – Université Paris VIII.

VYGOTSKI, L. (1997), *Pensée et langage*, Trad. par Sève, Fr., Paris, La dispute.

Le plurilinguisme : en hériter, l'interpréter, le transmettre

PASCAL SOMÉ

JULIEN KILANGA MUSINDE

Le plurilinguisme en héritage

PASCAL SOMÉ
UNIVERSITÉ PAUL VALÉRY,
PRAXILING, ICAR UMR 5191 CNRS-MONTPELLIER 3

Cette contribution n'est pas celle d'un spécialiste du bilinguisme. Elle se veut un discours autobiographique qui fait alterner description, récit et analyse et qui est centrée sur un type d'expérience de pluri-multilinguisme. Les spécialistes de la question ont coutume, en matière de bilinguisme, d'attirer l'attention sur une double dimension à ne pas confondre : la coexistence de plusieurs langues sur un territoire donné et l'acquisition de plusieurs langues par un même individu. J'adopterai ici le choix terminologique fait par C. Hagège[1] qui réserve à la première le terme de plurilinguisme et à la seconde celui de multilinguisme. Le bilinguisme étant dans cette perspective une forme de multilinguisme avec réduction à deux langues.

Dans la littérature sur le bilinguisme, il apparait également que le plurilinguisme d'une société est un facteur décisif pour le développement du multilinguisme. Mais ce faisant à l'intérieur de ladite société, voire d'une même famille dans un tel contexte social, les itinéraires linguistiques peuvent déboucher sur différents types de multilinguisme. Ce propos se veut une illustration de ce double phénomène.

Il propose dans un premier temps une présentation de certains aspects du caractère plurilingue de la société burkinabè[2], notamment les deux visages de ce plurilinguisme et la gestion qui en est faite. Le second volet s'attachera à décrire, raconter et analyser deux itinéraires de multilingue, le mien et celui de ma sœur cadette Perpétue, qui plongent leurs racines dans un même contexte familial plurilingue à trois langues.

---

1. Claude Hagège (1996), p. 11.
2. Caïtucoli (1993) a consacré un article au multilinguisme familial à Ouagadougou qui permet d'avoir le regard d'un spécialiste sur la question.

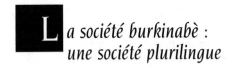

La société burkinabè : une société plurilingue

LES DEUX VISAGES DU PLURILINGUISME DU BURKINA

Le Burkina Faso[3], avant le 4 août 1984, s'appelait Haute Volta. Ce nom était associé à celui des trois plus grands fleuves qui traversent le territoire : Volta noire, Volta blanche, Volta rouge. Le « Pays des hommes intègres » a une superficie de 274 000 km^2 et une population d'environ 12 millions d'habitants. Il figure parmi les États les plus peuplés d'Afrique de L'Ouest. Ce territoire enclavé est limité au sud par la Côte d'Ivoire, le Togo et le Bénin, au nord-ouest par le Mali et au nord-est par le Niger.

La soixantaine d'ethnies recensée correspond à autant de langues parlées par 99 % de la population, comme le précise Prignitz (1995) qui attire l'attention sur leur répartition en trois grands groupes : langues mandé (17 %), langues gur ou voltaïques (63 %), langues ouest-atlantiques (20 %). C'est là un premier aspect du plurilinguisme de la société burkinabè, héritière de cet important panel d'idiomes qui ne sont pas de simples dialectes mais des langues à part entière. Elles ont la particularité de relever d'une tradition exclusivement orale[4]. Ce plurilinguisme est un terreau pour le développement d'un bilinguisme/multilinguisme naturel, utilisation alternée de deux ou plusieurs langues, par les burkinabè. La coexistence d'autant de communautés unilingues ne pouvait pas ne pas avoir pour corollaire un développement régulier de formes de multilinguismes. La maitrise des trois langues suivantes, mooré, fulfuldé (peul) et jula, permet de se faire comprendre sur toute l'étendue du territoire. Le mooré étant un vernaculaire, il permet beaucoup moins à ces locuteurs d'être des bilingues spontanés. Ce qui ne les empêche pas de développer plus tard un bilinguisme ou un répertoire linguistique mooré/jula à la faveur du commerce ou d'une émigration interne au Burkina. Le jula est le véhiculaire de toute la partie ouest, sud-ouest du Burkina[5] et a le statut incontesté de langue du commerce. N'étant le vernaculaire d'aucune communauté[6], il est à l'origine d'une forme de bilinguisme simultané dans lesdites régions, les habitants étant amenés à apprendre en même temps ou presque et leur langue maternelle et le jula. Les peuls deviennent souvent bilingues : quand, dans leur nomadisme, ils se sédentarisent ou s'installent longtemps sur un territoire, ils en acquièrent le vernaculaire ou le véhiculaire.

Le bilinguisme/multilinguisme des burkinabè est favorisé par un certain nombre de facteurs parmi lesquels les mariages inter-ethniques dont le nombre ne cesse de croitre avec l'urbanisation et la scolarisation. Ces

3. Burkina Faso est un mot composé. Ce composé est constitué de deux substantifs. Le premier, « Burkina », issu de la langue mooré, signifie tantôt « homme intègre », tantôt « intégrité ». Le second provient du jula et signifie « terre paternelle »/« terre natale ». Le Burkina Faso est donc un substantif composé qui signifie littéralement « Terre natale de l'homme intègre ». Quant à « burkinabè », il s'agit d'un adjectif qualificatif obtenu par dérivation suffixale, en associant le morphème « bè », élément linguistique appartenant au fulfulde, au radical « burkina ». À sa création, il a été déclaré invariable en genre et en nombre.

4. Aujourd'hui, certaines de ces langues font l'objet d'une transcription orthographique à partir d'une adaptation de l'alphabet phonétique international.

5. Langue véhiculaire aussi de toute l'Afrique de l'Ouest.

6. Contrairement au bambara dans d'autres pays d'Afrique de l'Ouest comme le Mali.

deux derniers paramètres conduisent vers le second aspect de l'héritage plurilingue du Burkina Faso.

Le XIXe siècle constitue un tournant décisif dans l'histoire des trois grands ensembles politiques qui partageaient alors l'administration du territoire de l'actuel Burkina Faso. Ces États sont en pleine crise, essentiellement politique. La conjonction de conflits intérieurs (notamment pour la succession au trône) et extérieurs les aura affaiblis au moment même où l'envahisseur colonial frappait à leurs portes. La conquête de ces États et de leurs territoires par la France s'en est ainsi trouvée facilitée. De 1896 à 1897, les différents pays de ce territoire (Moaga, San, Lobi, Bobo, Gurunsi, Tussian) sont conquis par des opérations militaires où s'illustrent Voulet, Chanoine, Destenave, Monteil, Cazemajou, et Candrelier. C'est donc par la conquête coloniale, comme dans tous les pays francophones d'Afrique de l'Ouest que la langue française fera irruption sur ces terres déjà marquées par le plurilinguisme.

De la colonisation aux indépendances (1960), des indépendances à la révolution (4 août 1983), de la révolution au nouveau régime démocratique (1992), la nouvelle venue, la langue française, n'aura de cesse de s'enraciner dans ce riche paysage linguistique, contribuant ainsi, par la force des choses, à diversifier le plurilinguisme de la société et le multilinguisme des burkinabè. C'est ainsi qu'on pourrait parler aussi de bilinguisme/multilinguisme français-langue(s) nationale(s) : entre une langue qui appartient à une autre grande famille de langue (famille indo-européenne), qui est dotée d'une double tradition écrite et orale, qui a un statut privilégié au Burkina, langue internationale, et des langues essentiellement orales, qui disposent d'un nombre de locuteurs plus ou moins important selon les langues et qui ne sont pas, à l'exception du jula, des langues d'ouverture vers l'extérieur.

LA GESTION DU PLURILINGUISME DE LA SOCIÉTÉ BURKINABÈ

La constitution

L'article 1 de la Constitution burkinabè stipule au paragraphe 3 que « les discriminations de toutes sortes, notamment celles fondées sur la race, l'ethnie, la région, la couleur, le sexe, la langue, la religion, la caste, les opinions politiques, la fortune et la naissance, sont prohibées ». Mais l'article 35 vient opérer une discrimination : « 1) La langue officielle est le français. 2) La loi fixe les modalités de promotion d'officialisation des langues nationales[7]. » Si elle reconnait et protège ainsi le plurilinguisme territorial, elle prône cependant un monolinguisme étatique ou institutionnel en faveur de la langue française, à la différence d'un pays comme le Cameroun qui affiche un plurilinguisme d'État anglais/français[8].

Si parler en langues nationales est encore chose courante, spontanée et allant de soi, il n'en est pas de même lorsqu'il s'agit de lire, à plus

7. Pour les deux articles voir Leclerc (2001).
8. On remarquera qu'il concerne deux langues étrangères au pays, toutes deux langues des colonisateurs.

forte raison d'écrire. La politique d'enseignement a jusque-là opté pour d'autres priorités.

L'enseignement

Et pourtant la loi n° 013/96/ADP portant sur l'orientation de l'éducation stipule d'une part que le français et les langues nationales sont les langues d'enseignement, et d'autre part que d'autres langues sont utilisées comme disciplines d'enseignement. Mais de nos jours encore, en raison de l'échec des différentes réformes relatives à l'introduction des langues nationales à l'école, il existe une sorte de frontière (exprimée d'ailleurs sur le plan terminologique) entre l'enseignement par le français, appelé « scolarisation », et l'enseignement par les langues nationales dénommé « alphabétisation ». L'alphabétisation se fait dans une bonne vingtaine de langues. Elle est généralement destinée à des adultes où jeunes adultes qui n'ont pu être scolarisés. Le but de cette opération (dont la durée est variable) est de leur apprendre à lire et à écrire dans leur « langue maternelle ». Inutile de préciser que cette formation ne donne pas accès aux métiers de la fonction publique burkinabè, réservés aux bénéficiaires de la scolarisation. L'enseignement valorisé au Burkina est donc celui qui est dispensé en français et qui correspond au modèle français du CP à l'Université.

La révolution

La révolution d'août, incarnée par le capitaine Thomas Sankara, aura apporté sa touche personnelle à la vie du plurilinguisme de la société burkinabè. Parmi ses mots d'ordre, figuraient en priorité l'indépendance politique, intellectuelle et économique du Burkina et la revalorisation du patrimoine national... patrimoine linguistique y compris.

C'est ainsi qu'on a pu assister à partir du 4 août 1984 au renouvellement du « parc terminologique officiel ». Une nomenclature et une terminologie officielles plurilingues voyaient le jour. La Haute Volta est devenue le Burkina Faso (mooré et jula), ses habitants des burkinabè (mooré et fulfulde), son hymne national le ditanyè (en lobi)... Parallèlement à ce déploiement du plurilinguisme local, la rhétorique révolutionnaire, par le processus d'appropriation de la langue française qu'elle a vivement encouragée, a redonné une certaine dynamique à la langue du colonisateur. Cette sorte de paradoxe de la période révolutionnaire a été analysée par Prignitz (1995).

Mais ce plurilinguisme burkinabè, ce morcellement linguistique et cette diversité ethnique ne sont-ils pas sources de conflits ? Ne constituent-ils pas un obstacle au développement économique, à l'unité nationale ? La question reste ouverte. Un des ciments de l'unité nationale dans cette diversité linguistique, ethnique et culturelle[9] est ce qu'on pourrait appeler le « mariage mixte » pour désigner les unions de plus en plus nombreuses entre les personnes appartenant à des ethnies différentes.

9. Et religieuse devrait-on ajouter. Trois grandes religions sont représentées au Burkina : la religion traditionnelle africaine communément appelée « animisme », l'islam et le christianisme.

Quel burkinabè ne compte pas dans sa belle-famille au moins une personne d'une ethnie différente de la sienne ? Ce métissage culturel intra-familial est la source première de mon répertoire plurilingue et du plurilinguisme de ma sœur ...

 # I tinéraires multilingues

Ce discours autobiographique linguistique sur le plurilinguisme de ma sœur cadette[10] et le mien s'articulera autour de la description du contexte familial plurilingue qui en est la source et d'un bref récit sur la constitution de nos répertoires multilingues.

CONTEXTE FAMILIAL PLURILINGUE

Nous sommes issus d'une famille de couple mixte burkinabè d'un père instituteur dagara originaire du sud-ouest (Niégo à quelques kilomètres du Ghana) et d'une mère institutrice sénoufo originaire de l'ouest (N'Dorola à quelques kilomètres du Mali). Tous deux étaient par conséquent bilingues français/langue nationale. Du point de vue des langues nationales, l'une était bilingue simultanée sénoufo (vernaculaire)/jula (véhiculaire de l'ouest) et l'autre monolingue dagara (vernaculaire) dans l'enfance. Très rapidement après leur mariage, notre mère acquiert la maitrise du dagara et notre père celle du jula, le véhiculaire de la ville de Diébougou (sud-ouest). C'est là que tous les deux passèrent une très grande partie de leur vie professionnelle au service de l'école publique voltaïque d'antan. C'est là que ma sœur et moi avons vu le jour dans une famille qui comptera au total onze enfants. Ma sœur et moi occupons respectivement la 6e et la 4e place. Trois ans nous séparent.

De leur vivant, nos parents n'ont cessé d'accueillir en famille nos cousins et cousines du village ou de la grande famille hors du village, pour leur permettre de poursuivre leur scolarité dans des conditions plus propices au succès. C'était souvent là, pour certains d'entre eux, leur seule chance de pouvoir suivre une scolarité régulière ou de pouvoir faire des études secondaires. Ils étaient dans une dynamique de bilinguisme français / dagara et ou jula. Il faut encore ajouter la présence régulière en famille d'un oncle ou d'une tante, non scolarisé ou très peu scolarisé en français et qui ne s'exprimait donc qu'en jula ou en dagara. Malgré ces conditions, particulières pour un Européen, mais courantes au Burkina Faso, ces deux instituteurs passionnés par leur métier ont réussi le pari de faire faire des études secondaires (au moins jusqu'au baccalauréat) à tous leurs enfants. D'où, par ailleurs, le bain plurilingue familial à trois langues que tous les frères et sœurs, sans exception, auront vécu.

10. Perpétue Somé, épouse Yaméogo.

Le souvenir de ce plurilinguisme partagé dans une famille avec une fratrie élargie est encore bien vivace et agréable à convoquer. L'observateur étranger aurait remarqué la prédominance du jula dans la communication familiale dans un contexte où cet idiome alternait régulièrement, en fonction de différents paramètres, avec le dagara, langue de l'identité familiale (nous sommes dans un système patriarcal) et le français, langue de la scolarisation. Il aurait constaté aussi un phénomène récurrent de télescopage ou de mélange des trois langues surtout dans le domaine lexical. Tantôt le lexique français (mots pleins et mots vides) palliait certaines insuffisances de l'acquisition du jula ou du dagara. Tantôt c'est le mélange des deux langues nationales qui avait pour résultat une sorte de jargon dagara-dioula qui nous faisait sourire ou rire les uns des autres. Quasiment personne n'y échappait. Les longs moments de retrouvailles familiales (vacances scolaires notamment) donnaient lieu à de petites ou grandes discussions-débats linguistiques de toute sorte, à l'occasion d'un usage non orthodoxe de la langue, qu'elle soit française, jula ou dagara. On s'en donnait à cœur joie.

Suite à la mutation de nos parents à Koudougou, une quatrième langue allait faire son entrée, non pas dans ce plurilinguisme familial mais dans nos répertoires linguistiques individuels, de manière non homogène. Il s'agit du mooré, le vernaculaire et le véhiculaire de cette ville du centre-ouest du Burkina. Je me rappelle le souci de nos parents de protéger alors mes plus jeunes frères et sœur d'un envahissement de la nouvelle langue. La pression linguistique en sa faveur était trop forte et risquait de conduire à une réduction de leur plurilinguisme. Dans la mesure où, hors de la maison, ils avaient la possibilité d'apprendre à s'exprimer couramment en mooré, nos parents incitaient les plus jeunes d'entre nous à nourrir en famille leur plurilinguisme de base. On pourrait y voir une forme de politique linguistique à l'échelle familiale pour un multilinguisme équilibré. Comment ne pas évoquer non plus ce phénomène qui nous a tous étonnés et qui concerne le multilinguisme de la benjamine de la famille. Entre trois et quatre ans, alors qu'elle était multilingue simultanée jula/dagara/français, elle s'était interdit l'usage et du français et du jula. Le facteur extérieur de cet abandon temporaire systématique et radical était les liens d'amitié qu'elle entretenait avec une autre petite fille de son âge d'une famille voisine, laquelle ne n'exprimait qu'en dagara. C'est à six ans qu'elle se remettra à parler jula alors qu'elle vivait dans la famille de sa sœur ainée à Dédougou dont c'est le véhiculaire. Pour clore la description de ce plurilinguisme familial, on peut retenir aussi le cas de cette jeune tante paternelle (de la grande famille comme on dit au Burkina) de notre âge qui aura vécu plus de dix ans avec nous en famille, très peu scolarisée[11], passant du monolinguisme (dagara) à un multilinguisme progressif intégrant le jula puis le mooré,...et un répertoire linguistique important en français, langue avec laquelle elle a développé au fil des années en famille une forme de bilinguisme passif certain.

11. Trois années laborieuses de scolarisation en français au village qui se sont soldées par un échec et un abandon définitif de l'école. Elle est arrivée en famille à l'âge de quatorze ans.

Ce contexte familial est celui qui a vu naitre et se développer le multilinguisme de ma sœur et moi, deux parcours multilingues non identiques cependant comme on pourra le constater au terme du récit de nos itinéraires linguistiques respectifs.

DE DIÉBOUGOU À PARIS EN PASSANT PAR KOUDOUGOU ET OUAGADOUGOU

Pour un petit Burkinabè de ma génération, je serai allé tôt à l'école puisque dès l'âge de cinq ans, je suivais comme bénévole l'enseignement dispensé par ma mère au CP. Mon multilinguisme d'origine familiale sera légèrement modifié par le déménagement de la famille à Koudougou quand j'avais dix ans. Là, pendant trois ans j'aurai à peine le temps de me familiariser avec le vernaculaire de la ville (le mooré), par la rue et la cour de l'école, avant de faire mon entrée en 6e dans un internat religieux catholique[12] pour sept ans d'études secondaires. Du point de vue linguistique, cette période sera marquée par l'initiation à deux langues de la famille indo-européenne, une langue morte, le latin et une langue vivante, l'anglais. Selon une tradition qui se voulait prudente, compte tenu de la diversité linguistique des élèves, ce centre de formation sacerdotale préconisait le monolinguisme (utilisation exclusive de la langue française). D'où une présence seulement discrète et informelle des langues parlées par les élèves : mooré et léla (communément appelé gourounsi) surtout, mais aussi jula, dagara plus rarement. Si l'on ajoute les deux années passées au grand séminaire de Ouagadougou après l'obtention du bac, on peut dire que ces neuf années d'internat auront été consacrées, du point de vue qui nous intéresse ici, au renforcement de ma pratique orale et écrite du français au détriment des langues nationales que je n'utilisais régulièrement que pendant les vacances scolaires.

L'abandon du séminaire et l'entrée à l'université à vingt-et-un ans n'auront pas modifié profondément ma pratique du plurilinguisme. Moins présent en famille (la famille étant à Koudougou) et très sollicité par mes études de littérature et de linguistique françaises à l'université de Ouagadougou, mû aussi par une tendance naturelle à recourir quasi systématiquement au français pour la communication quotidienne, je n'ai pas accordé beaucoup de place au développement, dans mon répertoire linguistique, des langues nationales pendant ces quatre années de formation universitaire. Les choses n'allaient pas s'arranger par la suite, puisqu'en 1992, je me retrouvais à Paris pour une thèse de doctorat en linguistique française. Fini le bain linguistique quotidien en langues nationales qui nourrissait tant bien que mal mon multilinguisme. Le répertoire s'est enrichi cependant avec l'acquisition progressive et incontournable du français populaire de France qui coexiste dès lors en moi avec le français d'Afrique et le français standard.

12. Il s'agit du Petit Séminaire de Koudougou.

DE DIÉBOUGOU À OUAGADOUGOU EN PASSANT
PAR KOUDOUGOU ET BOBO-DIOULASSO

Pour ma sœur, c'est à six ans, au moment même où elle entrait en classe de CP à Koudougou qu'elle fit la découverte d'une quatrième langue, le mooré. Elle aura largement le temps d'en faire une acquisition complète pendant toute la durée de l'école primaire. Son entrée en 6e à l'internat dans un établissement secondaire tenu par un institut religieux ne constituera cependant pas une vraie rupture avec la pratique des langues nationales. Elle aura même l'opportunité d'en avoir une utilisation quotidienne alternée au lycée, de la seconde à la terminale, à l'externat. La classe de 6e est pour elle aussi le début d'une initiation à la langue anglaise qu'elle apprendra à aimer très rapidement au point d'en faire plus tard la langue de son métier. Après l'obtention du bac, elle opte pour l'entrée dans un ordre religieux catholique dont le centre de formation se trouve à Bobo-Dioulasso. Le jula est le véhiculaire de cette deuxième ville du Burkina. Pendant trois ans, elle aura une pratique quotidienne de cette langue, enrichissant et diversifiant ainsi son vocabulaire. Ce temps de formation et de vie religieuse aura été aussi très bénéfique pour une plus grande maitrise du mooré. Elle s'inscrira, comme religieuse, pour l'obtention d'une licence d'anglais, puis elle quittera peu de temps après ladite congrégation religieuse. Depuis quelques années maintenant elle est professeure certifiée d'anglais dans un lycée de Ouagadougou. Elle prépare en ce moment un mémoire de maitrise portant sur une analyse contrastive du dagara et de l'anglais à l'université de Ouagadougou : « Syntax : Contrastive Analysis of Verb phrase in Dagara and English ».

Son parcours fait d'elle une polyglotte au multilinguisme équilibré avec cinq langues dont elle peut faire un usage alterné spontané.

P *erspectives*

Il s'agit maintenant de s'interroger sur l'exploitation, les potentialités d'exploitation et le devenir de ce plurilinguisme de la société burkinabè et de nos multilinguismes respectifs.

AU NIVEAU DE LA SOCIÉTÉ

On pourrait évoquer ici le refrain d'une composition de la chorale Naba Sanom (chorale religieuse burkinabè) dans les années 1980. Elle est centrée sur la question linguistique au Burkina : « Good morning, bonjour, ne yibéogo, a ni sogoma, wari djè, san goama ni Volta gouama, bug la y gnacda ? » Il s'agit d'une question posée en mooré à la population voltaïque à l'époque. Après avoir énuméré les différentes manières de dire bonjour en anglais, en français, en mooré, en jula et en fulfulde, ce refrain demande aux Voltaïques quel choix de langue ils font. Jettent-ils leur dévolu sur la langue de l'étranger ou sur les langues de la Haute Volta? En réalité le problème est loin de se poser en ces termes. On serait plutôt tenté de dire que l'État burkinabè, pour des raisons essentiellement économiques mais pas seulement, offre à une petite minorité de citoyens (environ 20%) la possibilité de s'approprier la langue de l'étranger, le français. Les 80% restants n'ayant d'autre choix que celui des langues nationales dans lesquelles certains d'entre eux auront la chance d'être alphabétisés.

L'alphabétisation, au-delà des limites de son étendue, est un moyen relatif de valorisation du patrimoine linguistique national. L'édition de textes en langues nationales est encore assez embryonnaire pour qu'ils soient d'accès facile pour les personnes alphabétisées, malgré les gros efforts faits récemment dans ce domaine. Dans ce monde du XXIe siècle mondialisé, il semble que l'idéal serait une scolarisation en français à 100% jusqu'au BEPC avec une place accordée à l'enseignement des langues nationales. Ce qui aurait l'avantage de donner à tous les citoyens une certaine ouverture au monde et renforcerait la pratique encore vivante des langues nationales dans les familles et dans la rue. Toutes les tentatives d'introduction des langues nationales à l'école se sont soldées par un échec, à l'exception de la dernière en date connue sous le nom d'écoles bilingues (français-langues nationales). Elle a été initiée en 1994 à titre expérimental par le ministère de l'Enseignement de base et de l'Alphabétisation (MEBAM) avec l'appui technique et financier d'une ONG suisse : OSEO (Œuvre Suisse d'Entraide Ouvrière). Voici comment elle est décrite par Leclerc : «L'école bilingue est une école de cinq ans de cycle scolaire, au lieu de six ans pour l'école classique, et concilie "le savoir, le savoir-faire et le savoir-être" de l'enfant. Dans une école bilingue, la langue maternelle de l'élève est utilisée dès la première année dans une proportion de 90%, contre 10% pour le français. Par la suite, le français est graduellement introduit au fil des années en faveur du français pour constituer 90% des activités pédagogiques à la cinquième année, contre 10% pour la langue nationale[13].»

Le site internet de l'OSEO précise par ailleurs que ce «projet d'éducation bilingue s'est élargi sur le plan tant géographique que linguistique. Pendant l'année scolaire en cours, il touche 28 provinces avec 110 écoles primaires avec 11 812 élèves (47% de jeunes filles). L'enseignement est donné dans huit langues nationales à côté du français». Compte tenu de l'enthousiasme des élèves, des enseignants et des parents, mais aussi des résultats scolaires en net progrès, il est probable que ce projet influencera profondément le système scolaire burkinabè, ce d'autant plus que le système classique a beaucoup de mal, et c'est peu dire, à réduire le taux d'échec scolaire. C'est sans doute là aussi une belle manière de réconcilier les langues nationales avec la langue de l'étranger pour un plurilinguisme plus épanoui.

13. Jacques Leclerc (2001).

La question du rôle de l'État dans la gestion de cet héritage plurilingue peut être posée. On peut partir de l'observation suivante de Leclerc (2001) : « Le Burkina pratique une politique de non-intervention en ce qui a trait au français et une politique très sectorielle pour les langues nationales. Il faut dire que l'État a toujours été plus préoccupé à consolider le pouvoir en place que de gérer des langues qui, dans les faits, ne causent apparemment pas de problème de société. En ce sens, le Burkina a simplement poursuivi la politique coloniale. En Afrique, ce genre de politique est de plus en plus appelé à changer pour laisser davantage de place aux langues nationales. Beaucoup de Burkinabés pensent que l'État devrait accorder plus d'importance à ces langues, mais la connaissance du français est devenue une obligation d'ordre économique. Le pays n'a pas encore réussi à harmoniser ses politiques linguistiques. »

La politique de non-intervention de l'État et l'absence d'harmonisation des politiques linguistiques paraissent incontestables. En revanche, on peut relativiser les propos de Leclerc quand il considère cette situation exclusivement comme la conséquence d'une focalisation sur les stratégies de maintien du pouvoir en place. On pourrait peut-être préciser aussi d'une part, que la mise en place de politiques linguistiques plus ou moins contraignantes est extrêmement complexe et délicate dans un tel contexte de diversité linguistique, d'autre part que dans un pays où la question de la faim, de l'accès à l'eau et à la santé est loin d'être résolue, les problèmes de politiques linguistiques ne relèvent pas forcément de l'urgence aux yeux du plus grand nombre. Ces politiques linguistiques seraient les bienvenues pour tous si elles étaient conçues comme de véritables moyens de développement socio-économique.

Dernier aspect du devenir du plurilinguisme de la société bukinabè : on peut dire que la langue française et les langues nationales coexistent plus ou moins pacifiquement au Burkina, s'influençant mutuellement, chaque groupe poursuivant sa lente évolution vers le devenir que lui imposeront les locuteurs, souvent malgré eux. Le français s'africanise[14]. Ses particularités morpho-syntaxiques et lexicales sont de plus en plus étudiées par des linguistes et sociolinguistes. Les Burkinabè scolarisés ont cependant hérité, me semble-t-il, d'une certaine obsession française de la correction, de la pureté de la langue[15]. D'où, souvent, la coexistence chez un même individu d'un français très soutenu et d'africanismes qui n'échappent pas à l'observateur étranger. Du côté des langues nationales, des emprunts réguliers sont faits à la langue de Vaugelas, Molière et Voltaire dans les échanges quotidiens, toutes langues confondues, qu'il s'agisse des mots pleins (morphèmes lexicaux) ou des mots vides (morphèmes grammaticaux). Par ailleurs la scolarisation, l'urbanisation galopante et les brassages de populations peuvent laisser penser qu'on s'achemine vers une réduction lente mais sûre du nombre de langues nationales dont les gagnants pourraient être le mooré, le jula et dans une moindre mesure sans doute le ful-

14. À un rythme beaucoup plus lent que dans un pays comme la Côte d'Ivoire qui a une longueur d'avance sur nous, de ce point de vue.
15. Au Burkina, quand on n'est pas sûr de bien s'exprimer en français, on préfère s'abstenir d'utiliser cette langue pour ne pas être la risée des autres.

fulde. Les langues nationales burkinabè font probablement partie des premières victimes de cette mort des langues sur laquelle Hagège attire l'attention : « A-t-on pris garde à un phénomène effrayant ? Sait-on, oui, sait-on seulement, qu'en moyenne, il meurt environ 25 langues chaque année ? Il existe aujourd'hui, dans le monde, quelque 5 000 langues vivantes. Ainsi, dans cent ans, si rien ne change, la moitié de ces langues seront mortes. À la fin du XXIᵉ siècle, il devrait donc en rester 2 500. Sans doute en restera-t-il beaucoup moins encore, si l'on tient compte d'une accélération, fort possible, du rythme de disparition[16]. »

AU NIVEAU INDIVIDUEL

L'approche du plurilinguisme par Hagège permet de considérer nos deux cas, aussi différents soient-ils, comme étant des formes de multi-linguisme : « ... le multilinguisme, et son cas particulier le bilinguisme, sont des phénomènes tout à fait naturels et universellement répandus. Cela ne signifie pas, cependant, que l'on trouve chez tous les multi-lingues du monde une connaissance égale et parfaite des deux langues qu'ils pratiquent. Le bilinguisme et a fortiori le multilinguisme authen-tiques sont évidemment les types auxquels il faut tendre, mais ils demeurent minoritaires et le cas idéal des enfants de couples linguisti-quement mixtes que leurs parents ont correctement formés n'est pas encore, bien qu'en progression, aussi répandu qu'il serait souhaitable. Très souvent, les circonstances assignent à chacune des langues d'un multilinguisme potentiel un rôle spécifique [...]. Pour prendre encore un exemple dans l'Inde pluriethnique et plurilingue, un homme d'affaires de Calcutta parlera la variante soutenue du bengali avec sa première femme, de même origine que lui, la variante non soutenue s'il se rend au marché, le hindi avec ses clients indiens extérieurs au Bengale [...] enfin l'anglais avec ses clients étrangers ; mais il s'adressera en tamoul à sa seconde épouse originaire de Madras, et en oriya et assamais à ses deux domestiques venus respectivement, des États d'Orissa et d'Assam ; cela n'implique pas que sa compétence dans ces dernières langues soit d'un niveau comparable à celui qu'il possède en hindi, en anglais et dans les variantes haute et basse du bengali ; il peut du moins, dans les langues dont il n'a pas la pleine maitrise, donner ses instructions et s'assurer qu'elles ont été reçues, ce qui est, dans les cir-constances où il fait usage de ces langues, le profit principal qu'il en attend. De très nombreux cas de multilinguisme, dans le monde, sont de ce type[17] ».

Force est de constater que mon multilinguisme est tout relatif dans la mesure où il présente un déséquilibre en faveur de la langue française au détriment des langues nationales, jula, dagara et mooré. Si l'acqui-sition de la langue fut assez complète en ce qui concerne le jula et le dagara, il reste que l'absence d'une régularité de pratique diversifiée depuis l'adolescence constitue un handicap pour l'épanouissement de

16. Claude Hagège (2000), p. 9.
17. Claude Hagège (1996), pp. 243-244.

mon multilinguisme. D'où une spontanéité très limitée dans l'utilisation prolongée des langues nationales, le lexique étant le maillon faible de mes performances linguistiques. Ce qui contribue à donner à mon multilinguisme des allures de multilinguisme passif. Dans le répertoire linguistique dont je dispose s'inscrivent, par ordre de maitrise, le français, le jula, le dagara, le mooré et l'anglais.

La connaissance, fût-elle toute relative, des trois langues nationales, me permet toutefois de m'en servir comme langue de communication chaque fois que je retourne sur la terre natale, d'exprimer mon appartenance à la communauté burkinabè, mon identité burkinabè, de vivre une complicité de mentalité avec mes concitoyens burkinabè. La maitrise des structures linguistiques de ces trois langues nationales me rend apte à en assurer l'enseignement en terme d'initiation, d'entrée dans la langue[18]. Elle m'est également d'un grand intérêt pour des analyses linguistiques dans le cadre de la linguistique générale. Enfin, ces répertoires plurilingues permettent de poser un autre regard sur la langue comme système, un système relatif, un système parmi tant d'autres, un système qui est potentialité, soumis à la variation et qu'on ne saurait enfermer dans des règles trop prescriptives. De là aussi peut-être cette conviction personnelle que la langue appartient avant tout au locuteur (et non à une institution, aussi prestigieuse soit-elle) qui en fait ce qu'il veut, dans les limites de ce que le système permet ou prévoit.

Ma sœur au contraire présente un plurilinguisme équilibré[19]. À la question de savoir quelles étaient généralement les situations qui l'amenaient à utiliser une langue plutôt qu'une autre voici ce qu'elle me répondait :

Le choix de la langue se fait pour diverses raisons et quelquefois même de manière inconsciente :

– lorsque l'interlocuteur ne s'exprime que dans une des langues que je comprends, c'est celle-là que j'utilise ;

– quand j'ai plus d'une langue en commun avec l'interlocuteur, nous passons d'une langue à l'autre. À ce moment c'est la langue qui me permet de mieux exprimer ma pensée que j'utilise ;

– quand j'ai affaire à mes frères et sœurs de sang, je m'exprime plus facilement en jula car c'est la langue que nous utilisions couramment en famille ;

– quand je me trouve dans un environnement où parler français afficherait une appartenance à une classe sociale privilégiée (entrainant quelquefois un isolement), je m'exprime dans une des langues que je partage avec les interlocuteurs du moment ;

– pour les achats dans les marchés locaux ou il faut marchander, je parle la langue de la localité (si je la comprends) pour faciliter l'échange et ne pas me faire traiter en étranger ;

– le français, je le parle dans des cadres formels (école, réunions, église….) ou alors quand dans un groupe il y a une ou plusieurs personnes qui ne comprennent pas les autres langues que je partage avec

18. C'est ainsi qu'en 2002, dans le cadre du cours «Apprentissage réflexif d'une langue inconnue» en Mention FLE, j'ai eu l'occasion d'initier au jula des étudiants de licence de Lettres et Langues de l'université de Cergy-Pontoise.

19. «La notion de compétence permet de tenir compte du caractère relatif de la bilingualité, puisqu'elle met en rapport deux compétences linguistiques, une dans chaque langue. Sur cette dimension on a distingué entre le bilingue équilibré, c'est-à-dire celui qui a une compétence équivalente dans les deux langues, et le bilingue dominant, pour qui la compétence dans une langue, généralement la langue maternelle, est supérieure à la compétence dans l'autre langue (Lambert, 1955)» J.F. Hamers et M. Blanc (1983), p. 23.

d'autres membres du groupe. Cela dans le but de n'exclure personne de la conversation ;

– l'anglais, je l'utilise dans le cadre de ma profession ou avec des interlocuteurs occasionnels (mon pays n'étant pas anglophone !).

Cette alternance correspond bien au comportement langagier du multilingue idéal[20]. Il faut préciser aussi qu'elle a une maitrise des expressions idiomatiques et même des formules proverbiales si importantes dans la communication linguistique de la pensée africaine. C'est là ce que Hagège (1996) appelle « la double maitrise de l'idiomatique ».

L'enracinement de son multilinguisme apparait encore dans les propos suivants qui sont une réponse à la question : « Quand tu t'exprimes dans une des langues nationales, penses-tu en français ou dans une autre langue ou directement dans ladite langue ? » :

> Je pense généralement dans ladite langue, mais il arrive que je pense dans une autre langue qui pour moi (comme dit plus haut) exprime le mieux ma pensée. Quand je ne peux donc pas m'exprimer directement dans cette langue, consciemment ou non je pense dans une autre. Par contre il est fréquent que je pense en jula ou en mooré quand je m'exprime en français [...] je n'ai pas constamment conscience de mon plurilinguisme.
> (Perpétue Somé, épouse Yaméogo)

Quant au continuum interne dans lequel s'inscrivent ses répertoires plurilingues, il est constitué par ordre décroissant (en tenant compte des trois dimensions : parler, lire, écrire) du français, de l'anglais, du jula, du dagara et du mooré.

Ce multilinguisme équilibré a l'avantage de lui offrir un éventail plus large d'interlocuteurs. Il lui permet de se sentir plus facilement partie prenante de différentes communautés linguistiques, avec une ouverture culturelle manifeste et naturelle. Il fait d'elle une médiatrice sociale pour faciliter à l'occasion l'insertion sociale de certaines personnes dans sa ville de résidence. Il constitue enfin pour elle des potentialités à exploiter dans le cadre des métiers de la traduction et de l'interprétariat.

On ne saurait refermer ce volet consacré aux perspectives qu'ouvrent ces répertoires multilingues sans évoquer la question du devenir de ce multilinguisme à l'échelle de nos familles respectives.

Quel multilinguisme pour la génération de nos enfants ? La réponse est très différente selon qu'elle me concerne ou concerne mes frères et sœurs. Marié depuis 1996 avec une jeune Lyonnaise qui ne parle aucune langue burkinabè, compte tenu de la nature de mon plurilinguisme et de l'éloignement d'un cadre de communication naturelle en langues nationales burkinabè, nos deux enfants âgés de sept et trois ans n'auront pas fait l'expérience du bilinguisme simultané. Ils auront eu une très modeste initiation au jula et au dagara depuis le sein maternel à travers des chansons et des berceuses. Ils ont entendu parler jula et dagara en famille lors des séjours sur la terre natale paternelle. Là-bas non plus, jusque-là, l'ainé n'a pu apprendre le jula, malgré les longues

20. « Les fonctions de chaque langue dans le comportement global et le degré de maitrise des deux langues qu'ont atteint le bilingue et ses interlocuteurs déterminent le rythme de passage de l'une à l'autre. La facilité avec laquelle un bilingue change de langue dépend de son aisance dans chacune d'elles, ainsi que des fonctions extérieures et intérieures de chaque langue » W. Francis Mac-Key (1976), p. 395.

journées estivales passées avec ses cousins et cousines. La langue française constitue un obstacle à cet apprentissage. Mes neveux et nièces préférant spontanément, malgré mon insistance, communiquer avec lui en français.

Du côté de mes frères et sœurs qui ont fondé une famille, la situation est différente. Le multilinguisme familial est toujours au rendez-vous avec trois langues dont le français et le jula. Dans les familles de ma sœur Perpétue et d'un frère cadet, c'est le mooré, le vernaculaire de l'époux et de l'épouse respectivement. Dans les familles de deux de mes sœurs ainées, c'est le dagara d'une part et le bobo d'autre part, pour les mêmes raisons. Le plurilinguisme familial et le multilinguisme individuel à trois langues minimum est encore assuré pour la génération de nos enfants.

Il aura été question d'un pays plurilingue avec une seule langue officielle, le français, et une soixantaine de langues nationales dont trois ont un statut privilégié (mooré, jula et fulfude). Ce plurilinguisme avec autant de langues est représentatif de ce qu'on peut constater dans la plupart des pays africains. On est même loin du record en nombre de langues. Au Burkina Faso, il reste marqué par une politique de non-intervention de l'État.

Ce riche patrimoine linguistique est à l'origine de la formation de répertoires multilingues multiformes, phénomène extrêmement régulier qui fait dire aux uns qu'il n'y a pas de Burkinabè qui ne soit multilingue.

La présentation de deux formes de multilinguisme, celle de ma sœur cadette et la mienne, a été faite dans la perspective d'une approche en terme de continuum externe et interne. Ces itinéraires multilingues pourraient être ceux de milliers de Burkinabè dans un contexte de scolarisation croissante, de brassage des populations et d'urbanisation poussée, caractéristique du Burkina Faso, pays profondément plurilingue et francophone, par la force des choses.

Bibliographie

CAITUCOL, C., (1993), «Le multilinguisme familial à Ouagadougou» in *Le Français au Burkina Faso* (Cahiers de linguistique sociale), CNRS Université de Rouen, pp. 35-51.

HAGEGE, C., (1996), *L'enfant aux deux langues*, Odile Jacob, Paris.

HAGEGE, C., (2000), *Halte à la mort des langues*, Odile Jacob, Paris.

HAMERS, Josiane F. et BLANC, M., (1983, (2e édition)), *Bilingualité et bilinguisme*, Pierre Mardaga.

LECLERC, J., (2001), «Burkina Faso» dans L'aménagement linguistique dans le monde, Québec, TLFQ, Université Laval, [http://www.tlfq.ulaval.ca/axl/afrique/burkina.htm], (29 mai 2005)

LUDI, G., et PY, B., (2003 (3e édition)), *Être bilingue*, Peter Lang, Bern.

MACKEY, W., F., (1976), *Bilinguisme et contact des langues*, Klincksieck, Paris.

OSEO (site internet) : http://www.oseo.ch/fr/

PRIGNITZ, P., (1995) «Contrastes et paradoxes du Burkina Faso, pays essentiellement multilingue et résolument fancophone» *in* D. ROBILLARD et BENIAMINO, *Le français dans l'espace francophone*, Champion-Slatkine, Paris.

Biographie langagière et conscience plurilingue en contexte africain

Pr. Julien Kilanga Musinde
DIRECTEUR DES LANGUES ET DE L'ÉCRIT,
AGENCE INTERGOUVERNEMENTALE DE LA FRANCOPHONIE

L'intitulé de cet article compte trois syntagmes importants mais également trois concepts (biographie langagière, conscience plurilingue et contexte africain) que nous allons tenter d'articuler. Une biographie est un écrit qui a pour objet l'histoire d'une vie particulière. Le terme « biographie langagière » invite donc à penser à la vie des langages ou des langues dans un contexte donné ou à travers la vie d'un individu, locuteur de ces langues. La langue nait, évolue et meurt. L'ouvrage de Daniel Nettle et Suzanne Romaine expose très bien les conditions de la vie des langues[1]. Or, ici, il s'agit du contexte africain. Mais de quelle Afrique est-il question ? De cette Afrique millénaire idéalisée ou celle folklorisée au contact des autres ? « S'agit-il de cette Afrique qui attend encore son avènement face aux différents problèmes qui l'assaillent ? Cette Afrique meurtrie par la misère et les déchirements causés par les guerres fratricides[2] ? »

Joseph Ki-Zerbo[3], se posant les mêmes questions, insiste sur le rôle important que joue la langue en Afrique dans la sauvegarde de l'identité : « Dans l'identité, la langue compte beaucoup. Le siècle qui a commencé verra-t-il le dépérissement des langues africaines ? La lente asphyxie des langues africaines serait dramatique, ce serait la descente aux enfers pour l'identité africaine ; car les Africains ne peuvent pas se contenter des éléments culturels qui viennent de l'extérieur. » C'est pourquoi nous avons choisi de parler de cette Afrique qui abrite en son sein plusieurs groupes ethniques possédant chacun un ou des groupes de parlers, une série de traditions historiques, un éventail d'institutions et d'usages. L'Afrique n'est pas une tabula rasa linguistique comme on pourrait le faire croire par un « silence étonnant[4] ». Chacun de ces États renferme dans ses limites une multitude de groupes ethniques parlant chacun sa propre langue.

1. D.Nettle et S. Romaine, *Ces langùes, ces voix qui s'effacent*, Paris, éditions Autrement Frontières, 2003, 230 p.
2. Kilanga Musinde, J. « Un regard africain sur le monde arabe et africain » in *Mondialisation, cultures et développement*, Paris, Maisonneuve & Larose, 2005
3. Ki-Zerbo, J. *À quand l'Afrique ?* (Entretien avec René Holenstein), Paris, éd. De l'Aube, 2004.
4. Le mot est de Robert Chaudenson in *Les langues dans l'espace francophone : de la coexistence au partenariat*.

L e plurilinguisme en contexte africain

Le remarquable ouvrage collectif de Bernard Heine et Doret Nurse[5] décrit judicieusement la situation des langues en Afrique. Barbara Grimes[6] avance le nombre de 2 035 langues africaines. Ce nombre n'est pas fixe car on découvre encore de nouvelles langues alors que d'autres, qui ont peu de locuteurs, disparaissent. Si l'on exclut les langues introduites au cours des deux derniers millénaires, comme l'arabe, le malgache, l'afrikaans, l'anglais, le français, l'espagnol et le portugais, ce nombre d'un peu plus de 2 000 langues se décompose en quatre grands phylums ou superfamilles[7] : le Niger-Congo qui compte 1 436 langues (incluant la famille bantu, à qui l'on attribue 500 membres, l'afro-asiatique ou afrasien, 371 langues, le Nilo-saharien, 96 langues, le Khoisan, 35 langues. Quelques langues afro-asiatiques ne sont parlées qu'en dehors de l'Afrique, au Moyen-Orient, ce qui réduirait un peu le nombre pour l'Afrique. En admettant le total de 2 000 langues, cela représente le tiers des langues du monde. Estimation à prendre avec prudence en fonction de la façon dont on fait le partage entre langue et dialecte. Selon la définition que l'on retient des langues et des dialectes, il y a entre 1 250 et 2 100 langues en Afrique.

L'Afrique est donc un contexte plurilingue, un lieu de contacts entre différentes langues où les locuteurs sont le siège de confrontation ou de complémentarité entre diverses langues : tout particulièrement entre les langues étrangères et les langues africaines locales.

Mais le degré de plurilinguisme varie considérablement selon les pays et selon les individus. Un document de l'UNESCO[8] rédigé pour une réunion intergouvernementale sur les politiques linguistiques en Afrique donne les informations suivantes : «Environ 105 millions de personnes parlent 410 langues au Nigeria, 30 millions de personnes en République Démocratique du Congo (ex-Zaïre) utilisent 206 langues et l'Éthiopie a 97 langues pour une population de 45 millions, au Cameroun 185 langues sont utilisées par 8 millions d'habitants, 58 langues pour 3 millions d'habitants au Bénin, 31 langues pour deux millions de Congolais de Brazzaville, 120 langues pour 28 millions d'habitants en Tanzanie avec le kiswahili comme "lingua franca", 12 langues au Mali dont 90 % utilisent quatre langues et 65 % une seule langue, le bamanakan, 60 langues pour une population de 9 millions dont la moitié parle le moore. Au Nigeria 397 langues sur 410 sont des langues minoritaires mais le nombre total de leurs locuteurs forme 60 %». Sur le plan du plurilinguisme individuel, dans une enquête sur le Nigeria, les résultats montrent que le nombre de langues parlées par chacun des membres des communautés linguistiques va de deux à quatre. Un constat similaire pourrait être fait pour de nombreux pays d'Afrique où domine une tradition de plurilinguisme.

5. B. Heine et D. Nurse, *Les langues africaines*, Paris, Karthala, 2004, 468 p.

6. B. Grimes, Ethnologue : *Languages of world*, 13ᵉ édition, Dallas, Summer Institute of linguistics et Université du Texas (Arlington), 1996.

7. Se référer aux différentes études réalisées par Greenberg, particulièrement Studies in Africa Linguistics classification.

8 Harare, 17-21 mars 1997, p. 3 cité par B. Heine et D.Nurse, *op. cit.*, p. 372.

À cette mosaïque de langues, sont venues s'ajouter les langues étrangères comme le français, l'anglais, l'espagnol et le portugais. En devenant multilingues, des individus, des communautés et des groupes de locuteurs deviennent les sièges de strates multiples de langues, acquises au cours de leur vie.

Empreintes de la conscience plurilingue à travers la biographie langagière

La biographie langagière (qui retrace l'itinéraire d'acquisition des langues d'un locuteur plurilingue) nous permet de saisir les traces des influences mutuelles des langues en contact pouvant déboucher sur la diversification de celles-ci et – pourquoi pas ? – devenir une menace pour la survie de certaines d'entre elles dans l'espace étudié. Mais d'abord, les locuteurs dans ce contexte africain multilingue cultivent-ils une certaine conscience plurilingue ? Sont-ils conscients de la structure et du choix des langues qu'ils utilisent ? Mahmoudian Mortéza[9] circonscrit bien la notion de conscience linguistique. Celle-ci a suscité de nombreuses prises de position dans les courants théoriques en linguistique. « Dans l'ensemble, la linguistique structurale – au sens large du terme – ne réserve pas une place de choix à cette notion pour préserver sa quête de scientificité que compromettrait l'inclusion dans son objet des phénomènes subjectifs comme conscience, pensée et intuition. Mais cette exclusion rencontre des difficultés à trois niveaux : elle aboutit à des contradictions, elle ignore l'une des spécificités des sciences de l'homme et elle considère l'objet langue comme un phénomène simple, homogène. Que les sujets aient conscience de la langue, de ses unités et de ses règles ou de leur compétence dans les langues qu'ils parlent, tombe sous le sens. »

Il suffit de considérer les manipulations que les locuteurs font des matériaux linguistiques dans ce contexte : le choix de langue dans une circonstance donnée, la conscience d'une langue dominante ou d'une langue passive, l'alternance codique ou le mélange codique. En effet, dans le courant de sa vie un locuteur peut changer de langue dominante du fait de son éducation ou de sa mobilité sociale ou géographique. D'ailleurs, le degré de compétence multilingue des locuteurs africains varie selon des facteurs sociaux interdépendants. En premier lieu, la scolarisation tend à apporter la compétence dans une langue puisque dans beaucoup d'écoles africaines la langue d'enseignement n'est pas la langue maternelle ni la langue préférée des apprenants. Toute biographie langagière reposerait donc sur la capacité du locuteur ou de l'apprenant d'une langue à conscientiser les éléments constitutifs de son expérience dans le domaine linguistique et permettrait dans un

9. « Conscience linguistique et enseignement de la langue première. » (Communication au séminaire sur « quel français et quelle littérature de langue française enseigner dans le milieu plurilingue ? », Lubumbashi, Université de Lubumbashi, 20-21 novembre, 2003, 24 pages.

milieu plurilingue comme l'Afrique de mettre en lumière la nature des choix linguistiques à opérer conduisant à la restructuration d'une des langues. L'alternance codique par exemple est un phénomène particulier lié à la conscience plurilingue individuelle. Elle met en relief la conscience du choix des langues ou du mélange codique. Le mélange codique n'est autre que l'utilisation alternative de deux langues ou plus dans la conversation par le même locuteur multilingue. Il peut prendre la forme de l'emprunt ou de l'alternance codique proprement dite utilisée comme code spécifique : son choix signale en effet l'absence (ou l'annulation consciente) de la distance sociale imposée par la tradition et indique une reconnaissance mutuelle d'appartenance à un groupe qui ne se définit pas par l'exclusion ethnique ou sociale. C'est ainsi que, dans une situation donnée, divers facteurs contribuent au choix de la langue ou du code dans le répertoire multilingue des locuteurs impliqués et révèlent leur degré respectif de compétence dans la langue (et le code) qu'ils utilisent.

Autant d'éléments qui mettent en exergue la conscience plurilingue d'un locuteur. Tout ceci montre que le locuteur plurilingue a conscience des éléments linguistiques utilisés et dispose de moyens pour les identifier ; le recours au contexte peut lui fournir des indices pour identifier une langue déterminée. Au regard de ce qui précède, nous dirons que la biographie langagière permet de percevoir l'impact des manifestations de la conscience plurilingue, au niveau micro-sociolinguistique, sur le comportement linguistique de tel locuteur plurilingue et, au niveau macro-, sur la structure interne des langues en contact dans le contexte plurilingue africain.

Trois itinéraires langagiers

Nous pouvons illustrer cette situation à partir de l'itinéraire langagier de trois individus ayant différents niveaux de formation. Il s'agit de l'itinéraire d'acquisition linguistique d'un élève en fin d'études secondaires à Lubumbashi (République Démocratique du Congo), d'un étudiant de dernière année du deuxième cycle du campus universitaire de Lubumbashi et d'un professeur d'université à travers son autobiographie, écrite à la veille de son cinquantième anniversaire.

Le premier cas est tiré d'une recherche réalisée dans le milieu scolaire de Lubumbashi[10]. Cette ville est le chef-lieu de la Province du Katanga en République Démocratique du Congo. La situation sociolinguistique de ce pays présente trois niveaux : au premier niveau se situe la langue française connue comme langue officielle, langue d'enseignement, langue de l'administration et de communication internationale. Viennent ensuite les quatre langues nationales réparties dans quatre aires linguistiques (le lingala parlé dans la capitale du pays, Kinshasa, dans la

10. Voir J. Killarney Mutine, *Le français des élèves des écoles secondaires à Lubumbashi. Structure et nature des différences*, Lubumbashi, Faculté des lettres, 1984, 775 pages.

127

*Biographie langagière
et conscience plurilingue
en contexte africain*

province de l'Équateur, dans une partie de la province Orientale, le kikongo utilisé dans les provinces de Bandundu et de Bas-Congo, le ciluba pratiqué dans les deux provinces du Kasaï oriental et du Kasaï Occidental et le kiswahili dans les provinces du Katanga, du Nord-Kivu, du Sud-Kivu, du Maniema et d'une partie de la Province Orientale). Il faut noter qu'avec les mouvements de mutations des fonctionnaires, ces différentes langues se retrouvent aussi, de manière réduite, dans les autres espaces. Enfin, au troisième niveau, nous trouvons les langues ethniques pratiquées dans des milieux ruraux et dans certaines zones urbaines.

Afin de dégager l'itinéraire d'acquisition des langues chez un certain nombre d'élèves et la manifestation de leur conscience plurilingue, nous mettrons l'accent sur le cas d'un élève représentatif. Au moment de l'étude, l'élève concerné était en dernière année du secondaire dans une école de Lubumbashi. Il est né dans un village situé au nord de la Province du Katanga, dans le territoire de Kongolo. Avant d'entrer à l'école primaire, il a appris la langue kihemba en famille. Ses parents parlaient le kihemba et le kiswahili. À son entrée à l'école, l'élève entre en contact avec la langue kiswahili dans une agglomération rurale. À partir de la troisième primaire, il s'initie à la langue française parallèlement au kiswahili. À l'issue de sa sixième primaire, il quitte le village et se rend à Lubumbashi, chef-lieu de la province. Là, il prend connaissance des autres langues ethniques du milieu (le kisanga, le kibemba, le cokwe, le uruund, le kiluba, etc.). Durant les deux premières années du secondaire, il apprend la grammaire française par la méthode traditionnelle de l'enseignement des langues. En troisième secondaire, il embrasse la section littéraire et apprend l'anglais et le latin jusqu'en dernière année des humanités. Le parcours de cet élève aura un impact réel sur son comportement linguistique. À la fin de ses études secondaires, il parle et écrit couramment le français, il comprend l'anglais, il parle le kihemba, le kiswahili, il comprend le kibemba et le kiluba et partiellement le kisanga et maitrise la culture latine. L'intéressé est conscient d'être le siège de plusieurs langues. Divers éléments le prouvent : il change de langues chaque fois qu'il se trouve devant des locuteurs qui parlent une langue spécifique qu'il connait. Quand son interlocuteur parle une des langues qu'il maitrise le moins, il a recours à l'alternance codique. C'est particulièrement le cas pour les langues ethniques comme le kisanga, le kibemba et le kiluba. Son français porte les marques des interférences linguistiques dans certaines réalisations phonétiques. Enfin, il a recours aux emprunts lexicaux pour combler les cases vides. Ce constat est valable pour la plupart des élèves enquêtés et tout particulièrement pour ceux qui sont passés d'une province à l'autre selon qu'on y parle telle ou telle langue nationale.

Le deuxième cas est tiré de l'étude réalisée par Mukendi Nkashama[11] sur les étudiants du Campus universitaire de Lubumbashi. Dans cette province, la langue nationale la plus courante est le kiswahili utilisé à

11. Mukden Nkashama, *Le français et les langues nationales sur le campus universitaire de Lubumbashi*, mémoire de licence, Faculté des Lettres, 1983, 160 pages.

côté du français. Mais sur le campus, les étudiants provenant de toutes les provinces du pays, les quatre langues nationales sont pratiquées. C'est ainsi qu'on entend les étudiants parler le kiswahili, le lingala, le kikongo et le ciluba en plus du français et des autres langues ethniques du milieu (le kibemba, le kitabwa, le kisanga, le cokwe, le ndembo, le uruund). On se trouve là dans un contexte de mélanges de langues et de cultures. Le cas le plus significatif est illustré par un étudiant né dans un village du Bas-Congo. Ses parents parlent le kikongo et une langue ethnique, le kimanyanga. Ce sont ces deux langues que l'étudiant parle au départ. À l'école primaire, il a commencé ses études en accédant au kikongo auquel viendra bientôt s'ajouter le français. Pour les études secondaires, il embrasse la section littéraire dans un établissement scolaire de Kinshasa. La langue de la capitale est le lingala. À l'école, il a recours au français. Mais dans ses contacts avec les amis en dehors de l'école, il parle lingala et kikongo. Il apprend l'anglais et le latin. Après ses études secondaires, il va au grand séminaire interdiocésain de Lubumbashi où il apprend le kiswahili. Puis, il quitte le grand séminaire et s'inscrit à l'université de Lubumbashi où il se lie à une amie originaire de la province du Kasaï, locutrice du ciluba. Au total, cet étudiant parle et écrit le français, il parle le kikongo, le kimanyanga, le lingala, le kiswahili et le ciluba. Il comprend et lit l'anglais. Dans un cadre familier, il a recours à l'alternance des langues quand il parle dans une des langues nationales. Mais il est fréquent de retrouver des emprunts lexicaux et des structures de la langue française quand il parle dans l'une des langues congolaises de son répertoire.

Le troisième cas nous semble encore plus significatif. Il est tiré d'une autobiographie d'un professeur des lettres à l'université de Lubumbashi, le Professeur Mudimbe[12]. Nous avons suivi l'itinéraire langagier de cet homme dont les soixante ans nous ont inspiré une réflexion[13] à partir de l'ouvrage autobiographique que lui-même a écrit à l'occasion de ses cinquante ans. Au contact de ses œuvres scientifiques et littéraires, nous nous sommes fait une idée sur son parcours linguistique. Et une lecture attentive de son ouvrage, dans lequel il met par écrit les souvenirs de ses expériences, donne une idée précise de son itinéraire linguistique. Mudimbe est un de ces grands intellectuels congolais de renom. Né en 1941 à Likasi en République Démocratique du Congo dans la province du Katanga de parents songye originaires de la province du kasaï oriental, il parle dès son jeune âge le songye, le kiswahili et le ciluba. Il apprend le français à l'école primaire et au Petit séminaire de la Mwera. Il vécut quelques années au monastère de Gihinda-muyaga au Rwanda où il acquit, pensons-nous, quelques bribes de kinyarwanda. Au secondaire, il apprendra le latin, l'anglais, le néerlandais et le grec en plus du français comme il l'affirme lui-même : « En anglais, ma note est passable parce que le professeur cote au hasard et il est connu pour cela ; le néerlandais, j'aurais dû être le meilleur de la classe, n'était un zéro reçu pour un devoir ; mon maitre, un Flamand, n'a

12. V.Y. Mudimbe, *Les corps glorieux des mots et des êtres. Esquisse d'un jardin africain à la bénédictine*, Montréal-Paris, Humanitas-Présence Africaine, 1994.
13. J. Kilanga Musinde, « Ma perception de V.Y. Mudimbe » in *L'Afrique au miroir des littératures. Mélanges offerts à V.Y. Mudinbe*, Bruxelles, Archives et musées de la littérature, collection papier blanc encre noire, 2003, pp. 511-519

129

*Biographie langagière
et conscience plurilingue
en contexte africain*

pas cru, malgré les brouillons que je lui ai soumis, que j'étais l'auteur de ma dissertation, elle était trop bonne [...]. En grec et en latin, le professeur joue les terreurs... Allez savoir pourquoi il a un diplôme de Louvain en philologie classique[14]. » Mudimbe sautera les deux classes terminales et se présentera au jury central. Il poursuivra ses études d'abord à l'Université Lovanium de Kinshasa où il entrera en contact avec la langue lingala. Son mémoire de licence portera sur l'évolution du genre en latin et en français. Il apprend l'allemand et le portugais. Il présentera sa thèse à l'Université Catholique de Louvain sur l'évolution sémantique du mot « air » en grec, en latin et en français. Revenu au pays en 1970, il enseigne le français, le latin, la linguistique et la socio-linguistique à l'université. Il publie des méthodes pour enseigner le français, les quatre langues nationales (le lingala, le swahili, le kikongo et le kiswahili). En 1980 il émigre aux États-Unis où il enseigne en anglais. Mudimbe est lui aussi le siège de plusieurs langues : le français, l'anglais, le néerlandais, l'allemand, le portugais, le latin, le grec, le kis-wahili, le lingala, le ciluba et le songye. Il en est conscient et cette conscience se manifeste particulièrement dans ses écrits et dans son parler. Dans les ouvrages remarquables qu'il a publiés en français et en anglais[15] on trouve des citations en latin, en grec, en allemand, en por-tugais : reflets de sa conscience de connaitre ces langues. Quand il parle les langues nationales ou ethniques, le recours aux emprunts lexi-caux français, aux structures du français et à l'alternance codique est très remarquable. Il est méticuleux dans le choix des langues utilisées. Il parle anglais devant les anglophones, français en présence des fran-cophones. Mais sa pratique des langues congolaises (swahili, lingala ou ciluba) porte les marques de l'alternance codique avec un recours constant aux mots français. À l'inverse, son français n'est en rien influencé par les autres langues locales comme c'est le cas pour des locuteurs n'ayant pas le même niveau d'études. Cela montre qu'à un niveau élevé d'acquisition des langues étrangères, les langues locales sont fortement influencées par les langues dominantes.

Ces trois cas montrent tout d'abord que l'analyse de l'itinéraire langa-gier d'un locuteur permet de saisir jusqu'à quel degré celui-ci est conscient de l'état de son répertoire plurilingue. Cet « état » a des conséquences manifestes sur le parler de l'individu et sur la variété de la langue – ici la langue française. Il varie selon que le locuteur est avancé dans les études ou pas. Nous avons vu qu'un lettré d'un haut niveau d'étude introduisait les structures de la langue française dans les langues locales. Son parler s'éloignait de plus en plus de ces langues. Il parle très bien le français et recourt à l'alternance codique quand il utilise les langues nationales. Pour un Africain qui maitrise plusieurs langues étrangères en plus des langues africaines, la tendance est donc de s'écarter de plus en plus des langues locales au profit de la langue officielle. Cela apparait couramment quand il parle une langue africaine avec l'intervention des structures du français dans la langue utilisée.

14. V.Y.Mudimbe, *op. cit.*, p. 98.
15. Par exemple : *Entre les eaux* (Présence Afri-caine,1973), *L'Autre face du royaume* (Éditions Âge d'homme,1973), *L'odeur du père, The Idea of Africa*, etc.

À l'opposé, les peu – ou pas – lettrés ont tendance à bien parler les langues locales et, dans leur tentative de vouloir parler le français, ils font surgir des variétés du français propres à leur milieu, présentant des différences par rapport au français standard. D'autres études[16] ont montré que les variétés du français observables dans ce contexte plurilingue sont caractérisées par une relative diversification par rapport à la norme. Elles réalisent plusieurs systèmes différents et non une homogénéité structurée. Il s'agit d'une série d'approximations résultant d'une restructuration des structures du français sur le modèle de langues nationales ou connues des usagers. Au total, l'ensemble des variétés du français des locuteurs multilingues de bas niveau d'études s'insère dans un continuum dont les variétés se rapprochent des – jusqu'à s'identifier aux – langues nationales.

Q uelques perspectives

C'est en ayant conscience de toutes ces réalités que l'on finit par se poser la question de la nature du français à enseigner dans un contexte plurilingue comme l'Afrique, au regard de la diversification dont il est l'objet. Il en est de même des stratégies et des outils didactiques à mettre en place pour l'enseignement des langues dans ce contexte africain. C'est ce que souligne le rapport général des États généraux de l'enseignement du français en Afrique francophone : « Parmi les principales questions posées émerge celle de la nature et de la qualité du français à enseigner en Afrique[17]. » Ce questionnement est valable pour le français mais il l'est également dans le sens inverse, celui de l'influence du français sur les autres langues africaines.

L'examen minutieux des itinéraires d'acquisition des langues par des locuteurs plurilingues, la prise en compte de la conscience plurilingue de ces locuteurs constituent une base importante dont on peut se servir pour la mise au point de stratégies et d'outils didactiques en milieu plurilingue. En effet, tout enseignement ne doit-il pas partir de ce qui est acquis ? L'enseignement ne part-il pas de l'idée que l'élève n'est pas une *tabula rasa* linguistique et qu'il a des acquis linguistiques, une maîtrise de la structure de base de ses langues ? C'est en tenant compte de la variabilité inhérente à toute structure linguistique et du parcours langagier de l'apprenant que l'enseignant devrait concevoir des stratégies d'enseignement des langues secondes telle que le français.

La réflexion sur la biographie langagière ouvre des voies d'exploration multiples. Elle permet de mettre en exergue la capacité qu'a le locuteur plurilingue d'exploiter tous les éléments de son expérience linguistique pour l'apprentissage d'une langue étrangère. Il est vrai que la conscience plurilingue, comme la conscience linguistique, n'est pas une évidence. Elle fait partie du « moi profond » du locuteur. Dans un contexte pluri-

16. Voir à ce sujet J. Kilanga Musinde et Bwanga Zanzi, « Quelques réflexions sur la situation de la langue française au Zaïre », in *Africanistique* n° 17, Lubumbashi, 1988, p. 47 ; Sesep N'sial, « Le français zaïrois : système et variation », in *Linguistique et Sciences humaines*, n° 26, Lubumbashi, Celta, 1986 ; Kilanga Musinde, « Prolégomènes à une étude linguistique du français zaïrois. Quelques questions de méthodes. » in *Linguistique et Sciences humaines*, n° 26, Lubumbashi, Celta, 1986.
17. P. Dumont, *Rapport de synthèse des États généraux de l'enseignement du français en Afrique subsaharienne francophone*, Libreville, 17-20 mars 2003.

131

*Biographie langagière
et conscience plurilingue
en contexte africain*

lingue, la manifestation de formes et de structures issues de langues en contact conduit parfois à la formation de nouvelles variétés. La conscience plurilingue qu'elle éveille peut alors servir dans l'apprentissage de nouvelles langues.

Bibliographie

CHAUDENSON, R. (1999), *Les langues dans l'espace francophone : de la coexistence au partenariat*, Paris, Agence intergouvernementale de la Francophonie, collection «Langues et développement».

DUMONT, P. (17-20 mars 2003), *Rapport de synthèse des États généraux de l'enseignement du français en Afrique subsaharienne*, Paris, Agence intergouvernementale de la Francophonie.

GRIMES, B. (1996), *Languages of World*, Summer Institute of Linguistics et Université de Texas.

HEINE, B. et NURSE, D. (2004), *Les langues africaines*, Paris, Karthala.

KILANGA MUSINDE, J. (1984), *Le français des élèves des écoles secondaires à Lubumbashi*, Lubumbashi, Faculté des Lettres.

KILANGA MUSINDE, J. (2003), «Ma perception de V.Y. Mudimbe» *in L'Afrique au miroir des littératures. Mélanges offerts à V.Y. Mudimbe*, Bruxelles, Archives et Musées de la littérature et Harmattan.

KILANGA MUSINDE, J. (1986), «Prolégomènes à une étude linguistique du français zaïrois. Quelques questions de méthodes» *in Linguistique et sciences humaines*, n° 26, Lubumbashi, CELTA.

KILANGA MUSINDE, J. (2005), «Un regard africain sur le monde arabe et africain.» *in Mondialisation, cultures et développement*, Paris, Maisonneuve et Larose.

KILANGA MUSINDE, J. et BWANGA ZANZI, J.P. (1988), «Quelques réflexions sur la situation de la langue française au Zaïre.», *in Africanistique* n° 17, Lubumbashi, CELTA.

KI-ZERBO, J. (2004), *À quand l'Afrique? (Entretien avec René Holstein)*, Paris, Éditions de l'Aube.

MAHMOUDIAN, M. (2003), «Conscience linguistique et enseignement de la langue première» *in Quel français et quelle littérature de langues française enseigner dans le milieu plurilingue?* Lubumbashi, Université de Lubumbashi.

MUDIMBE, V.Y. (1994), *Les corps glorieux des mots et des êtres. Esquisse d'un jardin africain à la bénédictine*, Montréal-Paris, Humanitas-Présence Africaine.

MUKENDI, N. (1983), *Le français et les langues nationales sur le campus universitaire de Lubumbashi*, Lubumbashi, Faculté des Lettres.

NETTLE, D. et ROMAINE, S. (2003), *Ces langues, ces voix qui s'effacent*, Paris, Éditions Autrement.

SESEP, N., (1986), «Le français zaïrois : système et variation» *in Linguistique et sciences humaines* n° 26, Lubumbashi, CELTA.

Relater
pour relier

Dominique Rolland
Micheline Maurice
Daniel Feldhendler

Exploration de la mémoire et de l'identité collective en français langue seconde

DOMINIQUE ROLLAND
INALCO, PARIS

Dans les situations d'enseignement *du* et *en* français, l'échec massif à l'école de base, en Afrique notamment (jusqu'à 70 % d'élèves n'achèvent pas le cycle primaire dans certains pays), peut être attribué en partie à une difficulté pour l'élève de comprendre la discontinuité entre sa culture familiale et la culture de l'école. Incompréhension due, pour une large part, à une langue différente et inconnue, qui a une fonction d'enseignement et non de communication, mais incompréhension également de référents culturels nouveaux, en rupture, en conflit ou simplement sans rapport avec son propre univers familial.

C'est pour cette raison que – avec des motivations pédagogiques, politiques ou éthiques diverses – les différents acteurs des systèmes pédagogiques concernés ont tenté, depuis de nombreuses années, de rétablir un lien avec la culture de l'élève, de faire entrer sa culture dans la classe ou du moins d'essayer de la prendre en compte. C'est aussi le même souci pédagogique qui anime les enseignants en France lorsqu'ils sont confrontés aux difficultés des primo-arrivants, des classes à effectif multiculturel ou des enfants issus de familles migrantes.

Les tentatives qui ont été faites pour résoudre les problèmes d'échec scolaire dans l'une et l'autre situation d'enseignement restent globalement assez insatisfaisantes. En effet, au-delà de positions de principe sur lesquelles chacun s'accorde, d'une commune reconnaissance des problèmes et de la nécessité d'une prise en compte, dans la pratique pédagogique, de la culture d'origine des élèves, dans la réalité quotidienne de classe, cela ne va pas de soi. On sait bien aujourd'hui qu'il ne suffit pas d'avoir recours aux contes, à la musique, aux arts plastiques – c'est-à-dire à l'expression la plus visible et la plus évidente d'une culture – pour répondre aux difficultés d'acquisition des élèves. Qu'il s'agisse de la situation scolaire en France ou de la gestion de

135

*Exploration de la
mémoire et de l'identité
collective en français
langue seconde*

publics multiculturels dans les pays francophones, les tentatives furent d'une certaine façon généralement de même nature. Elles visaient principalement à sécuriser l'élève en lui proposant des contenus qui le concernaient directement, avec lesquels il était en familiarité. Ce faisant, on tentait de rétablir un lien, d'atténuer les effets de rupture ou de discontinuité. Ce n'était pas négligeable et cet objectif a généralement été atteint, mais de manière limitée. Les résultats scolaires n'ont pas été aussi spectaculairement modifiés qu'on aurait pu le supposer.

Il y a beaucoup de raisons à cela, mais on peut faire l'hypothèse que les expériences tentées ici ou là ont souvent manqué d'une véritable réflexion sur la nature des contenus culturels à introduire et les méthodologies à mettre en œuvre pour le faire. Faute de formation adéquate, faute également de directives claires, faute d'espace assigné dans les programmes scolaires, les enseignants, pourtant fortement motivés, n'ont souvent réussi qu'à donner une place marginale à la culture d'origine de leurs élèves, sans lui conférer un véritable statut clairement reconnu, de culture produisant du savoir. Une telle assignation peut même avoir des effets contre-productifs puisqu'elle renforce, dans l'esprit des élèves, l'idée, déjà présente dans leurs représentations que leur culture a une valeur moindre que la culture reconnue et diffusée par l'école.

Mais il y a plus : par ce biais, en restant somme toute cantonnés à la surface et aux seules dimensions visibles de la culture, on n'a pas atteint la structure, les fondements, les niveaux profonds où se joue la relation à la langue, à l'identité, aux représentations de soi et des autres. On n'a pas agi sur la dimension cognitive de cette confrontation entre culture de l'école et culture de l'élève.

Pourtant, malgré ce relatif échec et cette insatisfaction, la convergence de préoccupations communes, émanant d'acteurs de l'éducation agissant dans des systèmes éducatifs différents, géographiquement et culturellement distants, suggère qu'il pourrait y avoir des transferts d'expériences pédagogiques possibles, potentiellement porteurs de solutions novatrices, de l'un à l'autre champ.

Qu'est-ce que des solutions de remédiation, élaborées dans le contexte d'une classe de collège en ZEP, pourraient apporter aux difficultés d'un enseignant d'une école primaire d'un pays d'Afrique ? Et à l'inverse, quel pourrait être l'apport de l'expérience de l'instituteur sénégalais, guyanais, malgache ou algérien, dans la gestion des problèmes d'échec scolaire en France ?

En commun malgré tout, un lien historique qui perdure même si au fil des décennies sa pertinence s'atténue : des pays francophones, anciennement colonies françaises, provient une grande partie de l'émigration en France, ce qui fait que l'on a des élèves maliens, vietnamiens ou marocains d'origine ou de souche dans le pays d'origine comme dans le pays d'émigration. Il s'agit d'élèves issus de mêmes univers culturels, géographiques, linguistiques, ethniques.

On rétorquera que ce n'est vrai que pour une part, qu'aujourd'hui les émigrés nouvellement entrés en France ne proviennent pas de l'espace francophone : ils sont tamouls, chinois ou turcs. Ils n'empêche : ils ont en commun, dans leur immense majorité, de venir de pays pauvres, d'être des exclus de l'école, d'appartenir à des cultures minoritaires ou minorées.

Ce point commun, celui de l'origine, parait ténu, il est vrai. Pourtant, le défi qui est posé aux enseignants des zones qu'on dit sensibles et ceux des pays du sud est identique : trouver les moyens d'aider les élèves à se construire, avec le concours de l'école, une identité d'hommes et de femmes, citoyens de leur pays et citoyens du monde.

Les situations pédagogiques sont distinctes et les conditions d'enseignement également. L'enseignant français a sans doute une plus grande habitude de recourir à des méthodes qui impliquent une participation active et personnelle de l'élève, et qui font encore défaut, dans l'ensemble, aux pratiques de classe de l'école de base dans les pays pauvres. À ce titre, on peut penser qu'en ce qui concerne la mise à contribution du vécu culturel des élèves dans les pratiques de classe, il a sans doute tenté d'explorer des pistes variées et peut-être novatrices. À l'inverse, on peut également supposer qu'un instituteur confronté toute sa carrière à la gestion de l'écart qui sépare culturellement l'environnement familial de l'élève du contexte scolaire, pourrait sans doute avoir quelque chose à dire sur l'accueil dans le système scolaire de publics étrangers et l'assistance que l'on pourrait leur apporter.

Peu importe que l'un et l'autre soient ou non capables de théoriser leur expérience et de la rendre de ce fait transférable, il n'empêche que l'échange de réflexions sur leurs pratiques d'enseignants pourrait permettre des avancées concrètes.

La mise en place d'un tel processus d'échanges n'est cependant pas encore à l'ordre du jour et, en attendant que l'on puisse l'envisager, on peut commencer par tenter de voir où pourrait nous mener cette confrontation et quelles pistes elle pourrait ouvrir.

Nous pouvons d'ores et déjà prendre acte du fait que dans chacune des situations de français langue seconde, que ce soit en France ou dans l'espace francophone, la question de la culture de l'apprenant est au centre du débat. Elle revêt de surcroit une importance particulière parce que nous parlons de l'école primaire et du collège, donc d'un espace où vont se construire les identités à partir de deux séries de modèles et de référents distincts, ceux qui vont être proposés – ou imposés – par l'école et ceux qui vont être proposés – ou imposés – par le cadre familial.

La compréhension de la relation que ces enfants entretiennent avec leur histoire personnelle et familiale, d'une part, et avec leur histoire scolaire d'autre part, est essentielle à l'analyse des conditions d'échec et de réussite dans l'acquisition des savoirs et de la langue qui véhicule les contenus de l'enseignement. C'est donc à travers une prise en

137

Exploration de la
mémoire et de l'identité
collective en français
langue seconde

compte des conditions complexes de construction d'identités personnelles qu'il faut rechercher les solutions pédagogiques de l'échec d'une part importante de ces publics scolaires.

L' *école coloniale des origines*

Pour comprendre la nature des propositions qui vont être faites dans le cadre de cet article, il faut sans doute commencer par le commencement : l'école coloniale.

Dans les différentes colonies, même si cela varie d'une région à l'autre, seul un petit nombre d'indigènes est scolarisé et la demande d'ouverture de classes constitue, en Indochine par exemple, une des revendications des premiers groupes de contestation du système colonial. Les populations colonisées perçoivent diversement l'arrivée des écoles, confessionnelles ou laïques. Sans vouloir entrer dans le détail, on peut noter qu'elle est d'emblée tenue en suspicion : elle apparait comme une arme nouvelle, inattendue, de soumission au nouveau pouvoir. C'est ce qui ressort par exemple, de *L'Aventure ambiguë*, le roman célèbre de Cheikh Amidou Khane. La société des Diallobé, une fois que les blancs ont imposé leur loi par les armes, est confrontée à un choix difficile : faudra-t-il ou non envoyer les enfants des classes dirigeantes à l'école des blancs ? C'est la Grande Royale (l'ancêtre) qui tranchera : s'il y a quelque avantage à retirer, il faut que la noblesse en soit bénéficiaire ; s'il y a des risques, c'est à elle de les prendre.

Partout, dans toutes les colonies, l'école est perçue comme un enjeu majeur. Elle sera en effet un formidable outil de promotion sociale et d'entrée dans la modernité, mais aussi un rouleau compresseur qui met à mal les cultures de l'environnement dans lequel elle s'inscrit. Les peuples colonisés saisissent d'emblée cette double nature, plus par intuition, comme le fait la Grande Royale, que par claire conscience des conséquences à long terme, positives et négatives.

Les effets immédiats sont cependant perceptibles : l'enfant qui va à l'école s'éloigne nécessairement de son milieu d'origine. Cette distance, qui va croissant au fur et à mesure qu'il poursuit son cursus scolaire, primaire, secondaire, universitaire entraine une perte inéluctable. Éloignement physique, puisqu'il faut se rendre au bourg voisin, puis en ville, puis dans la capitale, parfois même jusqu'en France, éloignement affectif, culturel, social également. Ce que l'on gagne en prestige, en fortune, en statut dans la nouvelle société recomposée, s'accompagne nécessairement de ruptures successives.

Première évidence, l'enfant qui va à l'école ne peut plus suivre les enseignements traditionnels. Savant de l'école occidentale, il devient nécessairement un ignorant dans sa propre culture. Cela frappe plus brutalement, dans ces sociétés, les classes dominantes, qui exercent le pouvoir politique ou religieux car ce sont celles qui détiennent les savoirs traditionnels, qui en sont dépositaires et responsables et fondent ainsi leur légitimité.

L'inquiétude est partout la même, dans toutes les colonies. Les détenteurs des pouvoirs traditionnels politiques ou symboliques se posent tous la même question, dont la réponse est à double tranchant : doit-on ou non accepter de perdre pour gagner, ou du moins pour ne pas perdre plus, car l'école sera l'instrument de reproduction des nouvelles élites.

Il est des sociétés qui ont fait des choix conservateurs, en refusant d'envoyer leurs élites à cette école nouvelle et en contraignant leurs dépendants à le faire, pour ne pas entrer en conflit avec la situation coloniale. Un siècle plus tard, les catégories autrefois dominantes sont écartées du pouvoir politique, bien qu'elles conservent un ascendant symbolique fort, et cette situation n'est pas sans conséquences dans certains États, en Afrique subsaharienne notamment.

« LE SEUL LIEU DU SEUL SAVOIR... »

La question n'est pas seulement matérielle : les savoirs traditionnels – la culture des peuples, en quelque sorte – et les savoirs de l'école sont posés comme exclusifs les uns des autres. Cette école nouvelle se définit, s'affirme, d'emblée, comme le seul lieu du seul savoir. C'est-à-dire que l'existence de l'autre en tant qu'être produisant de la pensée, de la rationalité, des connaissances, est niée dans le principe même de cette institution. Elle ne laisse aucune alternative, aucune place, à l'expression d'autres vérités, d'autres points de vue, d'autres visions du monde. Parce que cette école est issue d'une certaine idée que l'occident se fait de la rationalité : la vérité est unique et incontestable. Cela s'explique, sans aucun doute, par la foi dans le progrès qui anime l'école de la Troisième République. En France même, elle se veut un outil de promotion, de diffusion des idées et des techniques, de démocratisation du savoir. « *L'homme n'est plus une bête de somme* dit un chant de la Commune, *il n'obéit qu'à la raison/ il marche avec confiance/ car le soleil de la science/ se lève rouge à l'horizon* ».

Dans les colonies, ce message est transposé. L'école coloniale, primaire ou secondaire, a pour objectif de former des cadres destinés à répondre aux besoins de l'administration, mais se fixe également une mission civilisatrice. Être éduqué, être « évolué » comme on disait parfois, c'était, dans l'esprit de la colonisation, sortir les peuples assujettis de la barbarie, leur permettre d'échapper à l'ignorance, à l'obscurantisme, à l'arriération, à l'atavisme. Ce sont des mots que l'on retrouve dans le vocabulaire de l'époque. Si on croit au progrès, à la science et à la technique, on se fait aussi une certaine idée de la hiérarchie des races, de leurs aptitudes respectives et de leurs possibilités d'évolution au contact de la puissance coloniale.

139

*Exploration de la
mémoire et de l'identité
collective en français
langue seconde*

L'école de cette époque ne traite pas avec plus d'égards interculturels les petits paysans de Bretagne et ceux d'Auvergne que les enfants du Mali, de Tunisie ou de Nouvelle Calédonie. Le célèbre «défense de cracher par terre et de parler breton» se décline, dans sa version africaine par une punition en forme d'objet à porter autour du cou, que l'on appelait «le symbole», signe visible de l'infamie, et qui stigmatisait le malheureux qui s'était laissé aller à parler, dans l'enceinte de l'école, toute autre chose que le français.

L'ÉCOLE CONDAMNE L'ÉLÈVE À LA PERTE DE SOI

Dès lors l'école condamne l'élève à la perte de soi. Des récits autobiographiques nombreux témoignent de cette rupture et de ses conséquences parfois dramatiques. Un auteur vietnamien de l'époque coloniale raconte que, pour entrer à l'école, il avait dû se plier au règlement qui imposait aux garçons de se couper les cheveux. C'était sans doute une mesure d'hygiène, pour éviter les parasites, mais elle prenait un tout autre sens pour les candidats à l'éducation à la française. Dans les milieux de lettrés annamites, le port des cheveux longs était de rigueur, c'était un signe de piété filiale et d'attachement aux ancêtres : se couper les cheveux, c'était donc se couper de ses racines, et cet acte était assimilé à une véritable mutilation, qui affectait l'enfant et tout son réseau familial. Le père se fit néanmoins violence, convaincu qu'il y aurait un bienfait à retirer de cette école pourtant si intransigeante la garantie d'entrer dans la modernité, sans doute et en larmes, porta devant l'autel des ancêtres la chevelure de son fils, sollicitant leur pardon pour tant d'impiété.

Ce sacrifice était le prix à payer pour l'accès au savoir.

Ici, le symbole de rupture est fort, mais il dit bien la réalité de l'école coloniale : on n'y rentre pas sans rompre, sans se départir de soi, sans s'aliéner. Il faut nécessairement, si l'on veut tirer bénéfice de son apprentissage, se dépouiller de sa culture, de ses croyances, de sa façon d'être au monde. L'école est posée dans le paysage de brousse africaine ou de campagne indochinoise comme une boite étrange, dans laquelle on entre pour ressortir façonné d'une nouvelle manière. C'est une fabrique d'hommes nouveaux, un moule.

Par le fait même de se définir comme le seul lieu du seul savoir, elle oblige l'enfant qui pénètre dans son espace à subir une considérable pression d'injonctions contradictoires, qui peuvent se résumer dans ce constat tragique du héros de *L'Aventure ambiguë* :

> Je ne suis pas un pays des Diallobé distinct, face à un occident distinct et appréciant d'une tête froide ce que je puis lui prendre et ce qu'il faut que je lui laisse en contrepartie. Je suis devenu les deux. Il n'y a pas une tête lucide entre deux termes d'un choix. Il y a une nature étrange en détresse de n'être pas deux.
> (Cheikh Hamidou Kane, *L'Aventure ambiguë*)

Mais l'école coloniale n'est pas que cela : elle est ambiguë car elle est aussi un instrument de diffusion d'idéaux humanistes et la perte initiale se compense par le gain d'une ouverture fascinante sur le monde qui donnera des générations d'écrivains, de penseurs, d'intellectuels véritablement novateurs qui construiront une nouvelle façon de penser leur identité complexe. Ils sont aussi le fruit de cette école. Reste qu'ils représentent une élite, le sommet de la pyramide, le faible pourcentage de ceux qui ont réussi.

Pour les autres, tous les autres, la perte n'a pas été surmontable.

Il y a ceux qui ont pu ou su se défaire de leur propre culture ou de certains de ses aspects, pour se rendre poreux à l'acquisition de connaissances nouvelles, et pour ceux-ci, l'aventure a été à la mesure de la passion qu'ils ont développée pour l'étude, comme en témoignent les récits d'enfance de Camara Laye ou de Joseph Zobel. Et puis il y a la longue cohorte de ceux que le dilemme a figés et qui n'ont pas pu dépasser par cette sublimation de l'étude la contrainte schizophrénique qui leur était imposée.

Ce long préambule sur l'école coloniale s'explique par le fait qu'aujourd'hui ce rapport entre la culture de l'élève et la culture de l'école n'a pas été réellement modifié. Deux cultures – celle de l'élève, celle de l'école – se côtoient toujours sans se rencontrer, sans se comprendre, sans dialoguer. On peut presque parler de **culture du dedans** et de **culture du dehors**. Aujourd'hui, dans les pays du sud concernés, à l'intérieur de l'enceinte de l'école, se véhiculent des savoirs, se transmettent des connaissances, s'acquièrent des comportements, s'énoncent des valeurs et des visions du monde. Ces contenus culturels ont été élaborés dans un ailleurs géographique, qui se trouve être celui d'un monde actuellement dominant, qui impose ses lois et dicte des conduites, parce qu'il détient les clés de la puissance économique et politique.

Cela est également vrai des publics spécifiques concernés par le FLS dans le système éducatif français : l'élève primo-arrivant, l'enfant de migrant en échec scolaire, vivent le même type de fracture, sont le lieu du même hiatus, car ils sont porteurs d'une culture constitutive de leur histoire qui n'est pas reconnue pour ce qu'elle est, mais est souvent implicitement perçue comme un obstacle à l'apprentissage.

Cette réalité structure fortement la relation entre l'élève et l'école à un moment de sa vie où il construit son identité dans l'injonction contradictoire

 À *la recherche de solutions*

Rétablir du lien entre la culture de l'école et l'enfant, reconstruire une histoire harmonieuse de sa participation équilibrée à ces deux espaces

141

*Exploration de la
mémoire et de l'identité
collective en français
langue seconde*

disjoints n'est pas une évidence pour les raisons précitées. Il ne sert presque à rien d'introduire des contenus culturels empruntés aux cultures d'origine des enfants, car on ne se situe pas là où le problème se pose, c'est-à-dire dans le lieu de la rupture. Si les activités pédagogiques concernées ne se situent pas dans le même plan, dans le même usage que les autres activités disciplinaires, on ne réduit pas la distance, on la maintient. On continue d'appliquer un traitement différent aux savoirs que l'on dit objectifs, scientifiques ou aux productions littéraires consacrées et à des expressions de nature différente, émanant des cultures d'origine des élèves. On court donc le risque permanent de folkloriser le vécu de l'enfant, de le scléroser, de le réduire.

Des questions purement techniques limitent aussi les actions d'introduction des cultures d'origine des enfants dans la classe : les programmes scolaires ne le permettent pas vraiment, sinon à la marge, les enseignants ne sont pas formés pour cela et les familles n'apportent pas nécessairement leur soutien à ces expériences pédagogiques.

Par ailleurs, il faut réussir à atteindre ce qui est en cause et qui crée des dysfonctionnements dans l'apprentissage : c'est la question du statut des différents éléments qui constituent l'identité culturelle en construction de l'enfant qui entre à l'école, que ce soit en France, ou dans un des pays francophones concernés.

L'INVESTIGATION PÉDAGOGIQUE

Une des réponses pédagogiques possibles consiste à utiliser systématiquement le principe d'investigation collective à l'intérieur de la classe. À chaque fois que l'on voudra solliciter la culture environnante, ce ne sera jamais l'école, ni les manuels, ni le maitre qui apporteront l'information, mais toujours la classe, instituée en véritable intermédiaire culturel entre l'école et la société, entre l'école et l'environnement familial de l'enfant. Ce sont les élèves qui constitueront ce lien, cette continuité, cessant ainsi de n'être que le lieu d'une fracture.

On recherchera par ce biais le moyen de rendre l'élève moteur de sa propre quête identitaire : c'est lui qui doit explorer son univers, en réapprendre les codes, et se construire ainsi dans un discours maitrisé sur lui-même, élaboré pour un interlocuteur identifié, structuré pour servir d'instrument de communication avec un autre reconnu comme différent et semblable.

Cet exercice prend un sens particulier dans le contexte français où la perte des racines, la distance avec l'histoire culturelle d'individus déracinés joue un rôle considérable dans l'échec de l'insertion scolaire ou sociale, dans la difficulté de se trouver sa place dans la société française.

Ce travail passera principalement par un travail d'enquête – pour ne pas dire de quête – structuré comme un véritable travail anthropologique à échelle réduite, dont les objectifs correspondent à plusieurs nécessités :

– ancrer l'enfant dans sa propre culture en la revalorisant, en lui assurant qu'elle a droit au respect et à la reconnaissance de l'institution scolaire ; il est important pour lui d'affirmer que les apprentissages de l'école ne sont pas de valeur, mais de nature différente ; le travail qu'il va réaliser a pour but de le conforter dans son identité, dans la mesure où c'est l'école qui est en demande d'information vis-à-vis de lui et de sa communauté, et non l'inverse ; il joue dans ce processus un rôle actif ;

– dans les pays en développement, cette démarche permet de rétablir le lien entre école et société en remplissant une fonction primordiale, celle de contribuer à assurer la préservation du patrimoine par la récolte des éléments culturels menacés de disparition ; ce faisant, l'école, moteur d'un processus de prise de conscience collective, donne à l'enfant les moyens de mieux se situer par rapport aux enjeux actuels de la mondialisation économique et culturelle, de devenir plus lucide par rapport aux modèles importés, qui valorisent systématiquement des modes de vie de type occidental ;

– donner une véritable fonction à l'enseignement du et en français dans les pays francophones et notamment dans les zones rurales ; maitriser le français, c'est avoir la possibilité de dire sa culture, de parler de soi, de son groupe, de ses valeurs, de son existence et de transmettre cette information à l'extérieur pour être véritablement cette parcelle du monde, même infime, dont est comptable l'humanité tout entière ; cela signifie la possibilité d'apporter sa contribution à l'édifice, de permettre que sa société puisse elle aussi témoigner de son expérience de la condition humaine ; ce travail devrait se concevoir de manière à ce que les élèves fassent l'expérimentation véritable du bi- ou du multilinguisme et de ses potentialités ; c'est aussi une autre façon d'affirmer que la notion de francophonie ne prendra son sens et sa légitimité que dans la mesure où elle saura être l'instrument de la défense des langues et des cultures régionales contre la mondialisation ;

– travailler dans une véritable interdisciplinarité c'est-à-dire, pour l'élève, apprendre à mobiliser des connaissances acquises dans différentes matières pour les mettre au service d'un même objectif et aboutir ensuite à un résultat concret ;

– acquérir des compétences en français à travers les différentes étapes de ce processus d'investigation ;

– apprendre à mobiliser des connaissances linguistiques déjà acquises pour construire des outils destinés à acquérir des connaissances nouvelles ;

– faire prendre conscience des liens qui unissent langue et culture dans la situation d'apprentissage, saisir les distances, les points de rencontre, les convergences, faire prendre conscience de la nécessité de se déplacer d'un système classificatoire à un autre.

143

*Exploration de la
mémoire et de l'identité
collective en français
langue seconde*

L'enquête sera au centre du processus d'investigation. Les compétences nécessaires pour élaborer et utiliser les outils indispensables (questionnaires, fiches, grilles) impliquent inévitablement la mobilisation de tous les acquis et la recherche de moyens linguistiques plus précis et plus complets pour mener à bien la tâche assignée. L'intérêt de cet exercice est qu'il exige, dans une situation réelle, que l'on teste sans arrêt la capacité à passer d'une langue à l'autre, d'un système de représentation dans l'autre pour répondre à de véritables besoins et non pas pour exécuter des exercices formels et abstraits.

Il va falloir, évidemment, à chaque fois, que l'enfant pense l'enquête et la prépare d'abord en français dans le cadre de la classe, avec l'aide du maitre, puis qu'il aille recueillir les données dans la langue ou du moins dans les codes culturels de ses interlocuteurs, et enfin restituer l'information, la traiter et l'interpréter en français. Ces étapes successives, ces allers-retours d'une langue à l'autre correspondent très exactement à ce qui se passe dans une situation de terrain ethnologique.

Le rôle de passeur culturel que l'ensemble de la classe va occuper est essentiel car il permet de faire l'expérience concrète de la manipulation de deux systèmes linguistiques dans toute leur complexité.

Cet exercice amène à comprendre implicitement que toute langue est le véhicule de contenus culturels, de valeurs morales, d'interprétations du monde, de manières de concevoir la condition humaine, que toute langue est un outil de compréhension du monde qu'elle découpe, classifie, organise en catégories. Et que donc, apprendre une langue étrangère consiste, au delà de l'acquisition de vocabulaire et de structures syntaxiques, à développer des aptitudes particulières qui permettent de passer d'un système de références à un autre. Tout apprenant d'une langue étrangère – y compris ces élèves du primaire confrontés à la nécessité d'apprendre le français – fait l'expérience de la difficulté, de l'impossibilité parfois, de transposer d'un code dans un autre les informations qu'il veut communiquer, le message qu'il veut transmettre. Apprendre une langue étrangère, c'est découvrir que les langues ne se répondent pas terme à terme, qu'il y a, au-delà des correspondances, des zones de flou, des manques, des vides, des impossibilités. Maitriser une langue étrangère, c'est naviguer avec aisance dans cet entre-deux sémantique et culturel.

Plus la langue est «étrangère», plus cette fluidité du passage de la langue maternelle à la langue apprise met du temps à se mettre en place. Il est bien évident que l'apprentissage d'une langue proche sera plus rapide et plus facile, puisque que l'on reconnait d'emblée des structures et des formes familières. La difficulté ne tient pas tant à l'étrangeté des phonèmes ou de structures syntaxiques inconnues, mais plutôt au fait que l'on se confronte à un univers mental que l'on a du mal à intégrer. C'est à une distance culturelle et cognitive que l'on se heurte.

Les différentes étapes du processus d'investigation dont la pratique est ici suggérée ont pour fonction de travailler à mieux comprendre et à mieux affronter les difficultés d'apprentissage de la langue dans ce qui ne peut s'acquérir à travers des exercices formels. En dépit de l'apparente difficulté, des formes simplifiées du travail d'investigation peuvent être mises en place, avec l'aide du maitre, dès la classe de CE2, voire de CE1.

Le formidable intérêt de cette démarche pédagogique est qu'elle contraint l'élève à se situer du côté du méta-, du côté des structures, qu'elle lui apprend à manipuler des concepts pour atteindre ses objectifs de compréhension. Et les acquis de cette démarche vont évidemment avoir des effets bénéfiques sur la suite de ses apprentissages, dans toutes les disciplines.

L'exemple que nous prenons ci-dessous a été publié sous forme de fiche pédagogique dans la revue *Diagonales*[1], aujourd'hui disparue. Il fait partie d'un ensemble de pistes pédagogiques suggérées dans le cadre d'un ouvrage en achèvement d'écriture qui propose une nouvelle approche de la question de la relation entre culture de l'apprenant et culture de l'école.

Le principe mis en œuvre dans l'exemple qui suit a été décliné dans des thématiques d'enquêtes très variées qu'il n'est pas possible, dans les limites de cet article, de commenter : elles concernent aussi bien la place de l'écrit, la littérature orale, l'expression du moi, les questions de nutrition (céréales et protéines), que les odeurs et saveurs, les chiffres et nombres ou les couleurs. Les objectifs sont toujours concentrés sur une réappropriation de la culture d'origine comme productrice de savoirs constitués.

OBJETS D'ICI, OBJETS D'AILLEURS

L'exercice ici décrit répond à plusieurs objectifs : culturels, puisqu'il va s'agir de décrire, de comparer des objets appartenant à la culture traditionnelle ; cognitifs et linguistiques, car pour atteindre l'objectif culturel il va falloir apprendre à catégoriser des objets et à les comparer en élaborant les critères adéquats ; citoyens, car il va amener les élèves à comprendre les enjeux de la mondialisation.

La première consigne consiste à demander aux élèves de faire la liste d'une série d'objets à l'intérieur de leur espace d'habitation, les ustensiles de cuisine, par exemple et de rédiger une fiche pour chacun d'entre eux. Sur celle-ci, conçue à la manière des fiches descriptives que l'on utilise dans les musées pour répertorier les collections, ils renseigneront les entrées suivantes : taille, poids, matériau, fonction, origine, prix, date et mode de production, nom du producteur ou marque, date et lieu d'acquisition, date et lieu estimée de l'apparition de l'objet, production locale ou importation, existence d'autres objets de fabrication locale ou importée emplissant la même fonction. Par ailleurs, ils rem-

1. Fiche pédagogique « Objets d'ici et d'ailleurs », *in Diagonales*, n° 34, mai 1995.

pliront une grille d'appréciation de 1 à 5 des critères suivants : cout (cher/bon marché) valeur esthétique, commodité, solidité.

Ce matériau, collecté par la classe, va être exploité de plusieurs manières. D'abord pour établir des constats, celui par exemple du remplacement progressif d'objets produits localement par des objets importés, ou à l'inverse du maintien, ou du retour de certains autres. Ensuite pour s'interroger sur ces constats, élaborer des hypothèses, et tenter de les valider : quel rôle joue l'évolution des gouts, des habitudes alimentaires, des comportements, quels sont les effets des modes, de la publicité ? Enfin pour essayer d'aller au-delà dans une réflexion sur la fragilité des cultures traditionnelles face aux modèles mondialisés.

Sur le plan des apprentissages, on attachera une grande importance à la capacité à catégoriser, à classer, à trouver le mot juste, puis ensuite à comparer, à utiliser des critères, et enfin à formuler une hypothèse et à exprimer un jugement. Ces apprentissages linguistiques antérieurs trouveront ici une employabilité immédiate qui permettra de les fixer.

Par ailleurs, l'élève prendra en charge, personnellement, une réflexion sur la confrontation entre sa culture d'origine et les contraintes économiques, politiques, sociales qui pèsent sur son environnement. Il aura à interroger sa famille, ses parents, sur leur place d'adultes dans cette confrontation.

Dans le contexte français, une enquête complémentaire a été prévue, avec la même rigueur de mise en place sur un objet du quotidien des élèves : les baskets. L'objectif reste le même, catégoriser, comparer, comprendre. On voit immédiatement les implications : effets de la publicité, délocalisation des entreprises, salaires et conditions de travail dans les pays en développement, etc.

Cette démarche préconise des solutions qui font appel à des formes de retour sur soi, d'investigation par les élèves de leur propre réalité. Il ne s'agit pas de travailler au sens strict une biographie, même si ces investigations peuvent prendre la forme de biographies familiales, mais plutôt d'inciter l'élève à aller à la recherche de sa propre identité collective en l'interrogeant et en élaborant de lui-même des modalités d'aller-retour entre sa culture d'origine et ce que l'école lui propose comme cadre de pensée et comme contenus pédagogiques à acquérir. Il s'agit de reconstituer un « nous » pour faire vivre un « je » d'apprenant autonome.

Le principe systématiquement appliqué de l'investigation pédagogique devrait permettre d'apprendre aux élèves à mobiliser des compétences déjà acquises pour se construire des outils par eux-mêmes, des outils destinés à acquérir un savoir sur soi, et par ce biais de nouvelles compétences. C'est par ce cheminement qu'il pourra trouver à son histoire la place qui lui revient, qu'il pourra se structurer dans une identité propre qui corresponde à ses appartenances multiples et interdépendantes.

Pour échanger : relater et relier des fragments biographiques

MICHELINE MAURICE
CIEP

Les projets de correspondance, de partenariats éducatifs européens et de travail coopératif se développent de plus en plus aujourd'hui, notamment en Europe.

On parle de «**nouvelles** pratiques d'échange à distance» mais bien souvent on attribue cette nouveauté à l'utilisation des TICE. Certes les techniques informatiques et celles d'Internet introduisent du nouveau dans le rapport à l'absence et à la distance du destinataire, dans le rapport au temps réel et imaginaire de l'échange ainsi que dans les possibilités d'écriture où le langage verbal peut être agencé avec celui de l'image et du son de manière très intéressante.

Mais l'essentiel de la nouveauté réside à mes yeux du côté des pratiques pédagogiques qui, à partir de situations d'échange à distance, conduisent les élèves à trouver leur place de sujets singuliers, à développer des espaces d'écriture entre soi et l'autre, à tisser leur réflexion sur leurs parcours langagiers, sur leurs trajectoires culturelles, sur leur rapport au monde et à la connaissance.

La pratique de correspondance peut être en effet autre chose que l'échange de banalités, quotidiennes ou savantes. Elle peut être conçue comme une véritable méthode de travail qui sollicite l'énonciation de sujets singuliers, qui introduit un processus de création avec le langage, et qui, dans cet espace dialogique avec l'autre, déploie la production croisée de fragments de récits de nature biographique qui sont autant de processus de réflexion sur les rapports singuliers de chacun aux objets de savoirs en apprentissage. Une méthode de travail qui, en exploitant pleinement les situations de mise en relation et la puissance du processus d'énonciation, peut ainsi efficacement viser la construction de compétences plurilingues et interculturelles.

147

*Pour échanger : relater
et relier des fragments
biographiques*

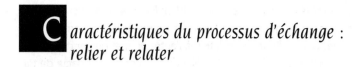

Caractéristiques du processus d'échange : relier et relater

Le processus d'échange est un processus de **mise en relation**, aux deux sens du terme :
– relation au sens de « relier », tisser des liens entre sujets ;
– relation au sens de « relater », tisser du sens avec le langage.
C'est la mise en œuvre conjointe de ces deux processus « relier » et « relater » qui caractérise la démarche d'échange à distance, qui induit une méthode de travail spécifique et qui conditionne la réussite des projets.

RELIER

Tous les dispositifs de coopération mettent en œuvre des processus de mise en relation au sens de « relier ». Mais la caractéristique de projets de correspondance et de travail coopératif qui ont pour objectif de produire des connaissances et des compétences plurilingues et pluriculturelles – et c'est bien là l'enjeu de les introduire à l'école – est d'être un dispositif de travail coopératif particulier fondé sur une relation inter-subjective, c'est-à-dire une relation entre sujets singuliers, constitués par une multiplicité d'éléments de nature différente, historique, linguistique, artistique, sociale, culturelle. Des éléments cognitifs et des éléments affectifs qui constituent leur **capital culturel** qu'il s'agit de faire émerger, travailler, méditer par des récits biographiques.

Ainsi tous les acteurs d'un projet d'échange à distance, quelle que soit la manière de les nommer (correspondants, protagonistes, partenaires), prennent **leur place de sujet singulier**, acteurs de **parcours** linguistiques et culturels singuliers.

C'est un processus de travail qui se déploie dans un double mouvement de décentration et de centration.

Le mouvement de décentration, de confrontation à l'altérité, à des éléments différents ou semblables, mais extérieurs à soi ne peut être efficient, en termes de production de connaissances et d'augmentation de son capital culturel singulier (et non en terme de consommation de folklorisme) qu'à la condition qu'il y ait conjointement à l'œuvre un autre mouvement, celui de centration.

Le mouvement de centration vise à la confrontation avec nos propres éléments culturels, qui nous sont « intérieurs », « incorporés » au point qu'on ne les voit plus, qu'on les tient pour naturels, voire pour « normaux ». Ce mouvement est le travail qu'il faut faire pour parvenir à voir, à regarder, à connaitre, à reconnaitre ces éléments. Et pour ce faire, il faut pouvoir prendre du recul, de la distance. C'est précisément dans le regard de l'autre que l'on peut « emprunter » cette distance et faire ce «pas de côté» qui nous permet d'identifier ces éléments qui nous constituent, mais qui ne constituent pas pour autant une norme.

Un projet qui implique une relation à l'autre permet que cette relation soit productive de savoir parce qu'il induit un contrat, un pacte de travail dans lequel peut s'effectuer le double mouvement de décentration/centration : l'autre, par son regard extérieur, voire surpris, m'aide à voir certains éléments qui me constituent, à les regarder autrement, à m'y intéresser et à envisager de mener un travail pour les structurer, pour les «relater» et pour en savoir plus. En outre, je vais réciproquement être «l'autre» pour mon correspondant, c'est-à-dire voir, être surpris, intéressé par des éléments qui le constituent et l'amener ainsi à vouloir les structurer, les relater, en savoir plus et à me transmettre ce savoir.

Exemple 1

Par exemple, dans un projet de correspondance multimédia entre des collégiens français et américains, une des correspondances qui s'est déployée de façon importante sur Victor Hugo est partie d'une question d'un des correspondants américains à un des jeunes de la classe du collège parisien : «Il parait que c'est l'année Victor Hugo en France, qu'est ce que ça veut dire?»

Cette question a provoqué un effet de sens chez le collégien de Paris : l'intérêt que le correspondant américain semble porter à Victor Hugo en tant qu'il appartient au capital culturel du collégien français crée chez ce dernier un lien différent avec Victor Hugo, bien différent de celui qu'avait pu créer son manuel de littérature. Le collégien français est soudain reconnu comme connaissant Victor Hugo ou devant le connaitre puisqu'il représente un fragment de son identité, dans le regard de son correspondant américain. Il reconnait donc Victor Hugo comme une des richesses de son capital, comme un fragment de son propre parcours culturel, les souvenirs lui reviennent (la récitation à l'école primaire, le grand-père immigré qui lui racontait comment il avait appris le français avec ce grand poète, les explications de texte au collège …). Les liens entre ces souvenirs apparaissent, flous d'abord, puis plus nets dans l'écriture du récit qu'il va composer pour son interlocuteur américain.

Il n'en faut pas plus pour que le collégien mobilise ses camarades et ses professeurs pour réaliser ensemble un travail sur Victor Hugo afin de transmettre ce savoir aux Américains!

Les élèves vont commencer par produire des petits récits sur le thème : «Victor Hugo et moi» puis développer différents travaux pour composer un dossier très riche; ils vont ainsi non seulement enrichir leur capital culturel avec Victor Hugo, enrichir celui de leurs correspondants américains, mais en plus ils vont acquérir cette compétence que l'on peut nommer l'autonomie dans l'apprentissage, en réemployant la même démarche à leur tour envers les Américains avec une nouvelle question : «Il parait que J. Fitzgerald a vécu dans votre ville? Que pouvez-vous nous en dire?» Ils apprirent alors beaucoup sur Fitzgerald, sur Victor Hugo, sur leurs propres parcours et… sur leurs capacités d'apprendre à partir de leurs propres expériences.

Ce processus peut se développer à partir de différents éléments culturels ou historiques : grandes ou moyennes figures de la culture nationale ou régionales, fêtes et rituels, mouvements artistiques,

149

*Pour échanger : relater
et relier des fragments
biographiques*

personnages historiques, événements de l'histoire leur pays ou de leur région, etc.

Exemple 2

Un exemple intéressant est un projet intitulé «Lettres au passé», mené sur le thème des mouvements migratoires dans le monde par deux classes de collège, en France et en Grande-Bretagne et animé par les professeurs d'histoire, de français et d'anglais.

Les élèves sont invités à imaginer, écrire puis réaliser en vidéo, la lettre qu'un de leurs ascendants «aurait pu» leur écrire dix, vingt, trente, quarante années plus tôt, au moment où ce grand père, cette arrière-grand-mère, ce père... quittait son pays d'origine pour venir vivre dans le pays d'accueil, la France pour les uns, la Grande-Bretagne pour les autres. «Imaginer» cette lettre impliquait pour chacun de retrouver son histoire familiale, sa rencontre avec les langues et les cultures d'origine, celles qui furent apprises, celles qui furent oubliées. Les démarches de travail furent diversifiées : discussions avec la famille, recherche de rares et précieuses photos, consultation du manuel d'histoire et d'Internet pour découvrir quelques dates, quelques éléments politiques et économiques de l'époque de cette immigration familiale. L'écriture de cette «lettre au passé» signifiait aussi et surtout pour chacun de retrouver son parcours culturel dans cet espace d'histoire familiale en correspondance avec l'histoire mondiale et son parcours de mobilité linguistique à mettre en relation avec sa posture d'apprenant de langue étrangère. Ces lettres au passé, qui toutes sont d'une exceptionnelle qualité, permirent aux adolescent qui les ont réalisées de relier et relater des fragments de leurs histoires, de leurs patrimoines immatériels avec les parcours d'apprentissage qu'ils menaient dans les disciplines concernées : histoire, littérature et langue.

Ce processus peut se développer également à partir d'éléments langagiers qui constituent leur être de langage, leur rapport aux univers linguistiques majeurs ou mineurs dans lesquels ils évoluent et qui dans la plupart des cas ne se réduisent pas à une langue dite «maternelle» et à une langue dite «étrangère» objet d'apprentissage à l'école.

En effet, c'est le langage qui est la médiation d'un projet de correspondance comme de tout travail coopératif à distance, certes c'est le moyen privilégié de la communication, c'est l'outil du travail. Mais il peut et doit aussi être un thème de travail en tant qu'élément culturel premier et déterminant.

Or la question du choix de la/des langues que les élèves emploieront dans leur projet est la plupart du temps une question exclusivement gérée par les enseignants, d'autant plus que dans bien des cas, c'est l'objectif d'acquisition linguistique qui est l'objectif principal du projet d'échange.

Sur cette question dite linguistique, rares sont les démarches qui vont au-delà d'objectifs de perfectionnement d'un instrument de communication et qui posent la langue/les langues comme objets de travail et de réflexion.

Or, dès lors que l'on engage des méthodes de travail qui impliquent des situations de mobilité culturelle, qui insufflent du mouvement dans les modes de pensée, du déplacement dans les représentations, pourquoi ne pas mettre également en jeu cet outil de travail qu'est le langage? Mettre en jeu et en travail l'instrument utilisé pour mener l'échange, c'est-à-dire les éléments langagiers qui constituent chaque personne, soi et l'autre; mettre en jeu et en travail ces éléments structurants que sont les langues maternelles, étrangères, nationales, d'immigration, d'exil, langues clandestines,...

Exemple 3

Une enseignante d'anglais proposait une activité à ces élèves d'origine diverses, magrébins, asiatiques, africains, ... à partir de la phrase de Shakespeare : «Nous sommes faits de l'étoffe dont sont tissés nos rêves» les invitant à remplacer le mot «rêves» par d'autres mots; celui de «langues» arrivait très vite; et à partir de là, elle proposait d'écrire des petits récits sur les rencontres langagières qu'ils avaient faites depuis leur petite enfance, pour arriver à la réalisation de collages, sortes de cartographies de leur parcours dans le langage, faits d'images, de mots et de calligraphies. Le travail sur la langue proche et la langue lointaine commençait ainsi et créait dans la classe de véritables surprises, découvertes, ouvertures sur des richesses, des souffrances aussi, et progressivement un constat : l'anglais que l'on est ici obligé d'apprendre, de discipline obligatoire devenait une des langues en partage dans la classe, qui pouvait être portée, chacun à sa manière sur sa «cartographie langagière».

Cette situation d'échange, menée dans un premier temps à l'intérieur de la classe, puis dans un deuxième temps avec les correspondants australiens (avec qui l'échange s'est centré dans un premier temps sur le rapport de chacun à la langue de l'autre), a joué son rôle de dispositif de réflexion sur son capital linguistique et par suite sur le désir de l'augmenter.

Ce processus de décentration-centration permet d'identifier, d'autoriser la re-connaissance des fragments du parcours culturel de chacun pour les constituer en objets de travail et engager des activités d'investigation. Ce qui est ou doit être un des objectifs éducatifs essentiels de ce type de projet basé sur une démarche d'échange. Car le jeune dont le capital culturel et linguistique doit être augmenté – et c'est essentiellement par l'école qu'il le sera, en tout cas pour tous ceux qui ne sont pas des «héritiers culturels» – peut par ce type de travail modifier positivement son rapport au savoir, son rapport aux langues étrangères, son rapport à la possibilité d'augmenter son capital culturel.

Ce processus de mise en relation dans son premier sens de relier est une caractéristique essentielle de la démarche d'échange; la méconnaitre ou la banaliser – notamment en la réduisant à une fonction de simulation ou simulacre affectif et amical – serait ramener ce type de projet à des exercices de langue et de traitement de l'information où les sujets singuliers resteraient discrets, effacés, voire absents, pour ne

151

*Pour échanger : relater
et relier des fragments
biographiques*

mettre en œuvre qu'une technicité académique et faire de façon plus ou moins brillante des gammes lexicales, syntaxiques et informatives.

Dans son double mouvement de décentration/centration ou, comme dirait Louis Porcher «Internationalisation/Patrimonialisation», la relation à l'altérité n'est pas aventure simple, ni angélique. Elle se développe bien souvent par des étapes du type : prise de conscience, remise en cause, réflexion, confrontation, refus, conflit. La relation interculturelle n'est pas un long fleuve tranquille. Il faut savoir gérer la prise de la place singulière de chacun dans un projet, dans une classe, dans un établissement. La question est de savoir comment les acteurs d'un projet de correspondance ou d'échange à distance peuvent prendre leur place de sujet singulier et par suite peuvent entrer dans ce dispositif de travail et produire de la connaissance.

La question est de savoir comment les enseignants peuvent aider les élèves à prendre cette place et à construire un mode de relation intersubjective et interculturelle et par suite productive de connaissances et de compétences. Sachant que ce n'est évidemment pas en disant à leurs élèves : «Voilà, je vous ai trouvé des partenaires, on va mener un projet d'échange.» Il ne s'agit pas d'avoir un partenaire, mais d'être, de devenir, un partenaire.

RELATER

Une des réponses, principale, est dans la mise en œuvre du processus de relation au sens de «relater», c'est-à-dire aider les élèves à entrer dans le langage, à y entrer en explorant toutes ses potentialités, toutes ses fonctions et toutes ses formes.

Tisser du sens avec le langage, c'est mettre en œuvre deux types de modalités de composition langagière.

Relater le rapport du sujet singulier au réel

Il s'agit de favoriser l'écriture du «je» et du «je»/«tu» et d'inviter les élèves à composer des écritures créatives. Ce qui n'est pas si fréquent à l'école où le discours du «il» prédomine, le «il» scientifique, historique, littéraire, le «il» de la vérité académique. Permettre aux élèves de relater leur rapport au réel est le passage obligé pour les aider à s'identifier en tant que sujets de langage, porteurs de savoirs culturels et sujets en formation.

Pour ce faire il est nécessaire de les inviter à exprimer leur regard, leur mémoire, leur point de vue, leurs interrogations sur des éléments, du passé et du présent, qui les constituent en leur proposant de réaliser des créations langagières à partir de consignes qui les conduisent :

– à exploiter les différentes fonctions du langage verbal : poétique, métaphorique, métonymique, symbolique… ;

– à utiliser la/les langues qu'ils souhaitent, à les agencer, à expliciter les raisons de leur choix ;

– à investir le langage de l'image dont les potentialités d'évocation, de polysémie, de poésie sont particulièrement riches et favorisent l'énonciation de réalités complexes qui sont forcément les leurs dès l'instant où ils sont autorisés à penser leur «être au monde» et à relater leurs expériences culturelles et langagières.

Relater les apports d'informations sur le réel

Ces informations sont recueillies à partir de différentes sources, manuels scolaires, CDI, Internet, personnes ressources, etc. Pour ce faire, les élèves sont invités à utiliser le discours du «il» et à produire des écritures informatives en utilisant le langage dans ses fonctions informative, descriptive, démonstrative et argumentative. En outre il s'agira de susciter les élèves à relater le rapport qu'ils ont à ces informations, c'est-à-dire à les interroger sur leurs sources, à les engager à mettre en regard différentes informations sur le même sujet, à identifier des informations contradictoires, etc.

C'est ce double mouvement de relation langagière effectué dans une situation d'échange à distance qui va permettre aux élèves de trouver leur place de sujets singuliers et d'entrer dans un processus de production de connaissances et de compétences.

L'important est donc de donner la possibilité de la diversité des écritures, des langages, des langues maternelles, nationales et étrangères, des supports et des techniques de composition. Ce qui ne veut pas dire qu'un bon projet de correspondance et d'échange à distance est un immense patchwork de styles différents d'écriture, de langages et de langues mais que c'est un tissage de textes qui permet progressivement la rencontre avec l'autre et avec soi-même, qui permet de «faire connaissance», de «produire de la connaissance» et de «s'approprier les connaissances».

rois temps d'un projet

En conclusion de cette analyse du double processus «relier/relater» de l'échange à distance, une proposition d'application concrète peut être l'organisation en **trois temps** d'un projet d'échange à distance.

Premier temps : le temps de «faire connaissance»

Écriture et échange de «regards»

Objectifs généraux du 1er temps :
– tisser des liens entre les élèves, acteurs du projet;
– trouver sa place de sujet singulier et entrer dans l'énonciation de «je»;

153

*Pour échanger : relater
et relier des fragments
biographiques*

– se familiariser avec l'écriture créative avec la multiplicité des langages ;
– faire émerger des thèmes de travail.

Types d'activités à mettre en œuvre

1. Écriture du « Je » : expression de son « rapport » au réel, de ses représentations, de ses parcours, de ses « tissages » linguistiques, culturels, historiques et sociaux.
2. Lecture de l'espace de l'autre, le « Tu » : apprendre à recevoir les productions des partenaires, à les lire, les décrypter, les interroger.
3. Techniques de créativité en utilisant la multiplicité des langues et des langages (images, mots et sons).
4. Introduction des TICE.

Types de productions réalisables au cours du 1ᵉʳ temps.

Création de :
1. messages individuels de type : autoportraits, autobiographies, notamment par rapport aux langues, cultures, arbres généalogiques, cartographies langagières,…
2. messages collectifs (collages, montages des messages individuels)

Remarque :
Rythme rapide des envois et réceptions des messages. Pour le premier échange, les deux classes en correspondance peuvent démarrer leurs travaux d'écriture en même temps.

Deuxième temps : le temps de « construire les connaissances »

Travail coopératif

Objectifs principaux du 2ᵉ temps

– **découvrir le travail coopératif** (besoin de l'autre pour construire et approfondir des savoirs)
– **savoir rechercher**, traiter, croiser des informations sur un thème
– **savoir travailler en équipe** en présence et à distance et **négocier les choix et les décisions**
– **développer des aptitudes à la réflexivité**
– **apprendre à apprendre** dans une relation interculturelle

Types d'activités à mettre en œuvre

Les activités du deuxième temps sont fortement déterminées par le type de projet adopté et notamment les modes d'apprentissages dominant retenus pour le projet.

À titre indicatif (à adapter en fonction du projet) :
– démarches d'investigations
– écritures informatives
– recherche et traitements, informations
– croisements des informations (comparaisons, complémentarité, dialectique, etc.

– poursuite des activités d'expression du rapport de chaque élève aux thèmes de travail

Types de productions

Mise en forme des informations en fonction du type de production finale choisie, par exemple : éléments pour recueil de correspondances, pour dossiers documentaires, articles pour journal en ligne, chapitres d'un roman, séquences vidéo, etc.

Remarques
– **La multiplicité des supports** favorisera la coexistence des deux types de processus (échange d'informations et échange de regards et de parcours singuliers).
– **Une règle d'or** : toujours identifier d'où vient une information.
Car avoir une information signifie toujours que l'on s'est mis en relation avec quelqu'un (un professeur, un parent, un journaliste ou quelque autre instance : un journal, une émission de télévision, un livre scolaire, une encyclopédie, un site Web, etc.) Il faut expliciter le type de « relation ».

Troisième temps : le temps de s'approprier et d'évaluer les connaissances

Production finalisée

C'est le temps de la finalisation de la production commune.
Selon le projet engagé, il s'agit là de finaliser une production commune. Elle est l'œuvre issue des processus de production individuelle, collective et coopérative, elle est aussi leur reflet.

Objectifs principaux :
– **savoir se responsabiliser** individuellement et collectivement en tant « qu'auteur »
– **savoir négocier** (pour effectuer les choix nécessaires)
– **apprendre à évaluer son travail** (identifier les acquis à tous les niveaux du travail – savoirs, savoir-faire et savoir être) et les difficultés rencontrées

La production, définie au début du projet, pourra être, selon les thèmes choisis, les types de processus de travail mis en œuvre : un carnet des correspondances, un recueil de récits biographiques, un magazine, un roman collectif et interactif, un récit historique, un dossier sur thème, une rencontre productive (la réalisation d'une pièce de théâtre, la réalisation d'un chantier, etc.)

Les supports, selon les techniques choisies pourront être : un site Internet, un cédérom, un ouvrage, une exposition itinérante et/ou virtuelle, un film (fiction ou documentaire)…

La vie mise en scène : théâtre et récit

DANIEL FELDHENDLER

UNIVERSITÉ GOETHE, FRANCFORT-SUR-LE-MAIN

L'approche biographique interpelle les praticiens et acteurs sociaux engagés dans la didactique du français langue étrangère et par extension dans les démarches de formation interculturelle.

J'aborderai ici quelques-uns des enjeux de ces pratiques éducatives et leurs potentialités d'élaboration d'identité culturelle dans le contexte actuel de la construction européenne. À cette fin, je prendrai appui sur des pratiques de formation qui se déroulent dans le cadre de l'institut des langues et littératures romanes de l'université Goethe à Francfort-sur-le-Main. Dans ces ateliers, j'invite les participants étudiant le français (licence, maitrise et filière enseignement) à réfléchir activement sur leurs itinéraires respectifs à travers différents modes d'expression orale (approche relationnelle et dramaturgique, mise en scène de récits de vie), écrite (journal de formation et réalisation de portfolio), pratiques auto-réflexives et métacommunication. Le travail engagé permet de réfléchir aux démarches biographiques les plus pertinentes en relation avec les apprentissages langagiers. En effet, le travail biographique catalyse le développement d'attitudes et d'aptitudes fondamentales en situation d'interaction : l'écoute sensible, l'écoute de soi et de l'autre en vue d'une meilleure compréhension réciproque de récits de vie ; l'expression personnalisée dans une dynamique d'identité narrative et de réflexivité ; la sensibilisation aux éléments paralinguistiques dans l'énonciation de récits biographiques (langage non-verbal, voix et intonation, langage corporel, expression des émotions, représentation de l'affectivité, perception de l'exprimé et du non-dit). Le travail biographique développe également une dynamique de **reliance** c'est-à-dire de mise en relation des histoires personnelles considérées sous leurs multiples aspects : relationnel, interpersonnel, interactionnel, intergénérationnel, inter- et transculturel mais également comme travail de réminiscence et de mémoire collective.

Par ailleurs, ce travail relève d'une perspective actionnelle qui, (comme le précise le Cadre européen commun de référence pour les langues) prend en compte les ressources cognitives, affectives, volitives et l'ensemble des capacités que possède et met en œuvre l'acteur social. Ainsi l'approche biographique développe-t-elle une dynamique autour des actes de parole portés par des acteurs sociaux, sujets de leur apprentissage. D'autres enjeux apparaissent dans le processus de construction identitaire du sujet et de son historicité : s'autoriser à être, à dire et à faire.

A pproches intégrées de biographie éducative

L'approche relationnelle (cf. Martinez, Dufeu, Feldhendler, in Caré 1999) apporte un cadre de référence pertinent pour une adaptation de la démarche biographique à l'apprentissage des langues. En effet, dans l'approche relationnelle, « l'enjeu véritable des apprentissages langagiers est de développer non seulement des compétences linguistiques, mais aussi des aptitudes de sorte que les interactions langagières deviennent espace d'émergence de la subjectivité dans ses composantes affectives, cognitives, sociales et culturelles » (Martinez in Caré 1999). Cette pédagogie de la relation repose sur un apprentissage ancré dans l'affectivité et entraine d'importantes modifications qui concernent la relation pédagogique, le statut des apprenants-participants, les processus d'acquisition, le rapport à la langue étrangère, la fonction d'une langue et les supports didactiques de l'apprentissage (cf. Dufeu 1996).

Dès 1979, j'ai développé et intégré les pratiques relationnelles dans le cadre de la formation initiale à l'université Goethe de Francfort-sur-le-Main et dans la formation permanente des enseignants ; j'ai plus particulièrement porté mon intérêt sur les aspects interactionnels et dramaturgiques de telles démarches (Feldhendler 1999 a). À partir de 1990, j'ai porté une plus grande attention à la mise en scène d'histoires de vie dans la didactique d'une langue étrangère (Feldhendler 1997). Depuis 1997, je mène une recherche-action dans le cadre d'un atelier « laboratoire » avec pour objectif de favoriser l'émergence de l'identité du participant par la mise en relation des récits de vie, de leur écriture et de leur représentation dramaturgique. Cet atelier est présenté sous le titre « Histoires de vie et parcours de formation » dans la brochure de l'institut de langues et littératures romanes :

> Ce cours propose aux étudiants de réfléchir sur leurs itinéraires respectifs à travers le dialogue, l'expression écrite et la représentation scénique. Cette approche auto-réflexive permet de mieux cerner les motivations respectives dans un parcours de formation.
> (*Histoires de vie et parcours de formation*, brochure de l'institut de langues et littératures romanes)

Ici, l'approche biographique se comprend comme processus dynamique de formation à partir de l'échange interactif et la mise en relation d'expériences d'apprentissage, l'écriture à la première personne du sujet à la découverte d'un «je», la rédaction d'un journal personnel de récits et d'histoires de vie pour favoriser l'émergence d'une «identité narrative», la représentation scénique de fragments de vie en ayant recours aux procédés dramaturgiques du théâtre-récit, la recherche du «nous» par la mise en correspondance thématique et collective, l'instauration de pratiques d'auto-réflexion et de métacommunication.

Régulièrement proposé pour la formation avancée des étudiants romanistes, cet atelier est orienté sur les thèmes suivants : la vie étudiante, les parcours d'étudiants romanistes, les rapports des étudiants aux langues étrangères, la motivation profonde des étudiants dans le choix des études de français, les premiers moments dans l'apprentissage d'une langue étrangère, les influences transgénérationnelles dans le choix d'une langue étrangère, la découverte de l'autre et de son altérité culturelle dans les expériences des étudiants à l'étranger (en France et dans d'autres pays) et leurs vécus interculturels, la socialisation scolaire, les expériences d'apprentissage, les parcours de formation, les choix professionnels, les stratégies personnelles et les perspectives d'avenir.

D'autres thèmes sont intégrés au cours de chaque semestre en fonction des désirs exprimés par le groupe et de l'évolution de la démarche. Dans le cursus des études, ce cours constitue également un entrainement à l'expression orale et écrite dans des situations d'implication et de communication relationnelle. Les participants sont invités à rédiger, au cours du semestre, un journal de formation en tant que pratique réflexive.

L e dispositif

Le dispositif repose sur une approche relationnelle et dramaturgique de la biographie éducative. Comme le souligne Pierre Dominicé (2002), la biographie éducative (inspirée des méthodes de recherche-formation), utilise les récits de parcours de formation. Elle propose une pluralité de pistes pour conduire les adultes à cerner leurs propres dynamiques de formation, pour faciliter le travail de conscientisation des processus sous-jacents, pour penser l'action éducative, dans ses dimensions individuelles et collectives.

Dans le déroulement pratique, plusieurs temps pédagogiques alternent de façon souple. Nous distinguons une phase introductive au cours de laquelle les objectifs du semestre sont présentés. La démarche relationnelle inhabituelle s'inscrit dans une optique particulière : apprendre/enseigner autrement. À l'aide d'exercices interactifs, les étudiants sont invités à faire connaissance et à se rencontrer différemment, d'une façon plus individuelle et plus personnelle. Une forme contractuelle est envisagée (demande de participation active, production écrite en fin de semestre, contrat relationnel négocié avec le groupe – sous la forme d'engagements formulés en sous-groupe). La première séance, puis chaque séance suivante se termine par une phase de métacommunication, pour permettre aux étudiants de mieux se situer rétroactivement dans leurs vécus des situations et des processus de formation.

Viennent ensuite les phases relationnelles de constitution de groupe. Ces phases fondamentales ont pour objectifs la mise en confiance et l'ouverture progressive et réciproque des participants présents, à l'aide d'activités développant un climat relationnel. Dans le contexte universitaire, cette implication demande aux étudiants un changement d'attitude important. Le cadre de travail proposé doit donc être très structurant et rassurant. Il est souvent en opposition au milieu ambiant marqué par l'anonymat et des *habitus* de transmission de savoir fortement hiérarchisés. Il faut donc souligner les avantages que les participants du groupe ont à se connaître d'une façon réciproque pour mieux apprendre, à faciliter la prise de parole de chacun comme processus d'autorisation afin de devenir auteur de son récit de vie. Réfléchir sur soi permet l'auto-formation active et des dynamiques de transformation.

Les phases d'écriture constituent un moment privilégié dans l'approche biographique. Ici, l'écriture prend le plus souvent la forme du journal, outil efficace pour celui qui veut comprendre sa pratique, la réfléchir, l'organiser. L'objectif du journal est de garder une mémoire, pour soi-même ou pour les autres, d'une pensée qui se forme au quotidien dans la succession des observations et des réflexions (Hess, 1998). Les étudiants ont le choix de la nomination et de la forme de leur production écrite : journal, carnet de bord, récits, histoires, parcours. Les chemins de formation personnelle et leurs supports respectifs ont pour but de développer des démarches d'autonomie. L'approche « transversale » retenue se conçoit donc pour les étudiants dans des pratiques d'écriture relatant des parcours « d'itinérance » (Barbier, 1997). Selon les ateliers et leurs orientations, la structuration du journal de formation peut aussi faire l'objet de propositions plus précises. Un atelier portant sur les choix professionnels ou sur le devenir enseignant pourra conduire à une production écrite prenant la forme de portfolio avec différents types de mise en page et de présentation graphique. Les moments de l'écriture varient aussi en fonction des objectifs didactiques et du déroulement des séances : après une phase introductive, je peux proposer aux étudiants de rédiger à la maison un premier texte intitulé « Mon parcours de romaniste ». Ce texte rédigé individuellement sera mis en partage au cours des séances suivantes : il pourra être lu en sous-groupe, par son rédacteur à des personnes de son choix ; ce texte pourra ensuite être repris et approfondi à d'autres moments dans l'évolution des séances et faire l'objet de lectures partielles en grand groupe, avec écho productif des auditeurs. Les moments d'écriture peuvent également se réaliser durant les séances, sous forme individuelle ou collective et être le résultat d'inducteurs thématiques (mots clés, incipit, première impulsion d'écriture, chaines associatives, exercices de créativité, etc.). Au cours du semestre chacun est progressivement invité à réaliser son propre journal ou dossier, miroir de son parcours singulier. Ces dossiers peuvent être mis en commun et en partage (l'écriture dans une langue étrangère peut aussi faire l'objet de réécritures – avec le soutien du groupe et de l'enseignant). Dans le cursus des études, la production écrite est valorisée par une certification de participation.

Soulignons que les moments de l'écriture sont en étroite relation avec les autres phases de l'atelier : l'écriture n'est qu'une des démarches privilégiées pour donner forme et structure à l'expérience vécue et pour catalyser la mise en partage collective.

DES PHASES DE MISE EN COMMUN : LE TRAVAIL DE *RELIANCE*

Dans le déroulement de l'atelier, les progressions thématiques reflètent l'évolution qualitative de la vie de groupe. De nombreuses activités dynamisent la mise en partage des expériences singulières des participants. Ces activités développent l'écoute sensible et réflexive : après la lecture d'un fragment de journal, la mise en écho peut favoriser une perception empathique des membres du groupe (sur le principe de *feedback* ritualisé : je me souviens que tu as dit que... et cela évoque en moi telle ou telle expérience que j'ai vécue). L'expression de ces résonances affectives permet d'approfondir la dimension relationnelle dans les activités de «mise en commun». Échos et résonances collectives se révèlent être des instruments qualitatifs de mise en correspondance et d'expression de l'intersubjectivité. Ces instruments permettent d'établir des fils conducteurs dans les expériences de participants venant d'horizons culturels très divers. La mise en commun dynamique constitue donc un travail de reliance, comme conscience dialogique (Morin, 2000) pour aborder la complexité des situations vécues.

DES PHASES D'APPROCHE DRAMATURGIQUE

Pour dynamiser la mise en relation et l'échange interactif, j'intègre la représentation de récits de vie en ayant recours à une approche novatrice. Celle-ci, encore peu présente en didactique du FLE, a été créée en 1975, par Jonathan Fox (1994, 1999) et Jo Salas (1996), aux États-Unis, dans l'État de New York. Cette méthode d'improvisation intitulée *Playback Theatre* constitue un instrument dialogique d'exploration de nos expériences vécues, de nos réminiscences individuelles et de nos histoires collectives. La démarche a pour objectif la représentation spontanée du vécu, à travers un dispositif interactif original : des perceptions subjectives, des moments, des fragments de vie, des récits personnels exprimés par les spectateurs ou les participants d'un groupe sont tour à tour représentés selon une dramaturgie particulière reposant sur des formes très variées. La méthode que je désigne dans le contexte francophone par le terme de «théâtre-récit» ou «théâtre en miroirs» (Feldhendler, 2005) opère à partir d'un modèle de dialogue social constructif. Dans une situation d'atelier, les participants sont tour à tour acteurs et spectateurs en éveil, dialoguant et communiquant par l'intermédiaire de la narration et de la représentation de leurs histoires. Dans la structure de base, une personne appelée «conducteur» assume la fonction d'intermédiaire et de catalyseur entre spectateurs et acteurs. Ce dispositif favorise le dialogue. Par l'intermédiaire du conducteur de la séance, toutes les personnes présentes entrent en relation. Dans le cadre d'un atelier, après une phase de mise en train, le conducteur peut inviter quelques personnes du groupe à être dans le rôle d'acteurs. Ceux-ci, en scène, sont debout face aux autres partici-pants spectateurs. Le conducteur établit le cadre et crée les conditions favorables à l'échange. Après quelques mots d'introduction, il invite ensuite rapidement le public à exprimer un sentiment, une pensée cor-respondant à la situation et au vécu respectif du moment ou des thèmes abordés dans les échanges précédents ou dans les journaux en cours d'écriture. Ce petit moment exprimé par un spectateur trouve immédiatement son expression sur scène, selon une transposition dra-maturgique spécifique portée par les acteurs. La forme couramment présentée au début d'une représentation est intitulée «sculpture fluide». Cette forme de tableau vivant doit favoriser la fluidité relation-nelle et être l'agent conducteur qui invite au dialogue. Des liens se créent peu à peu à travers ces échanges directs entre les participants et les courtes représentations spontanées. Celles-ci induisent la narration d'un récit de vie. Dans la méthode, cette narration est appelée «l'his-toire» (*story*). Après qu'une atmosphère d'ouverture et d'échanges ait été créée, le conducteur invite d'abord une personne du public à s'asseoir à côté de lui, sur la chaise qui est la place du conteur (le fon-dateur de la démarche, Fox préfère cette désignation de «conteur» à narrateur – originellement *story teller*, conteur d'histoire). Le conteur sera alors interviewé par le conducteur et invité à faire le récit d'un moment vécu de son histoire. Tous deux se trouvent assis dans un espace intermédiaire entre acteurs et spectateurs. L'interview se struc-ture selon une forme très précise. Au fur et à mesure du déroulement de l'interview, le conteur est invité à choisir des acteurs pour représen-ter sa scène. Les acteurs respectivement choisis se mettent dans une position intermédiaire indiquant un état d'écoute accrue comme pré-paration à la prise de rôle. À la fin de l'interview, le conducteur résume les moments essentiels de la narration, puis il fait des propositions de forme de représentation. Les acteurs occupent alors la scène, en posi-tion de jeu, puis ils entrent en jeu et improvisent. Pendant cette phase, conducteur, conteur/narrateur et spectateurs suivent la représentation sans intervenir. La situation peut être représentée de multiples façons. Elle peut être parlée, mimée, portée par des objets, des tissus ou autres accessoires, avec ou sans accompagnement musical (dans la forme d'origine, une personne dans le rôle de musicien accompagne l'improvisation, à l'aide d'instruments de musique). Il peut y avoir une seule ou plusieurs scènes. Lorsque la représentation touche à sa fin, les acteurs soulignent leur attention au conteur en portant leurs regards vers lui. À ce moment, le conducteur demande au narrateur/conteur si la représentation a saisi l'esprit et l'essence de son expérience et de son récit. Celui-ci fait alors part de son vécu au cours de la représentation. Il peut également apporter des modifications à ce qu'il a vu et perçu dans le jeu. L'issue d'une scène peut être transformée. L'histoire prend un autre cours et le conteur découvre comment son histoire personnelle aurait pu ou pourrait se dérouler autrement. Le narrateur-conteur devient producteur et co-auteur, metteur en scène de sa propre histoire de vie.

Les membres d'un groupe mettent ainsi en scène leur vécu personnel en exprimant leurs sentiments et leurs émotions. Les uns et les autres se découvrent dans la parole et l'image, dans ce miroir et prisme inter-subjectif de perceptions instantanées. Nous rejoignons l'herméneu-tique philosophique de Paul Ricœur (1990) dont l'œuvre est guidée par une conviction centrale : le plus court chemin de soi à soi est la parole de l'autre. L'enjeu fondamental de cette forme d'improvisation réside en ceci : traduire en images, sur scène, l'essence de ce qui a été exprimé par le conteur/narrateur. Idéalement, cette transposition se réalise sous une forme eidétique (qui consiste à traduire d'une façon imagée, par le corps et les sens, l'essence d'un message verbal), par condensation et déplacement (principe de la métonymie et de la méta-phore), avec pour objectif la restitution de la quintessence d'un mes-sage, ce qui pourrait être l'essentiel de la parole exprimée. En d'autres termes, les récepteurs (acteurs et conducteur/metteur en scène) doi-vent saisir le sens propre et figuré d'un message, ses connotations et lui donner une figuration signifiante aussi authentique, congruente et empathique que possible, de sorte que l'émetteur de la narration puisse recevoir, voir, entendre, découvrir et comprendre sa propre his-toire dans une restitution transposée. C'est là, à mes yeux, l'enjeu fon-damental du développement de l'écoute sensible, de la réciprocité et de la réflexivité !

La méthode de *théâtre-récit* constitue ici un entrainement actif à la réflexivité dans la communication car la démarche repose sur diffé-rentes phases : écoute, compréhension, expression, action, interaction, rétroaction et mise en commun. Elle permet la mise en relation des locuteurs et récepteurs. Ses formes spécifiques accentuent leur capa-cité d'écoute et de compréhension, leur réceptivité et expressivité, la spontanéité dans la parole et dans l'action, l'adéquation de la réponse donnée, la traduction d'un message avec d'autres supports (le corps, la voix, les sons, etc.), l'intégration de l'expression verbale et non verbale, l'expression de l'affectivité et des émotions, la perception de soi et des autres, l'ouverture à une situation nouvelle.

L'intégration de pratiques réflexives dans toutes les séances et en fin de semestre a pour objectif de sensibiliser aux démarches pédagogiques reposant sur les processus expérientiels dans l'acquisition de connaissances (faire l'expérience de soi et des autres en situation d'évolution constante). Ainsi, apprendre à se situer, à se percevoir, à percevoir les autres et à être perçu par eux, apprendre à mieux comprendre les moments de son parcours par de multiples procédés de feedback, de rétroaction, de métacommunication au cours de phases d'écriture ou par des situations de représentation mobilisant les énergies créatrices, tout ceci concourt à faire prendre conscience des enjeux du travail biographique.

Une étudiante ayant participé à ce cours écrit à la fin de son journal de formation :

> À travers les dialogues, pendant le cours, mais aussi à travers l'écriture des textes pour ce journal et à travers les jeux interactifs, il y a souvent les moments où mes camarades d'études mentionnent qu'ils commencent à réaliser quels ont été leurs motifs pour le choix de leurs études. Ceci est une expérience que moi-même, j'ai aussi faite [...]. La réflexion sur de tels sujets révèle qu'il existe toujours des fils conducteurs qui dirigent le parcours de formation et ainsi le déroulement d'une vie.
> (*Journal de formation* d'une étudiante de l'institut de langues et littérature romanes)

Parcours biographiques : de la réminiscence individuelle à la mémoire collective

Dans des contextes culturels fortement hétérogènes (plus d'un quart de la population de la ville de Francfort qui compte 650 000 habitants est d'origine étrangère en provenance de plus de 180 pays différents), les approches biographiques se constituent comme instrument de médiation transculturelle. Ceci apparait dans la recherche-action que je développe dans le cadre de mon enseignement universitaire (par exemple dans l'atelier intitulé : «Innovations dans les démarches interculturelles»). Dans ces séminaires de formation didactique nous traitons la question des méthodes appropriées pour aborder la dynamique complexe des phénomènes culturels, et plus spécifiquement, des dynamiques interculturelles. Dans ce travail de formation interculturelle, le recours aux démarches interdisciplinaires (sciences de l'éducation, psychosociologie, éducation esthétique et éducation au sensible) est nécessaire. Sont mises en place des démarches ayant pour objectif d'intégrer la dimension affective et inter-subjective dans des pratiques expérientielles (Demorgon, Lipiansky 1999). Martine Abdallah-Pretceille précise que l'éducation interculturelle (1999) repose sur une mise en relation et une prise en considération des interactions entre des groupes, des individus, des identités. La priorité y est donnée au sujet. Maddalena de Carlo (1998) propose de faire du travail d'identité narrative une activité didactique à visée interculturelle. Une pédagogie de l'histoire de vie dans la formation aux démarches interculturelles se précise : « La dimension interculturelle est un des points saillants de la mise en œuvre de cette démarche biographique, un des lieux d'accroche du travail individuel et collectif » (Delory-Momberger, 2001). Y sont privilégiés : les processus expérientiels, l'implication personnelle et relationnelle des participants pris en compte en tant que sujets de leur apprentissage.

Pour illustrer la portée d'une approche relationnelle et dramaturgique visant à intégrer biographie langagière, biographie interculturelle et biographie éducative, je me référerai au journal de formation d'une étudiante participant à un atelier didactique qui s'est déroulé au semestre d'hiver 2003, dans le cadre universitaire. Le journal réalisé au cours de cet atelier montre le cheminement de Rita, née en 1953 en Allemagne, qui, après un long séjour en France, a repris des études à l'université Goethe de Francfort pour devenir enseignante de français. À ma demande, elle m'a expressément autorisé à intégrer des éléments de son journal dans cet article.

Les extraits présentés, ci-dessous, pointent le nécessaire tâtonnement heuristique dans un travail d'auto-formation porté par les activités réflexives que j'ai induites dans la trame de ce séminaire – avec le journal de formation pour structurer et rendre signifiante l'exploration en action des fragments de vie respectifs, dans une perspective d'émergence de sens et de travail de conscientisation. Les extraits du journal de formation de Rita constituent aussi un fil conducteur en nous donnant l'essentiel du travail biographique engagé et les résultantes pédagogiques qui se dégagent de cette expérience collective. Comme le pointe Julia Kristeva (1999) : « Raconter sa vie serait en somme l'acte essentiel pour lui donner un sens. »

> Le 30 octobre 2003, je commence ce séminaire intitulé « Innovations dans les démarches interculturelles » […]. Je commence à prendre mes repères. Nous parlons d'histoires de vie. Les questions se posent : « Cette "rage" de traduire la vie en mots est-elle une illusion ou une révolution ? Et si cette "rage" prend, comment faire son histoire ? Comment commencer et comment terminer ? » Nous voulons aller plus loin […]. Nous allons vers « la pédagogie de la relation » où l'apprenant devient participant à part entière. Je suis impliquée dans ce changement.
> (*Journal de formation* de Rita)

Ces propos de l'étudiante soulignent la lente gestation d'un nécessaire changement d'attitude d'apprentissage pour s'ouvrir au travail biographique.

> Comment commencer et… terminer ?
> Tout au long du cours, je me pose cette question. Jusqu'à la dernière séance, le 12 février 2004, je cherche à structurer mon journal de formation.
> Comme entre les morceaux d'un *patchwork*, j'essaie à mettre le fil ou les fils conducteurs. Un premier fil est posé par le temps. Je suis ce

cours chaque semaine par des prises de note après chaque cours. Je note ce que disent les participants, je note les exercices vécus, puis j'indique quelques mots importants et des phrases clés retenues. Un deuxième fil rouge est constitué par ma propre histoire de vie. Ici, je crée parallèlement un récit qui est orienté vers la participation au concours de l'Office franco-allemand pour la jeunesse (OFAJ). J'écris mon histoire de vie en lettres italiques. Les deux fils sont liés par le processus didactique proposé par notre enseignant. De semaine en semaine, il nous fait avancer par petits pas dans l'interculturel. Des exercices de relaxation, d'échauffement et le travail sur le sujet alternent.

ibidem

Le concours de L'OFAJ, auquel j'ai incité les étudiants de mon séminaire à participer était intitulé : «40 histoires vécues franco-allemandes». Ce concours illustre comment une institution éducative de pointe incite au travail de mémoire collective dans les échanges binationaux. Sous le double patronage du Président de la République française et du Chancelier de la République fédérale d'Allemagne, ce concours a été institué pour commémorer le 40e anniversaire de l'existence de l'OFAJ, première entreprise de réconciliation franco-allemande. Le descriptif du concours est présenté de la façon suivante :

Rappelez-vous...
Une rencontre, une découverte, des destins qui se croisent, des émotions, une vie commune, des moments partagés...
Racontez-nous !
Témoignez de cette rencontre inoubliable que vous avez vécue
Faites-nous partager ce moment émouvant, touchant, original, authentique...
Racontez ce que cette histoire vécue a laissé dans vos souvenirs.

Pour participer
Cette opération est ouverte à toutes les générations, sans condition d'âge, résidant en France ou en Allemagne. L'écriture du récit peut être individuelle ou collective (classe, association, club, famille...). Le témoignage doit être présenté sous forme écrite, en français ou en allemand (lettre, poème, essai, nouvelle, sketch...) éventuellement accompagné d'images, dessins, peintures, photos ou objets. Une seule règle : le texte, manuscrit ou dactylographié ne devra pas dépasser 3 pages.
(*Descriptif du concours de l'OFAJ*)

Rita poursuit son récit en précisant comment l'imbrication de l'approche dramaturgique et du journal de formation dans la démarche biographique va accentuer son implication personnelle et son désir d'écriture :

Plusieurs fois, nous utilisons la méthode du théâtre-récit. Nous travaillons souvent en groupe de deux ou trois, ou en grand groupe, en utilisant les différents espaces de la salle de cours. Il semble que nous sommes les acteurs de notre cours, mais en même temps, je sens bien que plus l'implication affective est grande chez les participants, plus le cadre de travail exige de structuration. L'accompagnement par notre formateur est bien fait.
Mon récit de vie commence le 30 octobre 2003 : il faut dire une phrase qui a rapport à l'interculturel. Je dis, j'ai vécu à l'étranger.
(*Journal de formation* de Rita)

Je pose ensuite la question suivante aux étudiants : «En quoi ma vie est interculturelle ?» Avec ce questionnement, je les invite à approfondir ce qui caractérise leur identité à travers l'expression de leurs propres fragments de vie interculturelle.

> En quoi ma vie est interculturelle ? J'écris :
> J'ai vécu à l'étranger. Je suis revenue en Allemagne, à Francfort où avec 30 % d'étrangers, je ne peux pas vivre en fermant les yeux devant des modes de vie différents des miens. En vivant à l'étranger, j'ai pris l'habitude d'observer, et je cherche toujours à écouter et à comprendre. Je vis dans un couple mixte, je préfère parler de couple interculturel. Mes enfants sont mixtes dans leurs identités. Ils ont passé leurs petites enfances à l'étranger qui était leur pays, ensuite ils ont vécu en Allemagne qui est devenu leur pays. L'étranger se trouve où ? Leur pays s'est élargi. Est-ce qu'ils sont déjà européens ?
> *ibidem*

Le journal de Rita se poursuit ainsi d'étapes en étapes, de réminiscences individuelles mises en partage par les différents supports proposés. Ensuite, Rita décrit l'étape de conscientisation de la démarche spécifique, dans la phase de réflexion que nous avons engagée sur l'adaptation de la démarche vécue à l'apprentissage d'une langue :

> Le 8 janvier 2004, nous cherchons la liaison entre le récit de vie et la didactique de l'enseignement du français. Puis, nous continuons sur le thème du concours de L'OFAJ.
> *ibidem*

Parallèlement aux phases de réflexion didactique, Rita avance dans sa production de texte, en écho avec le concours de l'OFAJ. Le texte pour ce concours devant être envoyé avant le 22 janvier 2004, Rita établit peu à peu un lien entre son journal, son récit de vie et le concours. Elle écrit en italique dans son journal :

> Une expérience interculturelle a marqué ma vie.
> À partir d'un voyage scolaire en 1968 qui m'emmenait en France dans la ville jumelle à la nôtre en Allemagne, je rêvais d'une vie en France. L'accord franco-allemand avait 5 ans et moi-même, je n'avais pas encore 15 ans. Je viens de fêter mes 50 ans, l'amitié franco-allemande a eu 40 ans en 2003.
> En 1973, je faisais une première expatriation. Sur place, je me rendais très vite compte que mes connaissances de la langue étaient insuffisantes et que je devais prendre des cours de langue. Je suis revenue en Allemagne pour travailler, tout en pensant à un retour. En 1980, je suis partie voyager en France. J'essayais de me plonger dans la culture française. Au début, je comparais tout systématiquement avec ma propre culture. Je cherchais à retrouver le « connu » ainsi que les différences.
> *ibidem*

Rita poursuit la description des activités du séminaire et révèle leur imbrication dans la dynamique générale du processus mis en place. Les pratiques interactives en atelier et le travail de mise en commun des récits singuliers sont inducteurs : Rita prendra la décision de socialiser son récit de vie personnel.

> En groupe de deux, nous nous racontons les histoires que nous avons notées. Chacun essaie de résumer l'histoire de l'autre.
> Le 15 janvier, une séance de relaxation nous conduit vers notre vécu interculturel : je m'oriente de nouveau vers mon premier voyage. J'échange mon histoire avec une autre participante, Jessika. Nous réfléchissons à des mots et des gestes qui permettent de résumer nos

histoires. Jessika résume : « En fait, ton histoire, c'est comme un rêve. Tu as réalisé ton rêve. » Elle m'a donné l'idée de ma participation au concours de l'OFAJ.

Le 21 janvier, j'envoie mon histoire de vie à Berlin.

Le 22 janvier, nous nous posons toujours la question de l'application pratique en cours de langue. Nous étudions des extraits du portfolio européen des langues. Nous constatons que nos histoires de vie peuvent faire partie de la biographie langagière.

Le 29 janvier et le 5 février, nous sommes de retour à nos histoires de vie. Nous travaillons avec le théâtre-récit et nous approfondissons les instances narratives.

Le 12 février a lieu le dernier cours. Nous finissons par une petite cérémonie de clôture. Je sais que je n'ai pas fini le « processus d'auto-réflexion et d'auto-formation ». Je commence à reprendre et à structurer les notes prises pendant ce séminaire.

Ce séminaire m'a appris comment intégrer progressivement quelque chose de très personnel dans un groupe qui était d'abord un groupe qui ne se différenciait pas des autres groupes très anonymes de l'université pour devenir un groupe intime. J'ai essayé d'écouter les autres et je me suis rendu compte que mon histoire de vie ne devient vivante que par l'intérêt porté par une autre personne. En même temps, dans les différents récits de vie, j'ai aperçu des situations historiques très précises et je reprends Daniel Bertaux (2000) : « le récit de vie résulte d'une rencontre entre deux personnes, deux êtres historiques donc, dont l'un demande à l'autre de se raconter ».

Dans le cadre du concours, L'OFAJ demandait une histoire de vie. Le 4 mars, j'ai appris qu'il y avait 650 personnes qui se sont senties directement concernées et ont participé. J'ai pensé avoir une histoire unique et me retrouve dans un processus historique qui réunit ceux qui un jour ont quitté leur pays d'origine et qui ont vécu ou vivent des situations semblables à la mienne. J'attends avec impatience la publication de 40 histoires sélectionnées.

ibidem

Comme nous le découvrons à travers le journal de Rita, l'approche biographique telle qu'elle a été mise en œuvre dans le dispositif de formation exploré oriente le regard des étudiants tant sur le quotidien que sur l'individuel et le collectif (Pineau, Le Grand, 2002). Cette démarche aborde les phénomènes identitaires en se constituant comme moyen de représentation, de mise en forme et de structuration de trajectoires de vie (Delory-Momberger 2000, 2003). Étudiants et formateur se donnent ainsi pour tâche de donner du sens au vécu et de le rendre signifiant dans un travail de recherche identitaire. Référence clé dans l'approche biographique, Paul Ricœur (1985) a abordé, à maintes reprises, l'importance de la fonction narrative pour l'élaboration de l'identité du sujet humain. Il constate qu'individu et communauté se constituent dans leur identité à travers leurs récits qui deviennent pour l'un comme pour l'autre leur histoire effective. Pour Ricœur, être historien et conteur de sa propre vie introduit une dialectique particulière ; le sujet apparait comme lecteur et scripteur et il se reconnait dans l'histoire qu'il se raconte à lui-même, sur lui-même. L'histoire d'une vie ne cesse ainsi d'être refigurée par la narration et cette activité peut induire des changements d'ordre qualitatif. La refiguration constante de sa propre histoire avec transformation progressive conduirait à une identité narrative. Travail de mémoire et de réminiscence, la narration active la prise de conscience de soi et des autres et la connaissance de sa propre altérité. Dans son journal, Rita formule cette prise de conscience.

es enjeux fondamentaux de l'approche biographique

L'histoire et le récit de vie sont des éléments intrinsèques de nos processus mentaux à tel point que nous avons besoin d'histoires pour notre équilibre émotionnel et pour la perception de notre place dans le monde. Oliver Sacks (1985), neurologue de renom, souligne la fonction fondamentale du récit de vie :

« Si nous voulons savoir quelque chose d'un homme, nous nous demandons quelle est son histoire, son histoire réelle, la plus intime, car chacun d'entre nous est une biographie, une histoire, un récit singulier, qui s'élabore en permanence, de manière inconsciente, par, à travers et en nous – à travers nos perceptions, nos sentiments, nos pensées, nos actions ; et également par nos récits, nos discours. Biologiquement, physiologiquement, nous ne sommes pas tellement différents les uns des autres : historiquement, en tant que récit – chacun d'entre nous est unique. Pour être nous-même, nous devons avoir une biographie – la posséder, en reprendre possession s'il le faut. Nous devons nous "rassembler", rassembler notre drame intérieur, notre histoire intime. Un homme a besoin de ce récit intérieur continu pour conserver son identité, le soi qui le constitue. »

Jerome Bruner (2002), spécialiste américain de psychologie cognitive et culturelle, est tout aussi affirmatif sur la nécessité des récits. Il insiste sur le fait que : « Le récit est un art profondément populaire. Il s'appuie sur les croyances communes pour dire ce que sont les gens, à quoi ressemble leur univers. Il s'intéresse à ce qui est en péril, ou parait l'être. Concevoir une histoire, c'est le moyen dont nous disposons pour affronter les surprises, les hasards de la condition humaine, mais aussi pour remédier à la prise insuffisante que nous avons sur cette condition. »

Comment se fait-il que, transposée en contexte de formation, la démarche biographique invite l'apprenant, le participant, l'étudiant, à assumer son histoire et dans certains contextes à revisiter l'Histoire à travers son histoire singulière ? N'est-ce pas parce que le travail que quelqu'un effectue sur son histoire est expression de son historicité, « c'est-à-dire du travail qu'un individu effectue sur sa propre histoire pour tenter d'en maitriser le cours », comme le pointe Vincent de Gaulejac (1999), en référence à l'existentialisme sartrien ? Pour que ce travail se fasse, le formateur doit agir en sorte que les histoires personnelles soient reliées à l'histoire collective. Dans de telles démarches, étudiants et enseignants sont confrontés à un défi d'une autre envergure : au-delà de l'apprentissage des langues et du pluriculturalisme, l'approche biographique nous confronte à une quête existentielle de conscience commune et de parcours de reconnaissance partagée comme culture de la réciprocité.

Références bibliographiques

ABDALLAH-PRETCEILLE, M. (1999), *L'éducation interculturelle*, Presses Universitaires de France.

BARBIER, R. (1997), *L'approche transversale*, Anthropos.

BERTAUX. D. (2000), «Du récit de vie dans l'approche de l'autre», *in L'Autre* Vol. 1, n° 2.

BRUNER. J. (2002), *Pourquoi nous racontons-nous des histoires?* Retz.

CARÉ, J-M. (1999), «Apprendre les langues étrangères autrement», *Le Français dans le monde, Recherches et applications*.

CARLO. De, M. (1998), *L'interculturel*, CLE International.

DELORY-MOMBERGER, C.
– (2000), *Les histoires de vie. De l'invention de soi au projet de formation*, Anthropos.
– (2001), «Les histoires de vie pour penser la mutation» *in Cultures en mouvement*, 41.
– (2003), *Biographie et éducation*, Anthropos.

DEMORGON J., LIPIANSKY, E.M. (1999), *Guide de l'interculturel en formation*, Retz.

DOMINICÉ, P. (2002), *L'histoire de vie comme processus de formation*, L'Harmattan.

DUFEU, B. (1996), *Les approches non conventionnelles des langues étrangères*, Hachette.

FELDHENDLER, D.
– (1990), «Dramaturgie et interculturel», *in Le français dans le monde*. N° 234, pp. 50-60.
– (1992), *Psychodrama und Theater der Unterdrückten*, Verlag Nold.
– (1997), «Mise en scène d'histoires de vie», *in le français dans le monde*. N° 290, pp. 39- 44 et 49 –52.
– (1999a), «La dramaturgie relationnelle», *in Le français dans le monde, Recherches et applications*, pp. 125-133.
– (1999b), «Formation à la relation interculturelle par des approches psycho-dramatiques et dramaturgiques», *in Allemann-Ghionda, C. (ed.) Éducation et diversité socioculturelle*, L'Harmattan, pp. 249-264.
– (2005), *Théâtre en miroirs, l'histoire de vie mise en scène*, Tétraèdre.

FOX, J. (1994), *Acts of Service*, Tusitala Publishing.

FOX, J., DAUBER, H. (1999), *Gathering Voices*, Tusitala Publishing.

GAULEJAC, De V. (1999), «La vie est-elle un roman?» *in Cultures en mouvement*, 18.

HESS, R. (1998), *La pratique du journal*, Anthropos.

KRISTEVA, J. (1999), *Le génie féminin*, Fayard.

MORIN, E. (2000), *Les sept savoirs nécessaires à l'éducation du futur*, Éditions du Seuil.

PINEAU, G., LE GRAND, L. (2002), *Les histoires de vie*, Presses Universitaires de France.

PORCHER, L. (2003), «Interculturels : une multitude d'espèces», *in Le français dans le monde*. N° 329, pp. 33-36.

RICŒUR, P.
– (1985), *Temps et Récit III*, Éditions du Seuil.
– (1990), *Soi-même comme un autre*, Éditions du Seuil.

SACKS, O. (1985), *L'homme qui prenait sa femme pour un chapeau*, Éditions du Seuil.

SALAS, J. (1996), *Improvising Real Life*, Tusitala Publishing.

Bilan
et perspectives

MURIEL MOLINIÉ

Activité biographique et développement du sujet plurilingue

Des acquis méthodologiques aux questions de formation

MURIEL MOLINIÉ
UNIVERSITÉ DE CERGY-PONTOISE,
CENTRE DE RECHERCHE TEXTE/HISTOIRE
DILTEC

Notre objectif pour conclure ce volume sera de resserrer un certain nombre de liens entre activité biographique, activité d'apprentissage et développement du sujet plurilingue. Après avoir posé le cadre théorique dans lequel s'élabore notre propos, nous verrons en quoi le récit (écrit et oral) des apprentissages peut, dans certaines conditions, permettre une clarification de l'activité d'apprendre. Nous nous demanderons alors en quoi ce processus de clarification a des effets de développement sur l'individu, considéré en tant qu'apprenant de langue et en tant que plurilingue en devenir[1].

Nous verrons ensuite comment cette première partie de notre étude peut enrichir la réflexion sur les questions de formation. Une rapide analyse des premiers résultats obtenus au cours du volet initial d'une recherche-action en cours, sur «la formation à l'approche biographique», amorcée durant le second semestre 2004-2005 à l'université de Cergy-Pontoise, montre en effet que former de jeunes enseignants à la conduite d'activités biographiques dans leur classe passe par l'appropriation de la démarche acquise dans le cadre du cours «Apprentissage réflexif d'une langue inconnue» (ARLI). Mais nous verrons, également, que l'expérience du «journal de bord d'apprentissage» effectuée dans ce cadre ne semble pas toujours suffire à outiller le jeune praticien dans le domaine des biographies langagières. Si un axe de formation initiale à la réflexivité est en grande partie réalisé par le cours d'ARLI, il reste donc à mettre en place un axe de formation à l'approche biographique. C'est sur cette perspective que se refermera ce numéro spécial.

1. Pour reprendre la notion de «bilingue en devenir» proposée par Bernard Py (1997 ; in Gajo, 2005).

Des activités langagières qui clarifient « ce que je fais quand j'apprends »

Pour analyser la relation entre les activités langagières et l'acquisition des langues ou encore la constitution d'un répertoire communicationnel par l'apprenant, nous nous situons dans la perspective de l'interactionisme socio-discursif (qui propose un cadre théorique et méthodologique pour analyser les processus à l'œuvre dans toute production textuelle), développé à l'université de Genève par Jean-Paul Bronckart. Ce courant théorique nous permettra de montrer en quoi l'approche biographique et réflexive en didactique des langues contribue au développement des compétences à apprendre.

Disons tout d'abord que cette approche est fondée sur l'idée selon laquelle le rapport entre l'individu et le monde, loin d'être direct et immédiat, est toujours médiatisé à la fois par l'activité collective, par le langage et par l'activité formatrice. Cette dernière a une fonction spécifique : celle d'organiser le transfert entre des ensembles de connaissances (présentes dans la société et son histoire) et les processus de développement de chaque individu. Ce transfert s'effectue grâce aux processus de co-construction du collectif et de la personne, de l'action et de la pensée.

Pourquoi l'approche biographique place-t-elle le retour sur le vécu plurilingue au centre de l'apprentissage des langues ? Pourquoi met-on en place des dispositifs qui mobilisent une pensée du sujet plurilingue sur son activité d'apprenant ? Est-ce parce que l'on considère que la production (intellectuelle, langagière, graphique, etc.), issue du travail de la pensée sur le vécu, a des effets de développement sur l'apprenant ? L'herméneutique de l'action proposée par Paul Ricœur dans *Temps et récit*, constitue une première réponse à ce questionnement. Rappelons que pour Ricœur l'activité humaine est impénétrable et que le monde vécu des personnes est incompréhensible. C'est alors à travers l'élaboration individuelle et collective de textes narratifs écrits qu'est clarifiée l'action humaine. Corrélativement, la confrontation des individus aux textes narratifs leur permet de développer une conception rationnelle de l'action. En résumé, pour Ricœur les textes narratifs présentent des figures clarifiées grâce auxquelles nous apprenons à comprendre nos situations d'action.

Si l'on élargit cette perspective, on considèrera que ces processus de figuration de l'action sont mis en œuvre non seulement dans les textes narratifs écrits, mais aussi dans certains textes théoriques ainsi que dans certains textes oraux.

Peut-on dès lors, considérer que les textes actuellement regroupés sous l'étiquette : « biographie langagière » clarifient l'activité d'apprentissage ? Quels points communs réunissent ces différents textes ? Rappelons que, sous cette « étiquette », voisinent d'une part, des textes dans lesquels dominent des segments narratifs dans lesquels le narrateur raconte comment s'est déroulé son parcours antérieur d'apprentissage et de formation, d'autre part, des textes relevant de genres conversationnels (interviews ou entretiens de recherche) avec dominance de récits interactifs, des « journaux de bord » et des « journaux d'apprentissage » rédigés au jour le jour. Ces textes évoquent des épisodes (présents ou passés) d'apprentissage, dévoilent des aspects cachés de cette activité et mettent en œuvre les capacités interprétatives de l'apprenant.

Qu'ils soient produits dans une perspective diachronique (récits de parcours d'apprentissage) ou synchronique (par exemple, le dessin produit à partir du document « *das sind meine sprachen* » figurant dans le Portfolio allemand pour le collège[2]), ces textes et ces documents expriment la tentative que fait l'énonciateur pour représenter, raconter, évaluer, analyser et/ou interpréter les conditions (internes et externes) dans lesquelles s'est déroulé son apprentissage et pour explorer certains déterminismes (internes et externes) qui conditionnent son activité de formation dans ce domaine.

LE RÉCIT DES APPRENTISSAGES NE RECONFIGURE PAS TOUJOURS L'ACTE D'APPRENDRE

Tout récit d'apprentissage contribue-t-il à clarifier l'activité d'apprendre ? Suffit-il de raconter son parcours pour que, par une sorte de magie narrative, le narrateur devienne un « super - apprenant réflexif » ? Évidemment la réponse est non. Dans ce cas, à quel moment et dans quelles conditions, un apprenant s'engage-t-il dans un travail autonome d'écriture et de re-configuration de ses actions ? Pourquoi certains s'y engagent-ils et d'autres pas ?

Pour répondre à la première question, nous avons soumis le récit d'une étudiante à une analyse narrative : il s'agissait de voir si son récit était construit comme une « séquence narrative » sous-tendue par les sept phases majeures notées dans le tableau synthétique ci-dessous.

LA SÉQUENCE NARRATIVE « KUKUA CONTRE KUKUA, JOURNAL D'APPRENTISSAGE »

Le texte intitulé : « Kukua contre Kukua, Journal d'apprentissage », a été rédigé en fin de séjour Erasmus, par Kukua, une étudiante britannique, ayant séjourné deux semestres consécutifs à l'université de Cergy-Pontoise.

Ce texte de dix pages est consacré au récit des interactions, vécues de manière positive ou négative par la narratrice, et ayant eu des effets sur ses acquisitions dans le domaine socio-linguistique.

Les activités et consignes qui ont orienté ce travail tant au niveau formel que sémantique ont été publiées dans un manuel de français

2. Dont les auteurs sont :
Horst Brettmann,
Ursula Gerling, Andreas
Nieweler, Eike Thürmann.
Ce portfolio a été édité
par Druck Verlag Kettler
GmbH, à Bönen, 2001.

langue étrangère[3]. La production de Kukua a fait l'objet d'un guidage interactionnel entre l'apprenante, l'enseignante et le groupe de pairs pendant treize semaines, d'une série de corrections écrites, d'une présentation orale adressée au groupe et à l'enseignante qui a noté l'ensemble des productions selon des critères négociés avec le groupe.

La proposition systématiquement adressée à nos étudiants en séjour en France, de produire des discours, des documents audio-visuels (cf. ici même article de M. Maurice) et des textes, co-construits avec des partenaires, adressés à des pairs et évalués par un enseignant, au sujet de leur activité d'apprentissage repose sur l'hypothèse selon laquelle tout travail acquisitionnel dans le domaine du plurilinguisme comporte deux pôles :

– un pôle inter-psychique, qui se construit au contact des partenaires avec lesquels l'apprenant parvient à collaborer,

– un pôle intra-psychique qui s'élabore par intériorisation, parallèlement à ce travail de co-construction (Vygotski, in Schneuwly et Bronckart, 1985 : 111).

Notre hypothèse est donc que la production de textes et, singulièrement ici, la rédaction d'un récit sur l'activité d'apprendre, permet d'établir un continuum entre ces deux pôles, de stimuler les capacités cognitives de l'apprenant à circuler de l'une à l'autre, à développer sa «conscience d'apprenant» en développant ses capacités réflexives (Vasseur, Grandcolas, 1997).

Force est de constater que les étudiants s'emparent diversement de ces propositions de travail. Cette diversité est due, entre autres à leur inégalité face à l'une des dispositions requises par ce type d'activité : la disposition à réfléchir sur son activité («ce que je fais lorsque j'apprends»), une attitude spontanément étiquetée «introspection», voire «psychothérapie» par ceux d'entre eux qui la découvrent pour la première fois de leur vie.

Cette diversité des postures entraine une grande diversité dans l'appropriation et le détournement des consignes. Ainsi, contrairement à ce que le terme «journal» désigne : une écriture au jour le jour, le texte présenté par Kukua et synthétisé ci-dessous (mais publié intégralement dans Molinié, 2005 a) a été écrit en fin de séjour, a posteriori donc. Rédigé en mai, il relate après coup l'expérience vécue par Kukua durant les neuf mois précédents. L'écriture ne porte donc pas la trace des différentes étapes de la construction de l'interlangue de Kukua.

En revanche, ce texte donne accès aux représentations qu'elle se fait du lien entre pratiques interactionnelles et développement de son répertoire plurilingue tout au long de ces neuf mois. En analysant ce «dire» singulier, on comprend mieux comment elle a mené ce projet en dépit de nombreuses difficultés psycho-socio-linguistiques.

Nous faisons apparaitre, dans le tableau proposé ci-après, la manière dont le texte de Kukua investit les phases de la séquence narrative analysées par J.P. Bronckart. Ceci afin de démontrer que, chez Kukua, la

3. Il s'agit des Unités 2 et 7, Campus 3, (2003). Costanzo, Molinié, Pécheur, CLE International.

clarification de l'activité apprenante tourne autour de la résolution d'une question clé : comment se défaire des conditionnements acquis en français langue étrangère en Grande-Bretagne et qui entravent le développement de son répertoire communicationnel en contexte exolingue ? Ce questionnement nous parait central dans la séquence narrative exposée ci-dessous.

Cependant, lorsque l'activité apprenante devient objet de narration *a posteriori* comme c'est le cas ici, il se passe encore autre chose, cette fois-ci à l'insu de l'auteur. Le récit intitulé « Kukua contre Kukua » met en lumière la thèse selon laquelle l'identité narrative se révèle dans la dialectique entre *idem* et *ipse* (Ricœur, 1990). En effet, le modèle de connexion entre événements que constitue la mise en intrigue permet d'intégrer à la permanence dans le temps, la diversité, la variabilité, la discontinuité, l'instabilité à la fois de l'action et du personnage. La mise en intrigue engendre alors une dialectique du personnage lui-même, une dialectique entre son identité et son ipséité. Ce que Kukua met en scène dans son texte, c'est donc non seulement la manière dont elle réussit, sur le plan de l'apprentissage d'une langue *stricto sensu*, mais c'est aussi comment, dans cette lutte, son identité d'apprenante a changé.

Nous montrerons que, dans cette narration, deux problématiques sont travaillées : la problématique du développement de Kukua apprenante et la problématique de l'évolution de Kukua, sujet du langage.

La séquence narrative « Kukua contre Kukua » : synthèse

Les phases de la séquence narrative selon J.P. Bronckart	Analyse de la séquence narrative : « Kukua contre Kukua »
1. Situation initiale « équilibrée » (d'exposition ou d'orientation) dans laquelle un état des choses est présenté, état qui peut être considéré comme « équilibré », non en soi, mais dans la mesure où la suite de l'histoire va y introduire une perturbation.	L'équilibre repose sur la maitrise : Kukua affirme qu'elle maitrise parfaitement son capital linguistique et *l'habitus* consistant à apprendre en milieu scolaire. Elle en donne dès le début de son journal toutes les preuves : – ancienneté de son apprentissage ; – cohérence de son cursus ; – visée fonctionnelle et professionnelle de son apprentissage du français ; – progrès permanents dans cette matière ; – de plus, elle a déjà une pratique conversationnelle du français oral spontané avec ses pairs, en GB.

Les phases de la séquence narrative selon J.P. Bronckart	Analyse de la séquence narrative : «Kukua contre Kukua»
2. Phase de complication (déclenchement, transformation) qui introduit une perturbation et crée une tension	Dès son arrivée à l'université de Cergy-Pontoise, cet équilibre est totalement perturbé et Kukua perd tous ses repères : – elle découvre qu'elle n'a pas d'euros pour payer le chauffeur de taxi en arrivant devant le bâtiment du CROUS; – elle veut gérer seule le conflit qui s'ouvre avec le chauffeur furieux mais elle a besoin de ses compatriotes anglais pour régler la course. D'où difficulté ensuite à résoudre la contradiction entre : – la nécessité de ses amis anglais pour des questions de survie; – la nécessité de fréquenter des Français pour développer son répertoire communicationnel.
3. Phase d'actions : rassemble les événements que déclenche la perturbation	Elle n'arrive pas à être prise pour une Française et doit renoncer à atteindre la compétence du «*nativ speaker*». Déprimée, elle refuse de parler en français. Elle se sent en échec : elle demande à un ami bilingue de négocier avec un vendeur l'achat de sa télévision. Elle souhaite s'intégrer à un autre groupe que celui des Anglais et des Erasmus et ne plus parler anglais.
4. Phase de résolution (de re-transformation) qui introduit les événements débouchant sur une réduction effective de la tension.	Elle décide de : – se déplacer sans le soutien de ses amis anglais; – fréquenter les soirées françaises; – elle rencontre Nicolas grâce à un ami, dans une soirée; – avec lui, elle parle d'abord en anglais (elle estime qu'il a un niveau suffisant) puis passe au français et accepte ses corrections.
5. Phase de situation finale qui explicite le nouvel état d'équilibre obtenu par cette résolution.	Avec Nicolas, elle découvre d'autres variétés du français. Elle évite les phrases vulgaires et l'argot car, dit-elle, elle ne veut pas que le mauvais français «reste chez soi». Elle est contente de faire des progrès grâce à Nicolas et est heureuse d'être accueillie, aidée, soutenue par sa famille.
6. Phase d'évaluation : est proposé un commentaire relatif au déroulement de l'histoire (position libre dans la séquence)	– (au début du «journal») «J'ai connu plusieurs problèmes et expériences qui ont ralenti mon apprentissage. Dans ce journal, je vais parler de quelques éléments qui sont, à mon avis, liés a mon attitude envers l'importance de la pratique actuellement». – (à la fin du «journal») «Au cours des dernières pages, vous avez lu quelques difficultés que j'ai dû aborder pour atteindre mon but final. Je crois que ce but final a changé quelques fois depuis septembre».

Les phases de la séquence narrative selon J.P. Bronckart	Analyse de la séquence narrative : « Kukua contre Kukua »
7. Phase d'explicitation du sens, « morale » dans laquelle est explicitée la signification globale attribuée à l'histoire (apparait ici en fin de séquence).	Trois illusions conditionnaient son apprentissage et faisaient obstacle au développement de son répertoire plurilingue : – l'idée qu'il suffirait de passer une année à l'étranger pour parler la langue couramment ; – l'idée qu'elle parlait déjà « le bon français » ; – l'idée qu'apprendre, « c'est juste une question de pratique quotidienne ».

Comme on le voit, le récit de Kukua peut sans difficulté être découpé selon les sept phases que comporte une séquence narrative. Ceci montre tout d'abord que ce récit clarifie l'activité d'apprentissage menée pendant neuf mois. À ce titre, il est important de commenter les phases 6 et 7 dans lesquelles Kukua note, dans un bilan nuancé, que la finalité assignée à son séjour en France a changé plusieurs fois au cours de celui-ci :

> Pour moi, je ne voulais pas rentrer en Angleterre en me disant que l'année était un gâchis. C'était justement cette idée qui m'incitait d'abandonner mon air timide et commencer à profiter au maximum de la situation. Les expériences que j'ai vécu cette année ont été positives et négatives aussi. Parfois je regrette d'attendre aussi longtemps de parler, pourtant je suis satisfaite que j'ai fais du progrès et je vais rentrer à mon université comme quelqu'un beaucoup plus sure de ses compétences.
>
> *Journal d'apprentissage* de Kukua (20 ans, Grande-Bretagne)

Dans ce paragraphe consacré à l'explicitation du sens (ou « morale ») Kukua introduit une nouvelle notion : celle de compétence. Comme si le fait d'avoir effectué cette plongée réflexive, cette exploration de « ce que je fais quand j'apprends et pour apprendre » lui avait permis de toucher du doigt sa compétence à apprendre là où elle se trouve : dans l'action située et dans l'expérience.

Cette prise de conscience n'est pas sans lien avec le constat énoncé en phase 6 :

> Au cours des dernières pages, vous avez lu quelques difficultés que j'ai dû aborder pour atteindre mon but final. Je crois que ce but final a changé quelques fois depuis septembre.
>
> *ibidem*

Kukua prenant à partie son destinataire reconnait et commence à accepter un phénomène inhérent à tout processus formateur : le changement.

La rédaction de ce récit lui a permis d'une part de constater que ce changement de « but » a fait partie du processus. Mais, plus important encore, la rédaction lui a permis de commencer à se représenter autrement ce fameux « but à atteindre ». Le fait de reconstruire son activité d'apprentissage par le discours lui permet d'en faire un objet de pensée qui se teinte de nouvelles significations.

En effet, cette mise à distance lui permet de **se** percevoir dans l'action (d'interagir pour apprendre) et, sinon de modifier, du moins de laisser plus ouvert le cours de celle-ci. Elle aborde désormais cette action avec une nouvelle certitude : celle de posséder une véritable «compétence». Le fait d'avoir pu abandonner son «air timide» et d'avoir su «profiter au maximum de la situation» constitue pour elle la preuve psychologique qu'elle a progressé dans la mise en œuvre de sa «compétence» globale de sujet qui développe son plurilinguisme d'une manière à la fois comparable et différente de celle de ses compatriotes anglais (à qui elle compare souvent l'évolution de son répertoire linguistique, tout au long de son journal).

Dans ce texte, le langage joue un rôle paradoxal. *Medium* indispensable, il exerce néanmoins une contrainte sur les figures interprétatives et donc sur la représentation de l'action. La question de la langue dans laquelle a été rédigée et énoncée cette biographie d'apprentissage est intéressante à envisager sous cet angle : on peut supposer que le recours à la langue française permet de reconfigurer l'activité d'apprentissage d'une autre manière qu'en anglais. On peut alors aller plus loin et faire varier les codes : ainsi le recours aux dessins, aux schémas, aux cartographies permet de «figurer» l'activité d'apprendre dans une «syntaxe» autre que celle des langues. D'ailleurs, Kukua elle-même a accompagné ce texte par un schéma qui représente la courbe de sa motivation à apprendre tout au long de ces neuf mois. Son exposé oral s'est d'ailleurs appuyé sur ce schéma.

Ce point acquiert toute son importance si l'on suppose qu'une fois l'activité d'apprentissage clarifiée, vient une autre phase au cours de laquelle l'apprenant doit restructurer les significations de son activité. Au cours de cette phase, il est conduit à repenser son rapport à ses différentes langues et à l'apprentissage de celles-ci. Cette étape du développement pourrait reposer sur un dégagement des contraintes langagières : d'où l'importance d'activités autres que verbales, dans la perspective explorée par l'approche biographique.

LA CONSTRUCTION DU RÉPERTOIRE PLURILINGUE
DANS LE TEMPS ET DANS L'ESPACE

Dans un cadre didactique similaire (un cours de FLE de niveau B1, intitulé «Texte et discours : parcours internationaux»), Chen Jing Dong, étudiant chinois en Deug scientifique, présente oralement, sur rétroprojecteur, devant ses pairs, le dessin qu'il a réalisé à partir de la consigne suivante «dessinez votre parcours de formation internationale».

Nous voudrions montrer ici l'intérêt du support graphique pour permettre à des apprenants de commencer à dessiner les contours d'une compétence à apprendre qui se construit dans le voyage, à travers une série de déplacements dans un espace international. Cette étape graphique est suivie d'une verbalisation orale et d'une série de ré-écritures. La participation à chacune de ces étapes est fondée sur le volontariat et l'exposé oral est précédé d'une phase de contractualisation avec le groupe : l'enseignante veille à ce qu'une écoute non évaluative et bienveillante règne dans l'auditoire.

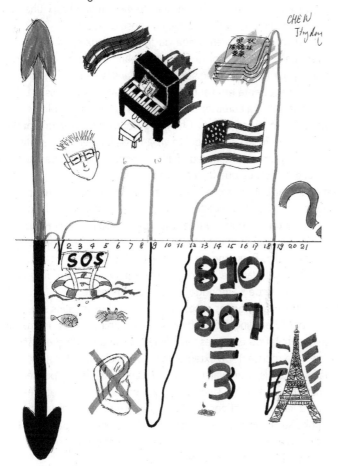

Dessin de Chen Jing Dong

Comme le montre le dessin, tel qu'il est représenté, le «parcours» de Chen Jing Dong est structuré par trois éléments : la flèche verticale : rose lorsqu'elle monte vers le haut, noire lorsqu'elle chute vers le bas; l'axe du temps indiquant les 21 années de la vie de Chen Jing Dong et la courbe qui sinue à travers les éléments du dessin. La flèche incarne l'évaluation positive ou négative de chaque événement. La courbe bicolore s'organise en référence (ascensionnelle en rose ou descendante en noir) à la flèche.

Ce dessin, l'exposé oral et le récit écrit qui l'ont suivi permettent de comprendre comment Chen Jing Dong mobilise une compétence qu'il a déjà mise en œuvre dans son enfance pour transformer un handicap (perte de l'ouïe) en processus de différenciation (être travailleur) puis en processus d'excellence (être le meilleur). En effet, il a émigré en France parce que son score au *Gao Kao* (examen d'admission dans les universités chinoises) n'était pas suffisant pour être admis dans l'une des meilleures universités de son pays. La question travaillée dans son dessin est donc la suivante : comment transformer un handicap (une non-admission) en un tremplin vers quelque chose de réussi ?

À l'issue d'un court apprentissage du français (deux mois en Alliance française, en Chine, un mois à Cergy), le jeune étudiant nous dit qu'il s'exprime pour la première fois en public, dans le cadre d'un cours de français, devant trente étudiants pour leur présenter son dessin. L'auditoire l'applaudit chaleureusement, le félicite pour cet « exploit » et lui prodigue ses encouragements. Chen Jing Dong en est visiblement heureux. Ceci réconforte l'estime qu'il a vis-à-vis de lui-même : le sentiment de réussir le processus dans lequel il s'est engagé semble passer aussi par la reconnaissance que lui témoignent ses pairs.

C'est une étape importante de son acculturation qui est moins une acculturation à « la France » (stéréotypée dans son dessin par la tour Eiffel), un pays dans lequel il ne fait que passer, qu'à une communauté internationale (les étudiants Erasmus) qui valorise ses efforts pour s'adresser à elle. Personne ne savait encore, à ce moment-là, que la prochaine étape dans le parcours d'excellence de Chen Jing Dong serait l'université de Cambridge, en Grande-Bretagne.

Les opérations langagières mises en œuvre par Kukua (dans son « journal ») et par Chen Jing Dong (dans son récit oral puis écrit) sont sans doute largement déterminées tant sur le plan intra-psychique (par leurs schèmes de pensée) qu'externe (par leur culture éducative, leurs modèles culturels, leurs valeurs, etc.). Néanmoins, ils ont pu dégager une marge de créativité. Une dialectique entre contrainte et créativité sous-tend leurs productions biographiques dans lesquelles leurs représentations sur l'apprentissage ont été (ré)organisées à partir de leurs parcours expérienciels qui font de chacun d'entre eux un sujet plurilingue irréductiblement singulier.

S e former à l'approche biographique

Dès lors, une question de formation se pose. Comment outiller les futurs enseignants dans le domaine de la conduite d'activités biographiques de façon à ce que ces activités contribuent au développement du sujet plurilingue ?

En complément à d'autres contributions (*cf.* ici même, les articles de Causa, Cadet, Carlo, Sheepers, Perregaux, Feldhendler) nous montrerons dans cette partie le fort degré de transférabilité entre la formation reçue en spécialité FLE de Licence dans le cours intitulé « Apprentissage réflexif d'une langue inconnue » (désormais : ARLI) et la pratique d'enseignant en classe de FLE. Nous verrons en effet comment des étudiants de Licence ont transféré leur expérience du «journal d'apprentissage» vers la situation d'enseignement qui leur était proposée. Nous nous interrogerons ensuite sur les limites de ce transfert et en particulier sur les raisons pour lesquelles de jeunes enseignants ne semblent pas avoir su apprécier entièrement la dimension formatrice dont les «journaux d'apprentissage» de leurs apprenants portaient pourtant la trace.

LE PREMIER VOLET D'UNE RECHERCHE-ACTION

Pour montrer la transférabilité du journal d'apprentissage, de la situation d'apprentissage réflexif (vécue au 1er semestre) vers une situation d'enseignement réflexif, nous nous appuierons sur un dispositif expérimental mis en place à l'université de Cergy-Pontoise[4].

Le but initial que nous poursuivions en créant ce dispositif était de conduire les étudiants de licence (mention FLE) vers une appropriation du *Portfolio européen pour l'enseignement supérieur* et à une adaptation de cet outil à un public spécifique d'apprenants. Dans ce but, et en accord avec leur désir d'être plus souvent au contact des apprenants de langue française de notre université, nous avons ouvert le cours (intitulé «Support, méthode et activité d'enseignement/apprentissage en FLE/S»), aux étudiants Erasmus. Deux populations estudiantines allaient se rencontrer dans ce cours : un groupe de 25 étudiants se formant à l'enseignement du FLE/S, répartis en 6 équipes didactiques d'une part, et 24 étudiants étrangers en séjour Erasmus, qui allaient se répartir dans les 6 équipes didactiques. Outre l'enseignante, l'équipe d'animation de l'atelier projet comprenait Clémence Régaud, étudiante en maitrise de français langue étrangère à l'INALCO, stagiaire dans notre université.

À l'intérieur de ce cours, un «atelier-projet» fut présenté aux étudiants de licence comme étant orienté vers la création d'une maquette de *Porfolio européen*, adapté aux étudiants en mobilité internationale.

Or, les étudiants de licence ont rapidement évalué cet objectif comme étant totalement irréaliste. Les arguments invoqués étaient : la charge de travail, le manque de temps, la difficulté de l'exercice, la complexité des Portfolios. Une négociation s'est donc engagée à l'issue de laquelle l'enseignante renonça à sa demande de création d'une maquette et renforça sa demande d'analyse et de réflexion (écrites) sur l'aspect suivant : «Apprendre à apprendre : réflexivité de l'enseignant/ réflexivité de l'apprenant», en indiquant aux étudiants que pour mener cette réflexion, ils disposaient de deux types de matériaux : d'une part leurs propres journaux d'apprentissage réalisés au premier semestre et, d'autre part les journaux d'apprentissage qu'ils pouvaient faire produire à leurs apprenants dans le cadre de l'atelier-projet. Elle illustra ce type d'approche en exposant rapidement le journal de Kukua et le dessin

4. Le fait d'y avoir à la fois la responsabilité de la spécialité FLE/S de Licence et du CILFAC (Cours international de langue française et action culturelle), nous permet de mener ce type de recherche-action.

de Chen Jing Dong (*cf. supra*) et leur remit en mémoire dans un tableau synthétique (cf. Annexe) les éléments clés de tout Portfolio des langues.

Cette seconde proposition a été acceptée : le groupe renonçait à la réalisation d'une maquette de Portfolio mais restait dans « l'esprit Portfolio » avec élaboration de supports nécessaires pour que les étudiants Erasmus développent leur réflexivité à travers un journal d'apprentissage. Des modalités définitives d'évaluation du cours étaient alors présentées aux étudiants de licence (qui les acceptèrent) de la manière suivante :

Licence spécialité FLE/S
Évaluation de l'élément constitutif
« Support/méthode et activités d'enseignement et d'apprentissage »

RÉALISATION et SOUTENANCE D'UN DOSSIER :
Votre titre : l'atelier projet, un dispositif .... en FLS.....

Plan du dossier

1) Contexte, cadre et objectifs
→ Cadre, objectifs, contraintes

→ Présentation de l'équipe pédagogique : qui sommes-nous ?

→ Présentation des apprenants

– Parcours antérieur (d'où viennent-ils ?)
– Que font-ils à Cergy ?
– Qu'attendent-ils ? motivations, attentes, besoins → place du FLE
– Diagnostic de leur niveau dans différentes compétences orales et/ou écrites

2) Analyse des supports et des activités

– choix des activités ayant été réalisées à partir de supports pédagogiques, dans votre sous-groupe
– présentation de ces supports et de ces activités menées dans votre sous-groupe
– les activités menées en dehors des heures de classe : soirée « Hauts Parleurs », etc.
– analyse des objectifs, du déroulement et de la conduite de ces activités ; quelle évaluation ?
– bilan : pour vous/ pour les apprenants

3) Apprendre à apprendre : réflexivité de l'enseignant/ réflexivité de l'apprenant

Vos matériaux pour cette partie sont :
– Expérience de votre propre « journal d'apprentissage » réalisé au premier semestre (synthèse)
– les « journaux d'apprentissage » de vos étudiants : questions de parcours, bagage, compétences, etc.
– le PEL collège ; la fiche de B. Forster Vosicki, Fribourg,
– cours du 30 mars sur « Autobiographie et réflexivité[5] »

---

5. Ce « cours » avait lieu dans le cadre de la Journée de recherche que nous avons organisée le 30 mars 2005 dans notre université avec Annie Rouxel, Jean-Charles Chabanne, Marie-France Bishop, Véronique Catellotti, Muriel Molinié, Marie-Madeleine Bertucci, Thomas Fouquet et Jacques David. *Cf.* actes en bibliographie.

Il s'agit maintenant de voir, à travers le dossier réalisé par l'une des six équipes de jeunes enseignants-novices, comment s'est opéré le transfert du dispositif vécu en ARLI en tant qu'apprenants réflexifs vers l'atelier-projet vécu, en tant que praticiens réflexifs.

DE JEUNES PRATICIENS CONVAINCUS DE L'UTILITÉ
DU JOURNAL D'APPRENTISSAGE

Forts de leur expérience en ARLI, Aéline Ducret, Simon Bafferon, Françoise Emery et Caroline Drevet tous étudiants en licence de lettres modernes et désireux de devenir enseignants, affirment dans le chapitre de leur dossier intitulé «Apprendre à apprendre : réflexivité de l'apprenant/réflexivité de l'enseignant» que le journal d'apprentissage est un outil (de réflexion autant que de comptes-rendus), indispensable à toute activité apprenante et à toute activité formative pour deux raisons. La première raison invoquée est que : «la réflexivité sur ses propres acquis et ses manières d'apprendre est nécessaire à la progression et à la compréhension de notre fonctionnement personnel».

D'entrée de jeu la dimension réflexive : «Comprendre comment on fonctionne», et la dimension volitive : «faire progresser ce fonctionnement» sont associées. Réflexivité et volonté sont corrélées pour réussir un métier complexe : le métier d'étudiant, qui doit réaliser des tâches pour lesquelles des dispositions précises sont requises :

> se forcer à réviser les notions du cours d'une séance sur l'autre, synthétiser ses notes de cours, s'intéresser à sa façon personnelle d'apprendre (mémoire visuelle ou auditive ...), de comprendre la structure du cours, de souligner les points importants et ainsi de mieux apprendre car l'on repère mieux sur quels points l'enseignant insiste.
> *Dossier du groupe d'enseignants-novices*

En second lieu, l'étudiant perçoit les bénéfices que ce travail peut générer pour lui en tant qu'apprenant mais aussi en tant que personne :

> La mise en écrit de son propre apprentissage permet une réflexion sur ses méthodes et sur le cours de manière très concrète et offre ainsi une ouverture, un retour sur soi bénéfiques.
> *ibidem*

Ce bénéfice est dû au fait que la tenue du journal d'apprentissage lui donne accès à ce qui est «enfoui» dans son activité, à savoir, sa compétence à se former :

> Grâce à cet outil, nous prenons conscience d'un certain nombre de choses, notamment de tous les éléments mis en place inconsciemment ou non dans le but d'apprendre.
> *ibidem*

C'est pourquoi le Journal est qualifié de «sécurisant» : il permet cette connexion entre soi et sa compétence, ce qui ouvre la possibilité de poser un regard sur soi qui ne soit pas dévalorisant :

> Cette réflexivité autorise une tout autre manière d'envisager les choses et permet de considérer différemment ses difficultés ou progrès. Le journal est un outil sécurisant et valorisant car il favorise la reconnaissance de soi-même et pour les autres (éventuels lecteurs) de la progression de son utilisateur.
> *ibidem*

Prendre en compte «la dimension psychologique de l'apprentissage», voilà donc ce que le journal permet. Il constitue, en outre, «une trace concrète et signifiante» de l'apprentissage. L'apprentissage est «bio-graphié» c'est-à-dire attesté car relié par l'écriture au vécu psycho-socio-affectif du sujet apprenant. Le journal est la trace pérenne, véri-table preuve que l'apprentissage a bien eu lieu.

Cependant, les effets positifs ne vont pas de soi et ne relèvent pas de la magie : ils dépendent de l'engagement consenti par l'apprenant-diariste :

> il ne faut pas oublier de noter le fort engagement que la tenue du jour-nal implique : le rédiger avec sérieux d'une séance sur l'autre, sans prendre de retard, en s'efforçant de retracer le cours avec exhaustivité et en y apportant une réflexion prend, comme nous avons pu l'expéri-menter, beaucoup de temps de travail personnel.
> *ibidem*

LA DÉCEPTION FACE AUX RÉSULTATS OBTENUS

Voyons maintenant comment les mêmes étudiants apprécient «Les journaux d'apprentissage des étudiants Erasmus» qu'ils ont encadrés pendant dix séances.

En comparaison «leurs journaux sont moins conséquents que ceux que nous avions menés dans le cadre des cours d'ARLI».

Les enseignants-novices ont pourtant insisté «sur l'aspect important de ce travail» et ont systématiquement corrigé «les erreurs des rédactions d'une séance sur l'autre». Ce zèle dans la correction formelle n'est pas envisagé comme pouvant avoir ralenti l'implication des étudiants Eras-mus. L'équipe didactique ne procède donc pas à une analyse critique de la correction écrite qu'elle a systématiquement mise en pratique. Elle insiste sur le fait que celle-ci a été jugée indispensable pour contreba-lancer l'importance quantitative prise par l'oral dans l'atelier. La correc-tion permettait notamment de faire de la grammaire de l'écrit :

> L'aspect «écrit» du journal a été très important, car nos cours étaient surtout basés sur l'oral : par le biais de la correction de ces journaux nous avons été amenés à éclaircir des points de grammaire, repérer leurs erreurs récurrentes, dans un travail direct d'apprenant à «ensei-gnant» en binômes.
> *ibidem*

La déception est de nouveau soulignée : «Les apprenants semblent ne pas avoir, pour certains, saisi l'intérêt et la portée didactique, pédago-gique et réflexive de cet outil». «Les petits professeurs», comme les nomme affectueusement l'une des étudiantes Erasmus, expriment ici une frustration qui, lorsqu'on lit les journaux d'apprentissage de leurs étudiants, est peu compréhensible. En effet, leurs quatre étudiants (une Roumaine, une Britannique, un Polonais et une Coréenne) font preuve, dans leurs écrits respectifs, d'une implication dans ce travail qui s'ex-prime à chaque page : souci d'exhaustivité dans le compte-rendu et l'appréciation des séances de travail en Atelier, auto-évaluation menée avec douceur, hétéro-évaluation conduite avec précision et doigté, soin apporté à la rédaction, créativité dans la décoration du journal...

Ces textes ont été rédigés avec légèreté certes mais avec authenticité et en toute confiance.

Pour comprendre les regrets formulés par l'équipe enseignante, il faut donc aller un peu plus loin dans l'analyse du bilan mené par celle-ci. Dans la dernière partie du dossier, l'équipe établit que, pour exercer sa réflexivité :

> L'apprenant bénéficie donc du travail sur son journal d'apprentissage, et a à sa disposition les outils du conseil de l'Europe qui, même s'ils ne nous semblent pas très pertinents, peuvent néanmoins avec une utilisation différente lui être bénéfiques.
> *ibidem*

L'équipe se demande alors quels sont «en comparaison les outils mis à la disposition de l'enseignant en termes de réflexivité» et place en premier lieu «Le journal de l'apprenant» :

> intéressant pour l'enseignant, qui peut alors voir au travers de cette lecture de quelle manière est perçu son enseignement, et comment le reçoivent ses apprenants.

> Il est toujours intéressant de voir la valeur effective de son travail, pour proposer des activités d'apprentissage plus en adéquation avec l'apprenant et mieux répondre à ses besoins.
> *ibidem*

Les formulations semblent fournir un début d'explication à la frustration exprimée par l'équipe didactique. Mais, avant même de les commenter, remarquons qu'une évidence n'a pas été vue : la différence qu'il y a entre écrire un journal d'apprentissage dans une langue maternelle et, de surcroit, lorsqu'on est un scripteur expert dans cette langue (ce qui est le cas du Journal rédigé en ARLI par ces étudiants en Lettres modernes) et écrire dans une langue étrangère que l'on apprend en l'écrivant, en tant que scripteur novice et, de surcroit, non-spécialiste des genres littéraires. Ce manque de différenciation entre soi et l'autre était bien sûr dû à la très grande proximité générationnelle des deux publics mais également à l'ambiguïté entre statut et rôle pour les étudiants de licence (leur statut est celui d'étudiant à l'université mais le rôle qu'ils devaient jouer vis-à-vis des Erasmus était celui de jeune enseignant). C'est donc cette ambivalence qui ressort de leur lecture des journaux d'apprentissage réalisés par leurs apprenants.

Sur le plan formel, ils les ont accompagnés en en faisant l'objet d'une correction grammaticale. Sur le plan sémantique, ils les ont lus en y recherchant une évaluation de leur propre agir professionnel.

Le premier aspect est confirmé dans les travaux conduits par J.C. Chabanne et D. Bucheton (2005) qui remarquent que «l'une des pratiques les plus intéressantes à observer et à faire évoluer est l'**annotation**, par les pairs ou par l'enseignant. Elle porte quasi exclusivement sur la norme, tout en restant plus vague sur les contenus et les structures de haut niveau (cohésion/cohérence), plus difficiles à catégoriser». Rien d'étonnant donc à ce que le regard normatif et la correction grammaticale soient spontanément mobilisés par les enseignants-novices, à l'encontre de ces écrits.

C'est pourquoi il conviendra, à l'avenir, de travailler avec eux sur le statut de ces textes «intermédiaires». En effet : «dans les écrits intermédiaires, c'est au contraire le contenu, les intentions», qui devraient intéresser les lecteurs. Les annotations devraient porter «vers ce contenu, demander des éclaircissements, souligner l'intérêt d'un passage, identifier une réussite dans la formulation ou bien regretter une maladresse, une obscurité. Elles prennent alors la forme d'un contre texte développé, d'un véritable commentaire, voire d'une écriture à plusieurs mains». Il nous appartient de mieux former les jeunes praticiens à «faire la différence entre **corriger** et **annoter/commenter** ou **intervenir** [...]» car «l'écrit intermédiaire impose une pratique originale de ce qu'on pourrait appeler **l'écriture d'intervention** : surlignages, soulignements, ratures, encadrés, annotations marginales...» (*ibid.*). Une intervention qui, dans bien des cas, relance considérablement le processus et enrichit la production du scripteur.

Le deuxième élément souligné par les étudiants de licence concerne l'évaluation recherchée par ces derniers sur leur propre prestation. Or, une quelconque information sur la «valeur **effective** du travail» de l'enseignant ne peut, en aucune manière, provenir du journal de l'apprenant. Dans son journal, l'apprenant **se** «regarde» en train d'apprendre. L'enseignant cherchera vainement à voir, dans ce type d'écrit, le reflet d'une quelconque effectivité de son propre enseignement. Cependant, à travers cet aveu, les enseignants-novices nous aident à comprendre les difficultés qu'ils ont rencontrées pour se décentrer de leur posture et entrer en empathie avec le travail de leurs quatre étudiants, qui, en relatant les étapes qu'il ont parcourues dans l'atelier projet, tentaient de se connecter à leur propre activité apprenante.

L'équipe enseignante présente ensuite les deux autres outils lui ayant permis d'exercer sa réflexivité : une grille d'auto-observation permettant d'apprécier ses «capacités d'appréciation et d'analyse de la situation de classe», «l'organisation de sa communication», «les contenus et développement», «la personnalisation», «l'affectivité», «la concrétisation» et enfin «de l'adaptabilité». Un outil jugé intéressant «à condition bien sûr de le transformer et de l'adapter à son propre cas».

Enfin, le travail en équipe est mentionné comme étant une condition indispensable à «la réflexivité de l'enseignant». L'équipe en est tellement convaincue qu'elle a pris l'initiative de se réunir une fois par semaine pour préparer les séances à venir et pour faire un bilan à froid de la séance précédente. Les enseignants-novices ont pu, dans ce cadre percevoir les avantages de la confrontation dialogique entre pairs :

> Lors de la préparation de nos séances le jeudi matin nous confrontions souvent nos avis, nous étions rarement d'accord au départ et finissions par trouver une solution commune. Le résultat était de fait forcément différent d'un travail que nous aurions mené personnellement. Exposer son point de vue, le justifier, s'ouvrir à d'autres propositions est cer-

> tainement très profitable pour mieux réfléchir sur l'enseignement que l'on donne. Par ailleurs, nous faisions également un petit bilan de la séance de la veille avec nos étudiants Erasmus, et là aussi nous nous rendions compte que les vécus étaient différents. Ces mises au point permettaient de nous recentrer, d'évaluer quels avaient été les points positifs et négatifs, et de tirer profit de cette expérience pour la préparation des séances suivantes.
> *ibidem*

L'importance de la confrontation, du débat, de la discussion entre pairs au sujet de l'activité conduite par les uns et les autres pour enseigner a été vécue et analysée. Ces discussions entre pairs ont eu des effets de réflexion dans l'économie psychique (en surface et/ou en profondeur) du jeune praticien comme le prouve le terme « professionnel », utilisé dans la conclusion du dossier :

> Ainsi, l'équipe formée dans le cadre de ce cours a permis la création d'un groupe de travail expérimental qui s'est avéré très productif [...]. Grâce à la réflexivité que nous avons pu porter sur notre travail, par le biais de nos concertations et des journaux de bord des apprenants, nous avons eu l'opportunité de nous projeter dans un avenir professionnel [...].
> *ibidem*

La possibilité de se mettre à distance de leur pratique et de percevoir les compétences qu'ils y ont mises en œuvre leur a ouvert une possibilité de se « projeter », c'est-à-dire de développer un imaginaire moteur pour investir cet avenir professionnel qui était jusqu'ici connecté à leur seul vécu d'étudiant.

* *
*

L'activité biographique conduite en didactique des langues opère divers types de renversement.

Tout d'abord, dans le rapport entre apprentissage et action. Loin d'être situées en amont de l'action (d'être en mobilité internationale, d'interagir quotidiennement avec des Français, etc.) les « biographies langagières » s'appuient sur cette action pour en faire des objets de parole. **Ce faisant**, l'apprenant acquiert la preuve qu'une production de connaissances est possible à partir de son expérience vécue de locuteur et de sujet plurilingue.

Dès lors, le but que poursuit l'enseignant n'est plus l'accroissement du stock de connaissances linguistiques et culturelles de l'apprenant mais l'exploitation de ce qui est « déjà là » dans le répertoire communicationnel de celui-ci, de son groupe de pairs et de leur entourage social. Il doit notamment désapprendre à considérer son rôle face aux textes écrits comme relevant uniquement de l'intervention normative sur le matériau verbal et doit aider l'apprenant à re-configurer ces matériaux par des activités (verbales et non verbales) dans lesquelles la dimension poétique (cf. ici même Delas) peut tenir une large place.

Si la formation initiale à ce type d'approche est en partie assurée par le dispositif d'ARLI, il reste à aider les enseignants-novices à prendre la mesure de ces renversements et à les traduire dans une série de gestes professionnels qu'ils devront progressivement apprendre à inventer seuls et avec nous.

Bibliographie

ARDITTY, J., VASSEUR, M.-T. (1996). «Les activités réflexives en situation de communication exolingue : réflexions sur 15 ans de recherche», *AILE* n° 8, 57-89.

BUCHETON, D. (1995), *Écritures, réécritures, Récits d'adolescents*, Peter Lang.

BRONCKART, J.-P., (1996), *Activité langagière, Texte et Discours, Pour un interactionnisme socio-discursif*, Lausanne, Delachaux & Niestlé.

BRONCKART, J.-P. & Groupe LAF (éd), (2004), *Agir et discours en situation de travail, Cahiers de la section des sciences de l'éducation*, n° 103, Université de Genève.

CHABANNE, J.-C., (2005), «Écriture réflexive, construction de la pensée et des connaissances chez les élèves d'école primaire», in *Autobiographie et réflexivité*, dir. Molinié, M., Bishop, M.-F., Encrage/Les Belles Lettres (à paraitre).

GAJO, L. (et alii), *Un parcours au contact des langues, Textes de Bernard Py commentés*, LAL, Crédif-Didier, 2005.

MOLINIÉ, M. (2004), «Écrire un journal d'apprentissage : vers une compétence biographique de l'apprenant», *Textes littéraires et enseignement du français, Dialogue et culture n° 49*, Bruxelles, Fédération internationale des professeurs de français.

MOLINIÉ, M., (2005 a), (à paraitre), «Retracer son apprentissage, pour quoi faire»? *AILE* n° 23, *Théories linguistiques et apprentissage du français langue étrangère*, dirigé par C. Martinot.

MOLINIÉ, M., BISHOP, M.F., (dir), (2005 b) (à paraitre), *Autobiographie et réflexivité*, Encrage, Les Belles Lettres/CRTH, Université de Cergy-Pontoise.

PY, A., (1997), «Pour une perspective bilingue sur l'enseignement et l'apprentissage des langues», *Études de Linguistique appliquée* n° 108, Didier-Hatier, ré-édité in GAJO (2005).

RICŒUR, P., (1990), *Soi-même comme un autre*, Seuil.

SCHNEUWLY B. & BRONCKART, J.P. (1985), *Vygotski aujourd'hui*, Neuchâtel, Delachaux et Niestlé.

VASSEUR, M.-T., GRANDCOLAS B., (1997). *Conscience d'enseignant, Conscience d'apprenant*, Socrates/Lingua Action A n° 25043-CP-2-97-FR-Lingua-La.

Rappel des éléments clés
de tout Portfolio européen des langues

Rappel sur le PEL/Enseignement Supérieur

• Le Passeport :

→ donne une vue d'ensemble des expériences linguistiques et interculturelles dans le cadre des études supérieures.

→ documente les expériences linguistiques et interculturelles plus informelles.

• la Biographie langagière : but : stimuler la capacité d'apprendre en autonomie

→ permet de réfléchir à l'apprentissage des langues, aux expériences interculturelles et aux processus d'apprentissage

→ permet d'auto-évaluer les connaissances actuelles (*cf.* grille des « Je peux «), de fixer des objectifs d'apprentissage, de planifier et d'accompagner l'apprentissage futur.

→ possibilité de créer une fiche de travail spécifique pour les séjours de mobilité, peut être utilisée pour développer la capacité à communiquer au-delà des frontières culturelles et pour faciliter l'intégration dans la vie sociale et universitaire du pays de destination (*cf.* la fiche dans le PEL Suisse).

• le Dossier : Dossier de travail : travaux personnels documentant l'apprentissage

→ Dossier de présentation : un recueil de travaux destinés à une occasion particulière ; exemples de travaux réalisés dans le cadre des études et en-dehors.

NOTES